U0736241

大衰退

宏观经济学的圣杯

（修订版）

THE HOLY GRAIL
OF MACROECONOMICS

[美] 辜朝明（Richard C. Koo） 著

喻海翔 译

图字：01-2016-6284 号

图书在版编目（CIP）数据

大衰退：宏观经济学的圣杯／（美）辜朝明 著；喻海翔 译. —北京：东方出版社，2016. 8
书名原文：The Holy Grail of Macroeconomics：Lessons from Japan's Great Recession
ISBN 978-7-5060-9209-8

Ⅰ. ①大…　Ⅱ. ①辜…②喻…　Ⅲ. ①宏观经济学—研究　Ⅳ. ①F015

中国版本图书馆 CIP 数据核字（2016）第 214544 号

大衰退：宏观经济学的圣杯
（DA SHUAI TUI：HONGGUAN JINGJIXUE DE SHENGBEI）

作　　者：［美］辜朝明
译　　者：喻海翔
责任编辑：李　烨
出　　版：东方出版社
发　　行：人民东方出版传媒有限公司
地　　址：北京市东城区朝阳门内大街 166 号
邮　　编：100010
印　　刷：北京联兴盛业印刷股份有限公司
版　　次：2016 年 12 月第 1 版
印　　次：2024 年 2 月第 20 次印刷
开　　本：880 毫米×1230 毫米　1/32
印　　张：12. 375
字　　数：288 千字
书　　号：ISBN 978-7-5060-9209-8
定　　价：69. 00 元
发行电话：（010）85924663　85924644　85924641

目　录

CONTENTS

推荐序　如何应对未来的金融危机？　/ 1

导　读　/ 7

致　谢　/ 13

2022 年中文版序言　/ 15

2009 年原版序言　/ 19

第一章　日本经济衰退

一、结构问题与银行问题无法解释日本经济的长期衰退　/ 26

日本的经济复苏并非源于结构改革　/ 26

针对供给方的结构问题　/ 29

遭遇需求不足的日本经济　/ 30

日本的经济复苏并非由于银行问题得到解决　/ 31

日本的经历与美国 20 世纪 90 年代早期遭遇的信贷紧缩完全相反　/ 34

二、经济泡沫破灭引发的资产负债表衰退　/ 36

20 世纪 90 年代日本经历的资产负债表衰退　/ 36

资产价格的暴跌引发企业资产负债表问题　/ 38

日本企业集体转向负债最小化　/ 39

经济泡沫的破灭摧毁了 1500 万亿日元的财富　/ 41

借贷不足导致经济陷入颓势　/ 43

日本企业的需求下滑超过其国内生产总值的20% / 45
三、财政支出支撑日本经济 / 48
为什么经济泡沫破灭之后日本国内生产总值却没有减少 / 48
财政刺激支撑了日本经济 / 50
防止危机的人无法成为英雄 / 53
政府对存款的担保也有助于化解危机 / 54
四、负债最小化与货币政策 / 55
货币政策对资产负债表衰退无能为力 / 55
货币政策在缺乏投资需求时将失灵 / 56
货币供应量增长的机理 / 57
日本政府借贷推动了货币供应量的增长 / 58
财政政策决定了货币政策的效果 / 59
传统经济学理论不认同企业负债最小化 / 60
德国曾面临同样的问题 / 62
注　释 / 65

第二章　资产负债表衰退的特征

一、走出资产负债表衰退 / 68
企业停止偿债 / 68
日本企业已经修复它们的资产负债表 / 69
资产负债表衰退：分析人士和经济学家的盲点 / 71
悄无声息的资产负债表衰退 / 73
银行在经济衰退的大部分时间都有积极的放贷意愿 / 75
企业融资趋势显示真正的经济复苏即将开始 / 77
正在积累金融资产的日本企业 / 78

企业部门变成净投资者尚需时日 / 80
二、资产负债表衰退期间的税收收入 / 81
过早的财政整顿引发了第二次经济倒退 / 81
日本央行和财务省已经意识到资产负债表衰退问题 / 85
资产负债表衰退期间的税收收入 / 89
亏损递延期限失效导致的税收收入增长是一个陷阱 / 94
持续增长依赖于私营部门资金需求的复苏 / 95
自由现金流的用途同样重要 / 96
在2011年实现基本财政盈余的目标没有经济合理性 / 97
在资产负债表衰退期间，过多的财政刺激不足为虑 / 98
三、走出资产负债表衰退后的利率 / 99
税收增长减少了预算赤字，并导致长期利率低迷 / 99
预算赤字的减少抵消了私营部门资金需求的增加，并促进长期利率的稳定 / 99
债务抵触综合征导致低利率 / 101
利用消费税为社会保障提供资金的优点 / 103
四、要求执行宽松货币政策的呼声显示了对经济衰退本质的无知 / 105
定量宽松政策是21世纪最大的金融闹剧 / 105
正是因为没有借贷需求才产生过剩准备金 / 109
定量宽松政策的解除不等于金融紧缩政策 / 110
紧缩不会影响金融市场 / 111
整体物价稳定下的局部房地产价格上升 / 112
小泉的改革对日本有益吗 / 114
来自结构改革进程的教训 / 115
注 释 / 116

第三章　美国大萧条就是一场资产负债表衰退

一、经济学家们为何忽视资产负债表衰退　/ 118

企业负债最小化：被长期遗忘的可能性　/ 118

作为借贷方现象的流动性陷阱　/ 119

独立货币政策的消亡　/ 123

恶性循环通货紧缩的原理　/ 125

二、作为资产负债表衰退的美国大萧条　/ 128

关于美国大萧条的最新研究发现　/ 128

银行危机本身无法解释储蓄的减少　/ 130

“信贷紧缩”本身无法解释银行放贷的减少　/ 132

对于弗里德曼的批判　/ 138

流动性本身无法阻止银行危机和企业偿债　/ 140

将金本位当做罪魁祸首的观点同样也是误导　/ 142

政府借贷促成了1933年以后美国经济的复苏　/ 143

不仅是预算赤字，支出与税收也应该加以考虑　/ 148

过早的财政整顿导致了高失业率的持续　/ 153

财政刺激政策结束了经济衰退，化解了银行危机　/ 154

三、经济衰退的类型不止一种　/ 156

两种类型的经济衰退　/ 156

注　释　/ 157

第四章　资产负债表衰退时期的金融、汇率和财政政策

一、非传统金融宽松政策的问题　/ 162

通胀目标制与价格水平目标制　/ 162

产品价格下跌无法解释企业行为向前瞻性的转变　/ 166
中央银行对于风险资产的购买　/ 168
直升机货币：比灾难更糟糕的效果　/ 172
普通通货膨胀和恶性通货膨胀是两种截然不同的现象　/ 174
日本央行的国债购入　/ 175
资产负债表衰退和“无税国家”　/ 176
二、资产负债表衰退期间的汇率政策　/ 179
贸易顺差国家没有政策选择的自由　/ 179
贸易逆差国家的正确选择　/ 181
三、必须为我们的后代留下一个健全的经济体　/ 182
财政政策对于经济繁荣不可或缺　/ 182
资产负债表衰退期间关于财政乘数的问题　/ 183
银行问题并非导致日本衰退的原因　/ 185
为我们的后代选择一个恰当的负担　/ 188
日本在 1996 年曾经有过复苏的机会　/ 190
对于财政政策的偏见　/ 192
注　释　/ 193

第五章　阴阳经济周期与宏观经济学的圣杯

一、泡沫、资产负债表衰退以及经济周期　/ 196
泡沫与资产负债表衰退的循环　/ 196
“阴阳”经济周期　/ 199
二、在“阴”态阶段实行“阳”态政策的错误　/ 204
第一个任务：判断经济处于“阴”态还是“阳”态　/ 205
预算平衡的功与过　/ 207

超越盲目信仰 / 209

三、凯恩斯和货币主义者们遗漏的东西 / 211

凯恩斯革命的负遗产 / 211

四、迈向经济学理论的大一统 / 214

2003 年的两个重大决定 / 217

吸取日本的经验，为下一个经济泡沫做好准备 / 219

费雪的债务通货紧缩和资产负债表衰退 / 221

注　释 / 225

第六章　全球化的压力

一、发达国家需要真正的改革 / 228

日本当年的崛起也迫使西方国家进行过重要调整 / 228

日本现在正处于美国 20 世纪 70 年代的处境 / 229

欧美国家对来自日本挑战的两种反应 / 231

在日本，悲观者远多于乐观者 / 232

悲观情绪在 2007 年 7 月日本参议员选举中爆发 / 233

货币和财政政策都无法解决全球化带来的伤害 / 234

刻不容缓的教育改革 / 235

真正的结构改革终将到来 / 236

二、资本流动自由化和全球失衡 / 236

世界货币基金组织发出贸易失衡警告 / 236

美国依存增长模式的转移 / 237

美国的贸易和财政赤字之间并无关联 / 238

美国当局对于美元和资本流入的观点已经有了重大改变 / 240

利差交易削弱了中央银行的作用 / 241

资本流动加剧了全球失衡　/ 243
经济和经济学都进入了一片未知水域　/ 245
金融全球化造成的当前混乱　/ 247
资本市场的开放是一个新生事物　/ 248
假如全球经济完全一体化，贸易失衡将不再成为问题　/ 249
只要移民流动仍被控制，全球失衡就是个问题　/ 251
政府政策目标与全球化无法同步　/ 251
政府介入外汇市场的实例　/ 252
应该重新考虑资本市场的开放　/ 254
投资者的资质也是一个重要因素　/ 254
三、纠正全球失衡必须循序渐进　/ 256
美国对于资本外逃依然脆弱　/ 256
美元外逃曾经发生过　/ 257
日本的回应　/ 259
格林斯潘的观点从何而来　/ 260
被遗忘的教训　/ 261
矫正美国贸易失衡问题需要多久　/ 262
美国迅速地打出白旗……然后又迅速地收了回来　/ 262
注　释　/ 264

第七章　进行中的经济泡沫和资产负债表衰退

一、美国的现状：次贷危机　/ 268
次贷危机所导致的资产负债表衰退的特征　/ 271
重温 20 世纪 90 年代日本经济泡沫的崩溃　/ 272
美国陷入泡沫破灭之后的困境当中　/ 273

政府金融机构支撑了美国的房产市场　/ 276
美国正在重走日本当年清理不良贷款的老路　/ 277
次贷危机的解决方式与拉丁美洲债务危机存在相似之处，但是依然有所不同　/ 280
由于美国经济放缓，此次危机也许要比拉丁美洲债务危机更难应对　/ 281
住房期货市场预计房价将继续下跌　/ 282
格林斯潘与伯南克的区别　/ 284
更多的财政措施不可或缺　/ 286
二、中国泡沫　/ 288
中国台湾与日本之间经济泡沫的反差　/ 292
中国国有企业改革所产生的影响　/ 293
三、德国在马斯特里赫特条约下的选择　/ 294
欧元区需要一个新条约　/ 296
四、使世界经济能够应对“阴”态和“阳”态阶段　/ 297
注　释　/ 299

第八章　陷入资产负债表衰退的世界

一、来自日本的希望之光　/ 307
二、日本的经验可安人心　/ 310
三、需要确定一项新的社会公约　/ 313
四、更加恶劣的当前出口环境　/ 314
五、大规模的财政刺激政策不存在资金障碍　/ 316
六、为正确决策搅局的信用评级机构　/ 319
七、救助银行也不存在资金障碍　/ 322

八、使用货币政策应对信贷紧缩的得与失　/ 324
动用财政部，而非美联储的资产负债表　/ 327
美联储货币化政府债务的危险性　/ 329
九、信贷需求将会成为比信贷供给更令人头疼的问题　/ 330
政策失误加速了资本注入进程　/ 332
汲取日本的教训　/ 337
十、亚洲需要新的增长模式　/ 342
十一、亚洲面临的当前挑战　/ 344
十二、亚洲面临的长期挑战　/ 345
十三、结　语　/ 349
注　释　/ 351

附录　关于瓦尔拉斯与宏观经济学的一些思考

一、新古典经济学派轻视了货币存在的理由　/ 354
作为交易媒介的货币　/ 354
所有商品都有两种价格　/ 355
货币存在的理由　/ 357
专业化和货币　/ 358
作为交易媒介的条件　/ 358
通货膨胀、通货紧缩和货币政策　/ 360
货币的使用与信息不完全密不可分　/ 361
不完全信息下的一般均衡与完全信息下的部分均衡　/ 363
二、货币使用的福利含义　/ 363
与易货交易的对比　/ 363
劳动分工是价格和工资粘性以及刚性的根源　/ 365

在数学公式与生产现场现实之间的选择　/ 366
三、结　论　/ 367
注　释　/ 368

参考文献　/ 369

推荐序　如何应对未来的金融危机?

张　明

说来惭愧，多年来不断听闻朋友称赞辜朝明先生关于日本经济衰退的著作，甚至我还多次引用过他关于资产负债表衰退的观点。但一直都是引用的二手信息，而没有真正读过他的原著。最近，东方出版社李烨编辑寄给我了辜朝明先生《大衰退：宏观经济学的圣杯》尚未出版的文稿，我终于花了一整天时间通读了这本著作。不夸张地说，真的是手不释卷。

先抛开理论贡献不言，这本书的可读性真的很强。不少知名经济学家的财经著作风格与学术论文相差无几，佶屈聱牙，令读者云山雾罩，很难抓住主要思想。而本书的写作重点突出、文字浅显、配图精到，令人读起来很有快感。这是现在的财经畅销书中不多见的。例如，我最近也在读艾肯格林的《金色的羁绊：黄金本位与大萧条》以及伯南克的《行动的勇气：金融危机及其余波回忆录》，但坦白地说，后两本书的可读性不如辜先生这一本。

与本书第一版的中文名《大衰退——如何在金融危机中幸存与发展》相比，我更喜欢这本书的英文书名《宏观经济学的圣杯：来自日本大衰退的经验教训》(*The Holy Grail of Macro Economics*: *Lessons from Japan's GreatRecession*)。因为这个英文书名很好地反映了作者的野心与全书的贡献。所谓宏观经济学的圣杯，这个概念最早是由美联储前主席伯南克提出来的，也即如何解释20世纪30年代的美国经济大萧条。事实上，美国大萧条不仅直接催生了凯恩斯的宏观经济学革命，也激励着一代代学界精英对此开展研究。例如，上面提到的艾肯格林与伯南克，就因为对大萧条的研究而名扬学术圈。

辜朝明这本书的起点是解释日本经济20世纪90年代大萧条的内在根源，但他进而发现，日本经济在90年代的大萧条与美国经济在30年代的大萧条，实际上有着千丝万缕的联系。它们都属于资产负债表衰退，而非传统意义上的经济衰退。

何为“资产负债表”衰退呢？本书认为，这种衰退通常会在严重的资产价格泡沫破灭后发生，由于一国企业在资产价格膨胀期间，举债购买了很多资产。而在资产价格泡沫破灭之后，这些企业资产负债表的负债端价值不变，而资产端价值严重缩水，这就使得这些企业面临资不抵债的境地。然而，这些企业的生产经营没有问题，依然能够获得正常的营业收入。因此，这些企业在资产价格泡沫破灭之后，其生产经营目标会由“利润最大化”转为“负债最小化”，也即会利用后续的经营收入来偿还过去的负债。从企业个体而言，这自然是理性行为。但如果所有企业都这么做，这就会导致合成谬误（Compositional Fallacy）。这会导致所有企业借款需求萎缩、货币乘数急剧下降，进而总需求出现持续的负向缺口（等于家庭部门净储蓄与企业部门的净偿债额）。如果没有政府提供额外的需求，那么这个经济体就会陷入旷日持久的衰退。这种衰退，就是典型的资产负债表衰退。

为什么资产负债表衰退要比普通衰退更加严重呢？这一方面是因为，由于资产泡沫破灭导致企业的资产负债表遭遇巨大损失，企业要依靠后续收入来偿还债务，这通常是一个旷日持久的过程；另一方面是因为，如果发生资产负债表衰退，扩张性货币政策注定是无济于事的。个中原因在于，如果企业的经营目标由利润最大化转为负债最小化，那么在企业偿还完过去的负债之前，即使借款利率降低至零，企业也没有动力举借新债，这就意味着货币政策的传导机制基本上失效了。作者指出，这其实就是凯恩斯所谓的“流动性陷阱”的微观基础。

既然如此，如何才能走出资产负债表衰退呢?作者认为，财政政策必须扮演唯一重要的角色。如前所述，当所有企业都致力于还债，以至于出现负向的总需求缺口时，政府必须出手来弥补这一缺口，这样才能避免经济增速的显著下滑，从而进一步加剧危机。这就意味着一国政府必须通过发行国债来筹集资金，进而实施扩张性财政政策。从增加有效需求的角度而言，增加财政支出要比减税更加重要。这是因为，减税可能导致家庭增加储蓄，而非用于消费，这意味着减税未必会增加短期内有效需求。

如果答案如此浅显，那么为什么日本大萧条会旷日持久呢?作者一针见血地指出，这是因为，无论是政府还是学者，大多都对赤字财政存在明显的偏见。例如，在凯恩斯主义政策在20世纪70年代遭遇滞胀的挑战后，货币主义者与新古典主义者占据了理论界的高地，后者均在大力贬低财政政策的重要性。又如，政府官员通常也会对持续的赤字财政政策心生疑虑，而欧洲的《稳定与增长公约》更是直接限制了各国实施扩张性财政的空间。作者指出，日本经济之所以陷入旷日持久的衰退，这与1997年前后桥本龙太郎政府与2003年前后小泉纯一郎政府两度过早地实施财政整固（Fiscal Consolidation）政策有关。

作者在详细论述了资产负债表衰退及其应对策略之后，提出了一个试图整合凯恩斯主义经济学与新古典主义经济学的理论框架。这个理论框架将宏观经济分为“阴”、“阳”两个阶段。区分阴阳阶段的核心，在于微观企业资产负债表的健康程度。在阳性阶段，企业资产负债表总体健康，因此其经营目标在于利润最大化，整个社会总需求强劲，企业对于利率变化的反应强烈，因此在这个阶段，理想的调控工具是货币政策，相比之下，财政政策由于具有较强的“挤出效应”（也即政府支出会导致利率上升，从而挤出企业投资）而不是适宜的政策。相反，在阴性阶段，企业资产负债表遭遇重创，其经营目标转为负债最小化，整个社会总需求持续低迷，企业对于利率变化的反应转弱，因此在这个阶段，理想的调控工具是财政政策，相比之下，货币政策由于传导渠道失灵而归于无效。作者进一步指出，阴阳过程的交替需要较长时间，完成一个完整循环可能需要数十年，这个周期要显著长于传统的库存周期。不难看出，本书的阴阳周期，与近年来国际金融领域开始流行的金融周期之间，其实有很紧密的联系。

虽然本书作者没有直言，但言外之意是资产负债表衰退与阴阳周期理论，与传统理论相比，更好地解释了日本大萧条甚至美国大萧条，从而成功地摘取了宏观经济学的圣杯。当然，是否真的这样，自然是见仁见智的。但是本书的分析框架，对于我们分析当前国内外宏观经济形势是非常有参考价值的。

例如，作者在第二版中坦言，由美国次贷危机引发的本轮全球金融危机，就是一场新的资产负债表衰退。因此，目前各国政府的零利率与量化宽松政策，对于走出资产负债表衰退的帮助是很小的，各国需要更加坚定地实施更加宽松的财政政策。而目前，各国实施持续宽松的财政政策，要么面临国内党派纷争的掣肘（例如美国），要么受到关于赤字财政的正统思想的桎梏（例如德国），往往是知易行难。这就意味着，全球经济的长期性停滞将会旷日持久。

又如，在未来几年，中国企业部门的去杠杆与房地产部门的去库存将是一个大趋势，如果处理不好，这可能引发中国特色的资产负债表衰退。那么按照作者的观点，在企业去杠杆导致总需求萎缩的背景下，中国政府必须实施宽松的财政政策，用公共需求去弥补因为私人需求不足而造成的需求缺口。如果我们过度执迷于平衡财政的思想或者过度担心未来的政府债务问题，那么等待我们的可能是日本经济的覆辙。当然，避免过度宽松的货币信贷政策酿成新一轮的资产价格泡沫，这也是非常重要的举措，因为它可以帮助我们在源头上缓解未来企业部门偿还债务的压力。

总之，兼听则明，要更加深刻地理解全球经济与中国经济的当下处境，我建议各位读者仔细阅读辜朝明先生的这本著作。

（张明现任中国社科院金融研究所副所长）

导　读

喻海翔

8年前的夏天，我回国未久，选择在了成都定居。当时我才刚刚安顿下来，正期待着在一个陌生城市的全新开始。5·12地震余波已逐渐平息，北京奥运在全世界的注视中即将召开，次贷危机虽已在大洋彼岸开始肆虐，但是对彼时的中国而言，一切似乎都还只是别人庭院中的风暴，自家地平线上那片若隐若现的积雨云而已。就在这时，我收到了来自东方出版社的询问，说是有一本英文专著着急出版，看我愿不愿意承担翻译工作。样书寄到，我一读之下，马上答应下来，然后放下万事、收起杂念，每天工作13个小时以上，用一个月的时间译出了这部20万字的书稿，以至于现在想来，在那个举国沸腾的8月，我甚至连一场与北京奥运相关的仪式和比赛都没有看过。

8年前，国人对于本书的核心概念“资产负债表衰退”还很陌生，而现在，这个概念早已在中国深入人心。无论赞同与否，在试图解构当前这场前所未有的世界性经济危机，以及中国面临的重重挑战时，不管是学界泰斗，还是政策精英，“资产负债表衰退”这个概念已经被频繁挂在嘴边。现在，东方出版社又将再版这部书稿，这些都足以证明，这本书经受住了时间和事实的检验。

作为西方知名的经济学家，辜朝明先生的这本著作建立在他长年研究所得出的重要成果，即“资产负债表衰退”这个在经济学领域具有开创性意义的薪新概念的基础之上。长期以来，对于大规模经济衰退的传统解释一般都认为：股市崩溃导致银行不良贷款等问题凸显，因此造成信贷紧缩，流动性陷阱产生，进而导致企业借贷困难，最终引发了整体经济大规模的倒退。基于这种理解，经济和政策界的主流观点对于这种大规模经济衰退的解决办法基本上都着眼于货币供给方，主张政府在大力治理银行不良贷款问题的同时，主要利用货币政策工具，向银行系统注入大量资金，增加流动性，遏制并消除信贷紧缩现象，从而达到促进经济实现良性循环的目的。

但是资产负债表衰退概念却彻底颠覆了这种传统理念，经过对大量历史数据和资料的缜密细致的分析，资产负债表衰退概念认为：问题的根源并非货币供给方，而是货币需求方——企业。这种观点认为，经济衰退是由于股市以及不动产市场的泡沫破灭之后，市场价格的崩溃造成在泡沫期过度扩张的企业资产大幅缩水，资产负债表失衡，企业负债严重超出资产，因此，企业即使运作正常，也已陷入了技术性破产的窘境。

在这种情况下，大多数企业自然会将企业目标从“利润最大化”转为“负债最小化”，在停止借贷的同时，将企业能够利用的所有现金流都投入到债务偿还上，不遗余力地修复受损的资产负债表，希望早日走出技术性破产的泥沼。企业这种“负债最小化”模式的大规模转变最终造成合成谬误，于是就会出现即便银行愿意继续发放贷款，也无法找到借贷方的异常现象。

与此同时，担心外界发觉自己已经技术性破产的企业，与极力避免既有贷款不良化的银行之间心照不宣地达成默契，对企业普遍存在的资产负债表失衡问题讳莫如深，从而使借贷方不足这个造成信贷紧缩、流动性停滞的关键因素深藏于幕后，不为世人所知，并最终导致了我们在20世纪90年代的日本大衰退期间所观察到的货币政策失灵现象的发生。

辜朝明先生通过详细举证20世纪30年代大萧条时期的美国，以及日本20世纪90年代大衰退后经济复苏过程的波折，指出在资产负债表衰退期间，当今学术界主张的货币政策工具的有效性令人怀疑。

为了进一步说明资产负债表衰退的概念及其应对措施，辜朝明先生创造性地将经济周期形象地分为“阴”“阳”两个阶段。当经济周期处于“阳”态阶段时，经济状况属于传统主流经济学可以涵盖的范围，企业资产负债表健全，将利润最大化作为经营目标，利率正常，存在通货膨胀倾向。这时政府可以有效地运用货币政策工具来调控经济，而财政政策工具由于会产生挤出效应则应尽量避免使用。

然而当经济周期处于“阴”态阶段时，企业资产负债表失衡，出现资不抵债现象，企业大规模转向负债最小化模式，从而导致合成谬误，将经济拖入资产负债表衰退之中。此时利率降至极低点，通货紧缩现象发生，货币政策完全失灵，政府必须大胆使用财政政策工具来刺激经济复苏。

通过引入阴阳周期理念，资产负债表衰退概念最终得以体系化。必须指出的是，这个概念建立在大量的史实调查和验证之上，逻辑严密，自成一体，在经济学领域具有独树一帜的首创性，并且在当前席卷世界的这场经济风暴之中得到诸多事实验证。

对于“资产负债表衰退”的概念，学界尚有诸多争论和质疑。譬如这个概念的一个重要意义就在于论证了面对资产负债表衰退时，货币政策无效的同时，提出了只有强力而坚定的财政政策才是抗击危机的可行之道。然而仅就中国的经验而言，自从2008年年底推出

4 万亿财政刺激政策以来，可以观测到的是，尽管一轮又一轮的财政刺激方案不断出台，可是投资报酬每况愈下，到今天对中国经济的提振效果更是日趋微弱，几近于零。与此同时，地方债务日趋攀升，僵尸企业尾大不掉，一方面是实体经济持续低迷，一方面是过剩资金不断扭曲房地产和资本市场。为此有声音认为资产负债表衰退的概念虽然在一定程度上能够解释中国经济当前面临的困境，但是其提出的应施以有力的财政政策予以对应的药方在中国业已证明失败。

但是需要注意到的是，作为一个全新的概念，资产负债表衰退的视角超出了传统经济学惯有的思维和分析模式。例如我们不仅要看 2008 年之后的庞大财政刺激政策给中国实际带来了什么，同时还必须思考这一系列举措在这段风浪中为中国避免了什么。本书就以详尽的数据和分析指出，日本在泡沫经济破灭，举国上下损失了相当于日本 3 年 GDP 的社会财富，房价倒退到 20 年前，全社会还经历了一场大规模去杠杆化过程的情况下，正是通过财政政策手段才使得日本 GDP 得以继续维持在泡沫经济顶峰期的水准之上。也正是由于这样，日本民众才能够在经受巨额社会财富蒸发的情况下依然维系生活质量水平不至下降，日本企业也得以在极度艰难的条件下继续维持并不断修补受损的资产负债表，在泡沫经济破灭后的十多年间，日本政府仅靠约 300 万亿日元的财政刺激手段避免了高达 2000 万亿日元的实际损失。

作为一个拥有全世界最庞大产能，将近 8 亿产业人口，社会贫富差异显著，社会治理结构刚性特征明显的中国，在过去 8 年当中，如果不是一系列果断而又卓有成效的财政刺激政策的话，中国经济，乃至整个社会到底会发生什么实在令人不敢想象。考虑到这里，也就能够明白针对当前形势，最高管理层为何在一方面明确指出当前的危机应对“避免用‘大水漫灌’……树不能长到天上，高杠杆必然带来高风险……要彻底抛弃试图通过宽松货币加码来加快经济增长、做大分母降杠杆的幻想”① 的同时，一方面又提出“继续实施积极的财政政策和稳健的货币政策”②。这种姿态事实上也很好地印证了在一场资产负债表衰退中，货币政策与财政政策之间的关系。

自20世纪90年代陷入一场迄今为止长达四分之一个世纪的经济危机之后，日本政府在利用财政政策竭力支撑住日本经济不至于整体崩盘的同时，早早就提出了推进结构性改革的口号，以期在旧有发展模式逐渐失效，发展潜力和空间日趋稀薄的情况下，从根本上调整日本的产业和经济发展模式，为日本经济打开新的出口。然而由于缺乏战略性眼光和坚定的决断力，摇摆不定日本的政治家和企业家错过了推动结构性改革的最佳时机，最终从当年世界第二的经济大国沦落到今天GDP不足中国一半的地步，进而使得全社会上下心理失衡，极端化倾向浓厚，政治与经济举措呈现暴走趋势。

中国现在的人均GDP仅有8000美元，即便与初级发达国家相比，还有着很大的距离。这也就意味着，当前中国经济所面临的问题，与美日德英法等人均GDP达到了3.7万美元以上的西方发达国家截然不同。目前我们最主要挑战就是如何将这个国家依然存在着的巨大发展潜力和空间都有效释放出来。

回顾历史，国家发展的道路从来都不是一条坦途，总是会有起伏曲折，不能以一时成败而论。但是在历史的关键节点上，却绝对不容许走出任何一步错招。辜朝明先生的这本著作对于当前中国的一个具有重要意义的昭示便是，二十多年前的日本就是在本来已经看清楚了问题的根源和解决路径的情况下，由于政治和经济决策者

① 《开局首季问大势——权威人士谈当前中国经济》，《人民日报》，2016年5月9日。

② 习近平2016年7月8日在经济形势专家座谈会上的讲话。

们无法凝聚共识、坚定信心而错失机会，最终将整个社会带入了深渊。在某种程度上，现在的我们似乎也正站在当年日本所曾经驻足的那个拐点。历史的本质从来都不曾改变，历史一旦启动，自然会有它自身的安排。我们所需要做的只是如何回应它的召唤。但这是一个不仅需要智慧，更需要无与伦比勇气的决断。而这个决断注定将会定格这个古老而又年轻国家的未来。

致　谢

如果不是得到了许多人的鼎力协助，就不可能有现在的这本书。尤其需要感谢来自野村证券的客户与员工们的支持，是他们使我能够对日本的经济问题及其在世界范围的意义进行深入、透彻的思考，而这些思考对于我这些理论的形成发挥了巨大作用。当然，他们将自己的资金留在日本这一事实也决定了他们绝对不会允许我跑题。

在与我以前在纽约联邦储备银行的同事，现任职于国际清算银行的罗伯特·麦考利先生的无数次讨论中，我受益匪浅。他对我的初稿做出了大量非常有价值的评论。我和日本银行研究部门前主管，现任帝国制药董事长村山昇作先生的多次意见交换对我也是大有裨益。庆应义塾大学的土居丈郎教授帮助我了解了学术界目前的最新进展。当然，本书中的任何错误都完全由我一人负责。

在本书的实际准备过程中，我得到了野村证券执行副总裁山道裕己先生的大力支持。

我的秘书寺户裕子女士协助我进行了原稿文本方面的准备工作。我的助手佐佐木雅也先生不仅制作图表、收集数据，而且还协助我收集了本书中引用的各种专业文章和历史资料。正是由于他们两位的奉献与帮助，我才能在承担野村综合研究所首席经济学家的全职工作的同时，完成这部准学术性的著作。为了使这本书按时出版，他们两位都投入了大量的时间和精力，对于他们的努力，我的感激之情难以言表。

我同样要感谢东洋经济，也就是最初发行本书日文版的出版社，还要感谢克里斯·格林先生，他不但准确地翻译了日文原稿，而且还在译稿过程中进行了有价值的润色，使英语国家的读者能够更加容易地理解本书的内容。

最后，我要感谢我的妻子 Chyen-Mei 以及我的孩子杰基和瑞吉，我在很多周末和节日里都无法与他们团聚，对于他们的支持，我从心底表示感激。

2022年中文版序言

辜朝明

《大衰退——宏观经济学的圣杯》一书分别以英文和中文形式发行面世，已然是14年前和12年前之事了。值此2022年中文版再次付梓之际，鄙人受邀撰写新序，荣幸之至。首版以来，此经多年，世事沧桑，唯不问东西，对此书之关注，经久不息，足见书中所言经济运行等逻辑与解释可堪时间考验。

当下此书在中国又掀热潮，究其根源，无外乎世人皆忧中国正遭遇日本于1990年暨美国于2008年同样之挑战。事实上，近期以来，围绕相关议题，在下所识之友人中，凡有在华投资者，往来垂询请议可谓络绎不绝。

自1990年始发于日本之事态与今后中国可能显现之状况有诸多相似之点，然亦有众多相违之处。仅就相似点而言，2022年前之中国如同1990年前之日本，国民皆笃信房价唯涨不跌，房地产实为最稳妥之投资。怎奈待到房地产泡沫破灭，房价神话消散之时，不动产持有者之资产负债表顿陷失衡困境且不足为外人道。于是乎，无论企业，抑或家庭，骤然间皆不得不将利润最大化转变为债务最小化。

尽管此种转向于个体层面上并无任何不当之处，但当社会全体皆同向急行时，整体经济便由此陷入少有的破坏性萧条，此即为资产负债表衰退，而此类衰退可经年不止。由此，中国决策者当早做谋算，以应对这场影响实体经济与金融体系的严重衰退。

然而，30年前之日本与现今之中国又有绝然不同之处，中国决策者业已明了资产负债表衰退之根源症状。他们或早已熟谙本书所述之要点，即须以财政刺激而非货币宽松策略作为应对此类巨灾之根本利器。反观1990年，日本当政者于资产负债表衰退之说既无认识，亦无概念，诸多救市之策本末倒置，进退失据，终致雪上加霜，铸就大错。与之对照，待到2008年世界金融海啸时，美联储时任主席本·伯南克及奥巴马政府其他要员经由此书，于2010年之际便已确信，美国经济所受之困，与日本此前所遇资产负债表衰退实为一物，于是精准施策，得以挽救身陷全球金融危机中心的美国，免蹈日本之覆辙。

此外，另一不同之处在于，日本当年的房地产泡沫并未促进楼面供应量的显著增加。追其缘由，乃日本政策法规对建筑容积率及土地用途的诸多限制所致。一旦房地产泡沫破灭，相关者唯有面对价崩而债存之窘境。

反观中国，房地产繁荣助推楼面供应量（即住宅）飙升，因此，即便泡沫破灭，使得开发商与投资者崩盘破产如萧萧落木，但巨量住宅依然以资产形式为中国民众所拥有。如此一来，资产负债表衰退之创痛虽在，但此前置身于泡沫之外的投资者仍可择机而入，低价购买所需房产。

由此观之，中国政府当务之急是动用财政手段，确保未完工建设项目悉数而成。此举不但有益于经济稳定，亦可保全民资产（即住宅）。

中日之间还有一处重大区别，在于当前中国经济所面临之挑战，其复杂艰险程度，远非 1990 年之日本可堪比拟。诸如中等收入陷阱、人口萎缩、年轻人口失业率上升、与西方世界的地缘政治冲突，以及房地产、信息技术和教育等行业投资低迷，等等，更遑论新冠肺炎疫情对于家庭和企业财务状况的长期损耗，以上种种，单一项就足以显著放慢经济的脚步，而这些却同时向中国涌来。

尤需警惕的是，此等挑战又多呈祸不单行、愈演愈烈之势。例如，新冠肺炎疫情使得财源枯竭，为本就因前期房地产市场调整而显现的资产负债表困境雪上加霜。再如，中国国内监管愈加趋紧，中西方地缘政治冲突又骤然升温，两相叠加，迫使诸多早已面临中等收入陷阱困扰的中外企业，不得不调整投资策略，轻国内而重海外，此举又导致国内借贷与投资双重萎缩，进而恶化了原本就因实体经济融资不足而出现的资产负债表衰退。上述中国经济遭遇的种种挑战，鄙人在约翰·威利（John Wiley）出版社于 2022 年 8 月付梓的新著《逐鹿经济》(*Pursued Economy*）一书中皆有阐释。

中国执政者施政有方，行事无漏，想要平顺处置此次资产负债表衰退本就不易，遑论 2022 年的中国面临着比日本 1990 年更复杂的难题和更多的不确定性。概而言之，当日中国执政者之试错余地远少于三十年前之日本。

1990 年鄙人曾告诫日本央行一旧友，凡以猛烈货币紧缩策略消解不动产泡沫之举都无异于玩火自焚（通胀率仅为 3%，短期利率却被提升至 8%）。此友人反自信满满，诫我多虑，盖因日本央行素有一味灵丹猛药——零利率，尽可力挽经济颓势。

之后，日本利率几降为零，然于日本经济困境却全然无助。当我再提同问时，这一旧友辩曰，其所言之不中，全奈“窗幔着火”。

所谓“窗幔”指私营企业的财务健康情况。

上述往事足以明证，万不可自负于自身手腕，尤其在资产负债表衰退铺天袭来之时。本书之读者若能引他人之误为戒，护持中国民众于严峻挑战所致艰难险阻之中，则善莫大焉。

（喻海翔译于 2022 年 8 月 21 日）

2009年原版序言

辜朝明

全球金融危机和经济崩盘加剧了对于又一场大萧条即将爆发的恐惧。尽管世界各国的政策制定者们用尽了一切招数来抵御这场衰退，然而到目前为止依然成效甚微。并且，在经历了70年之后，经济学者们依然无法解释清楚，为何20世纪30年代的大萧条，损失会那样的惨烈，时间会那样的漫长。

美国联邦储备委员会现任主席、声誉卓著的理论经济学家本·伯南克在1995年曾经写道："在宏观经济学领域，对于美国'大萧条'的解析属于这门学科中的'圣杯'"，但是，"我们尚未找到任何途径染指这座圣杯"。他进一步指出："美国'大萧条'不仅使宏观经济学作为学术研究的一个重要分支得以问世，同时……20世纪30年代的诸多经验教训，一直以来都在持续不断地影响着宏观经济学家们的信条、政策建议，以及研究方向。"事实上，自从1936年凯恩斯的《通论》开创宏观经济学的新时代以来，涌现出了众多试图解释大萧条来龙去脉的不同见解，凯恩斯将这些努力称之为"令人着魔的智慧挑战"。直到今天，这依然是一项令人着魔的智慧挑战，因为迄今为止，尚未出现任何一种理论能够解释在1929年10月的股市崩盘之后，恶劣的经济形势为何持续了那样漫长的时间。

胸怀往昔，我相信，日本过去15年所经历的——借用亚当·波森（Adam Posen，华盛顿智囊彼得森国际经济研究所高级研究员）的说法——“大衰退”其实已经为我们提供了线索，帮助我们去理解70多年前的“大萧条”何以在美国发生。尽管历史从来不会简单地重复，但是我坚信，在这两次长期的经济萧条之间有着显著的共同点——那就是，在这两次经济萧条中，造成传统宏观政策失灵、经济衰退期延长的因素是相同的。与此同时，虽然规模要小许多，但同样的负面因素在2000年IT泡沫破灭之后的美国和德国经济中仍然发挥作用，并在2007年爆发的美国次贷危机中再次卷土重来。

为了强调发生在两个不同国家、前后相隔70余年的两次漫长经济萧条的共同之处，本书将以分析日本的经济形势作为开篇。之所以如此，不仅仅是因为过去15年间，笔者本人亲身经历了整个经济大衰退的过程，而且在此期间积极参与了各项经济对策的讨论，同时也是因为相对于美国的大萧条，发生在日本的这次经济衰退为我们提供了更加详细、全面的数据可供研究。更重要的是，在20世纪80年代末期依然强劲的日本经济为何在进入90年代之后便急转直下，对这一原因的探究，本身就是一项“令人着魔的智慧挑战”。

为了实现这一目标，我在先前的另一本著作《资产负债表衰退：日本在经济迷局中的挣扎及其全球影响》[约翰·威利父子出版公司（亚洲），2003年出版]一书中首次使用了“资产负债表衰退”一词。作为一个新的概念，不同于假定私营企业的经营目标都是实现利润最大化的新古典主义宏观经济学派，这个概念假定一部分企业将通过减少负债来修补令人气馁的资产负债表。在详细阐释了日本经济长期不景气的产生机制之后，我进一步探讨了同样的机制是否会在70多年前的美国发生作用。最后，再将分析延伸开来，涵盖了当前的各种经济动向，包括美国的次贷危机。

我写作本书有两个任务和一个最终目标。第一个任务，分析日本经济的现状并对其未来加以展望。第一章和第二章就是致力于这个目的。尽管我相信今天日本的经济复苏已经显而易见，但是决策者们仍然需要密切留意各种风险，尤其是目前的这种经济复苏所特有的一些风险。

我的第二个任务，也是更加雄心勃勃的期望是将日本长期经济衰退带给我们的经验教训融入宏观经济学体系之中。第三章至第五章瞄准的就是这个目标。这一部分展开并归纳了资产负债表衰退理论，并且将其与传统经济学理论进行了对比。当然，这种尝试的终极目的就是利用从美国大萧条与日本大衰退中所学到的经验教训来解决由于资产价格泡沫的破灭而带来的相同问题，尤其是眼下的美国次贷危机。

第三章和第四章深入探讨了过去 30 年间理论经济学家们对于美国大萧条的研究。重温大萧条这段历史必不可少，因为正如伯南克在 1995 年所阐明的，大萧条期间发生的各种问题和现象对宏观经济学本身产生了巨大影响。

值得注意的是，来自世界各地的经济学家们都建议日本当局采取更加激烈的货币政策来抑制经济衰退。这些经济学家的建议正是建立在过去 25 年对于美国大萧条的研究之上，他们研究的结论认为，是失败的货币政策导致了美国的大萧条，而之后的经济复苏则是由于美联储的政策转换。

但在身处日本金融市场最前线的我看来，这些政策建议完全不切实际，因为即使是在零利率的条件下，日本企业对于投资的需求也早已荡然无存。然而，在与这些经济学家们的辩论中我意识到，除非我向他们证明：他们用来支持自己观点的那些来自美国大萧条的所谓“教训”本身就是错误的，否则任何建设性的讨论都将无法进行。如果能够证明美国大萧条与日本经济衰退一样，都是属于资产负债表衰退，那就能够说明为什么货币政策对之无能为力。如此一来，传统经济学理论将不得不进行某些重大改变。

“不入虎穴焉得虎子”，在论证以上观点的过程中我有了惊人的发现。通过从投资需求的角度来调查资料数据，我发现了一个又一个的证据来支持资产负债表衰退学说。甚至连安娜·施瓦茨（Anna Schwartz）和米尔顿·弗里德曼（Milton Friedman）——他们最早提出，美国大萧条原本可以通过适当的货币政策加以回避，他们同时也是货币政策的长期拥护者——所做的关于美国货币史的经典调查中，也有众多篇幅支持美国大萧条属于资产负债表衰退这一观点。

虽然最终的判断将由读者们做出，但是我坚信，美国大萧条，正如日本经济大衰退一样，都是由于企业减少负债而引发的资产负债表衰退。就像日本一样，问题的关键在于私营企业的借贷需求不足，而非金融机构的资金供给不足。

第五章作为对前面各章内容的总结，首先主张每个经济体都可以分为两个阶段：普通（阳）阶段（此时的私营企业追求利润最大化）和后泡沫（阴）阶段（此时的私营企业要么埋头于负债最小化，要么陷于补救病态资产负债表的泥沼中）。然后进一步指出，这两个阶段构成了一个首尾相连的周期。“阴”和“阳”两个阶段之间的区别可以解释为什么一些政策在某些情况下卓有成效，而在另外一些情况下却无能为力。这些结论的综合，将为宏观经济学提供自凯恩斯时代以来就一直缺失的至关重要的基础。

第六章是关于全球化与全球贸易失衡造成的压力。尽管这些问题与资产负债表衰退没有直接关系，但是在许多国家，它们仍然在制造货币政策的困境。

第七章是关于当前的泡沫与资产负债表衰退，尤其着重于美国的次贷危机问题。伴随着众多令人生厌的典型特征，此次由次贷危机诱发的美国经济低迷正是资产负债表衰退的又一版本。而且此次经济衰退尤其危险，因为大西洋两岸如此众多的金融机构都深受其害。与此同时，虽然由于普通家庭和银行的资产负债表受到严重破坏，使得短期内的复苏不可预见，但是，通过从日本过去15年中所总结的经验教训，我们能够利用有效的手段来尽量缩短美国经济复苏所需要的时间。[2008年4月首次发行的第一版包含了以上七章，2009年3月的新版增加了一个新的章节（第八章），以便向读者提供最新的状况。由于时间的关系，前面七章没有做新的改动。]

附录是我本人对于如何最有效地将货币应用融入传统新古典主义框架中的辩论的一点小小贡献。这一部分同样也挑战了现代经济学的某些基本概念。

凯恩斯发明了“总需求”这个概念来应对大萧条的悲剧。但即便是他也不能或者不愿放弃经济学长期以来最基本的假设：无论何时何地，企业的目标都是追求利润最大化。“凯恩斯革命”最终遭遇挫折，就是因为他的拥护者们从来都没有意识到，他们的财政政策建议只有在所有企业都致力于负债最小化的“阴”性阶段才能行之有效。

资产负债表衰退这一概念跨越了凯恩斯不能或者不愿跨越的底线，它认可了企业在某些时候追求负债最小化的可能性。如此一来，就可以解释某些以前从未有过令人信服解释的经济现象，诸如流动性陷阱和长期衰退之类。并且通过明确指出货币与财政政策何时将行之有效，何时将适得其反，对传统理论进行了完善和提高。由此而得以综合的经济理论，或许正是从20世纪30年代以来我们一直都在苦苦追寻的宏观经济学的“圣杯”。

资产负债表衰退这一概念的提出，是建立在过去15年间日本大众的痛苦与牺牲之上的。虽然付出了惨痛代价，但是这一概念应该能够为那些正在寻找对策应对经济泡沫及其后果——资产负债表衰退的国家提供重要帮助。同时，我也期待来自经济学界同行们的帮助与批评，以便进一步完善这一概念，使其成为更加有效的工具，这样，日本的惨痛经验或许能够转化为全世界的宝贵财富。

第一章

日本经济衰退

日本经济的复苏已经不容置疑，长达15年的经济衰退即将结束的征兆已经出现。但是我们必须牢记的是，基本性和周期性的因素都可能影响经济形势。目前的日本只是在前一部分——也就是在过去15年间令其焦头烂额的那些特殊问题——的范畴内出现了明显的复苏迹象。而一些周期性或者外部因素，诸如汇率波动、全球化压力——尤其是来自中国的竞争压力以及美国经济的混乱等，依然在产生着负面作用。因此，尽管最近的数据在基本性因素上显示了乐观的倾向，但是日本仍然必须时刻留意周期性的波动和外部压力。

这一章将以明确日本经济衰退的类型为出发点，然后在第二章中详细论证日本当前的经济复苏。全球形势以及经济周期的动向将在第六章和第七章中加以阐述。

一、结构问题与银行问题
无法解释日本经济的长期衰退

日本的经济复苏并非源于结构改革

关于导致日本长达15年经济衰退的原因，一直以来众说纷纭。有人将其归咎于结构缺陷或者银行问题，有人指责错误的货币政策及其造成的过高利率，还有人认为罪魁祸首是日本独特的文化，等等。也许可以这样总结，当众多外国媒体和公众人物纷纷指责日本的文化或者结构缺陷时，学术界则力主货币政策失败一说。而与此同时，金融界人士却把日本经济不景气的原因归结为银行问题。

结构缺陷论阵营的代表人物包括美国联邦储备委员会前主席艾伦·格林斯潘（Alan Greenspan）[1]，他认为日本能否摆脱“僵尸企业”（Zombie Companies，指依靠银行贷款苟延残喘、避免破产的企

业）是问题的关键。还有日本前首相小泉纯一郎，他的行动口号是："没有结构改革就没有经济复苏。"尽管结构改革这个词对于不同的人或许有着不同的意义，但是对于日本前首相小泉纯一郎和他的经济财政政策担当大臣竹中平藏（Heizo Takenaka）来说，就只意味着里根—撒切尔式的刺激供给改革。他们推动刺激供给改革的理由是：通常面向需求方的货币与财政刺激政策显然已经无法改变日本的经济形势。于1998年辞职的日本首相桥本龙太郎同样也是把推动结构改革作为复苏日本经济的关键所在。

在德国，结构问题同样被视为2000~2005年长达五年的德国经济大衰退的元凶，这是自第二次世界大战之后德国经历的最严重的经济衰退。在这期间，德国经济对来自于欧洲中央银行（ECB）的货币刺激政策反应迟钝，而同期欧元圈内的其他经济体却反应积极，这就更加支持了德国需要进行结构改革的主张。

在学术界，克鲁格曼（Paul Krugman，普林斯顿大学经济学教授，1998）辩称通货紧缩才是日本经济困境的主要原因，他甚至认为追究日本陷入通货紧缩的原因已经无关紧要。[2]为了抑制通货紧缩，克鲁格曼力主实施宽松的货币政策，以推动通货膨胀的发生为目标。这种不纠缠于通货紧缩的根源，而直接实施疗法的方式也得到了伯南克（2003）的赞同，他主张政府发行国债以增加货币流通量。另外还有斯文森（Lars E. O. Svensson，普林斯顿大学经济学教授，2003）和艾格尔逊（Gauti Eggertsson，纽约联邦储备银行资深经济学家，2003），他们建议实行价格水平目标制与货币贬值相结合的政策。这些专业学者都热衷于更加积极的货币政策，之所以如此，是因为在过去的30年中，艾森格林（Barry Eichengreen，2004）、艾森格林和萨克斯（Jeffrey Sachs，1985）、伯南克（2000）、罗默（Christina Romer，1991）以及特敏（Peter Temin，1994）等专家关于美国大萧条的研究专著全都认为：如果当时美国中央银行实施更积极的货币宽松政策，长期经济萧条以及流动性陷阱等现象是完全可以避免的。

尽管这些观点都具有一定的价值，但是日本所经历的这场极其罕见的漫长经济衰退必然有其独特之处，因此，找出这场持续了15年之久的经济衰退的主要驱动者就显得异常重要。为此，我将首先驱散一些对于日本过去15年经历的迷思，与此同时，详细地逐一验证前述各种观点的现实可行性。我将从那些与结构问题和银行问题有关的观点开始，因为这将为之后对于货币政策和文化问题等观点的探讨奠定基础。

“没有结构改革就没有经济复苏”的口号被2006年9月下野的日本前首相小泉纯一郎鼓吹得深入人心。首先我同意日本确实存在诸多结构性问题——毕竟，我本人也曾经为老布什总统于1991年发起的美日结构协议直接提供过一些建议。[3]但是这些问题并非日本长久陷于经济衰退的根本原因。我从来就不相信这些问题的早日解决能够重振日本经济，就如同我从来都不认为小泉时代结构改革的两个主要成果——日本高速公路集团和邮政部门的民营化对于目前日本的经济复苏有过任何贡献一样。

我们如何才能确定结构问题并非日本经济长期衰退的根源所在呢？为了回答这个问题，首先必须了解那些因结构缺陷而深受困扰的经济体的主要特征。

从结构问题上为经济困境寻求解释的历史其实并不久远。20世纪70年代末期，美国总统罗纳德·里根和英国首相撒切尔夫人最早提出，传统宏观经济学关于总需求的理论已经无法解决这两个国家所面临的经济难题。当时，英美两国已经完全沦为结构缺陷问题的温床，工人罢工频繁、企业生产力低下，因为本国产品不可靠，美国消费者开始转而购买日本企业生产的汽车。美联储试图刺激经济的积极货币政策最终却导致了两位数的通货膨胀率，与此同时，由于消费者对本国低劣产品的摒弃导致进口扩大，进而使得贸易逆差不断攀升，从而迫使美元贬值，加大了通货膨胀的压力，高通胀反过来又加速了美元贬值。当美联储最终希望通过加息来遏制物价上涨时，企业只能开始暂缓投资。正是这样的恶性循环导致美国经济陷入泥沼。

针对供给方的结构问题

当一个经济体深受结构缺陷的困扰时，频繁罢工等问题将使企业难以提供质优价廉的产品。这样的一个经济体自然会产生巨额贸易逆差、高通货膨胀率以及货币贬值，而这些又会进一步导致高利率，最终伤害企业的投资意愿。这种无力提供优良产品和服务的缺陷是由微观层面的问题（譬如结构问题）导致的，而宏观层面上的货币与财政政策无法对其进行矫正。

但是当年的主流经济学家们都认为美英两国面对的问题可以通过适当的宏观调控政策来加以解决。许多人嘲笑里根和撒切尔的刺激供给改革是“巫术经济”（Voodoo Economics），认为里根的主张毫无可取之处，这些政策只不过是骗人的鬼把戏。当时日本的绝大多数经济学家也对刺激供给政策持轻蔑态度，将里根的政策讥讽为“赏樱豪饮经济”，这一说法出自日本的一个古老传说：有兄弟俩带了一桶清酒打算去卖给在樱花树下设宴豪饮的人们，结果却是他们自己把酒全喝光了。他们一个人先卖一杯酒给自己的兄弟，然后再用这笔钱从对方那里买回一杯酒自己喝，这兄弟俩就这样一来一往，最后把那桶酒喝了个底朝天。

尽管我本人从 20 世纪 70 年代末期作为一名经济学研究生求学，

到之后供职于美联储期间，一直都完全浸淫于传统经济学领域之中。但是我仍然支持里根的主张，因为我相信传统的宏观经济政策无法解决当时美国的问题，相反，切实提高这个国家提供优良产品与服务的能力才是必不可少的。我现在依然坚信自己当初的判断是正确的。英国经济当时面临的也是同样的问题，撒切尔首相所推动的也正是相同的刺激供给的改革。

当里根开始执政时，美国正承受着两位数的通货膨胀率和罕见的高利率：当时的短期利率为 22%，长期利率为 14%，30 年期固定房贷利率则为 17%。罢工是家常便饭，庞大的贸易赤字仍在不断增长，美元大幅贬值，这个国家的工厂无法生产出优质的产品。

遭遇需求不足的日本经济

日本过去 15 年的经济状况几乎与美英两国 20 世纪 80 年代的状况完全相反：长短期利率与房贷利率双双跌至历史最低点；除了 2004 年 9 月日本职业棒球选手举行的罢工以外，在过去 10 年间几乎没有任何其他罢工行动；物价只跌不涨；日本一直以全球最大的贸易顺差国夸耀于世，直到最近才被中国和德国取代；除此之外，日元是如此强劲，以至于从 2003~2004 年间，日本政府创纪录地动用了 30 万亿日元来干预汇市以阻止日元升值。

所有这些数据都显示了日本经济供给有余而需求不足的特征。日本产品在世界各地都大受欢迎，唯独在日本本国例外，其根源并非产品品质不佳，而是国内需求的不足。

在企业层面上，日本企业近来日益猛增的利润颇受瞩目。然而其中绝大多数利润都来自对外贸易，只有为数不多的企业利润来自于国内市场。因为企业虽然大力开拓国内市场，但却无法改变内销疲软的局面，所以越来越多的日本企业开始重新向海外市场配置资源，而这又进一步促进了外销，扩大了贸易顺差。总而言之，过去15年日本所处的困境与25年前美国所面临的状况恰好相反。因为供给有余而需求不足，所以结构问题虽然存在，但是这绝非长期经济衰退的罪魁祸首。表1-1提供了日本经济现状与25年前美国经济状况的比较。

表1-1　结构问题不能解释日本的经济困境

	大衰退期间的日本	里根时代的美国
短期利率	0	≈22%
长期利率	≈1.5%	≈14%
房贷利率	≈3%~4%	≈17%
罢工问题	无	罢工频繁
物价	通货紧缩	两位数的通货膨胀率
国际贸易	世界最大贸易顺差国	逆差
汇率	大规模干涉以阻止日元升值	美元急速贬值
基本经济形势	供给有余、需求不足	需求旺盛、供给不足

注：房贷利率选取30年期固定房贷利率。
资料来源：野村综合研究所。

日本的经济复苏并非由于银行问题得到解决

有观点认为银行系统应该为日本的经济衰退承担首要责任。按照这种观点，银行系统的问题以及由此造成的信贷紧缩遏制了资金流入经济活动之中。然而，如果说银行成了日本经济增长的瓶颈，换言之，如果银行不再愿意放贷，那么我们就理应观察到信贷紧缩导致的几个典型现象。

对于急需资金的企业，替代银行贷款的最佳途径就是在企业债券市场发行债券。尽管这个方案仅对上市公司有效，但是在日本依然有超过 3800 家企业在无法从银行申请到贷款时，可以转而到资本市场发行债券或股票来应对资金短缺。

但是在日本经济衰退期间，这种现象并没有发生。图 1−1 顶端的曲线追踪记录了从 1990 年迄今为止日本企业的未偿债券总额的变动情况。自 2002 年起，未偿债券总额开始稳步下降——也就是说，债券偿付额已经超过了新增发行额。一般说来，这种现象在利率近乎于零的情况下是难以想象的。即便我们同意银行或许出于某些原因拒绝向企业发放贷款，但这些企业有权决定自己是否发行债券。如果企业急需资金，我们理应观察到企业未偿债券额的急速攀升。然而事实却是，这样的债券额反而在急速回落。

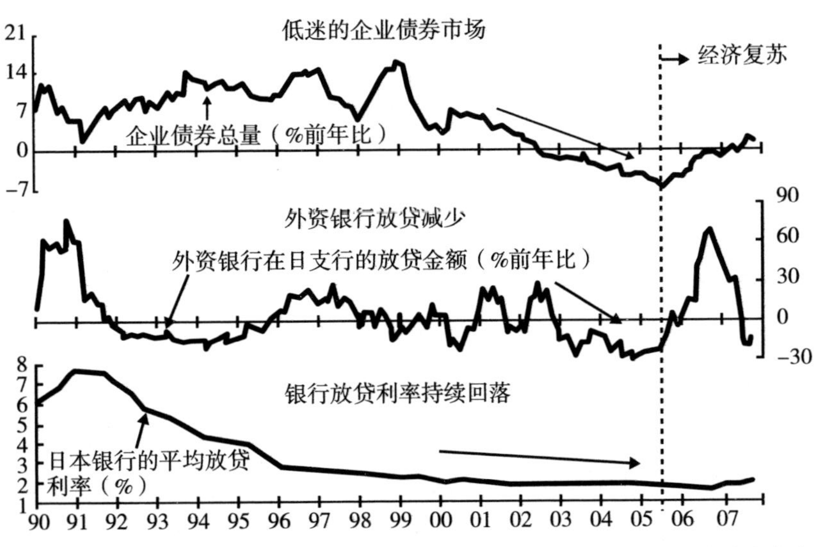

资料来源：日本银行，《贷款平均签约利率》、《外资银行在日支行的基本资产和负债》；日本证券业协会，《企业债券发行额与偿还额》。

图 1−1　金融指标并不支持信贷紧缩的观点

不同于那些在 20 世纪 80 年代末期的泡沫经济（也被称为平成泡沫）破灭之后的日本同行，在日本的众多外资银行并不存在严重的不良贷款问题，而这也为上述这种常见观点提供了更多颠覆性的反证。如果是因为日本银行本身的不良资产和呆坏账影响了它们对于日本企业正常借贷需求的供给能力，那么对于在日外资银行来说，这正好应该是抢占市场份额的绝佳时机。传统上，对于外国金融机构来说，开拓日本市场一向都是一个艰巨的挑战，因为在日本，银行方面的任何抉择往往都要受到企业与人际关系的重要影响。假如日资银行不再愿意放贷，那么我们理应观察到外资银行对日本企业放贷的显著增长，以及外资银行分支机构在日本本土的迅速扩张，但事实并非如此。

1997 年之前，外资银行需要获得日本金融大臣的许可才能够在日本开设新的支行。1997 年，随着被称为“大爆炸”的金融改革，这一规则烟消云散。因此理论上，在日本，外资银行可以在它们认为合适的任何时间、任何地点开设新的支行。然而这一变革却并没有导致外资银行支行数量在日本的显著增加。尽管少数外资银行扩大了在消费贷款市场的份额，如图 1-1 中间的曲线所显示的那样，但是过去十几年中，在日外资银行放贷额的增长可以说是微不足道，甚至有几个时期呈现出急速下降的趋势。这就说明日本银行放贷能力的低下并不足以成为阻碍日本经济发展的瓶颈，因为同期的外资银行也同样无法扩大它们的放贷规模。

第三种将日本经济衰退归咎于银行问题的观点认为，问题的根源出在银行利率上。许多中小型企业和非上市公司因为缺乏利用资本市场的渠道，不得不依靠银行贷款来满足资金需求。假如银行是由于不良资产与呆坏账的原因而难以向这些企业发放贷款，那么市场的力量理应导致贷款利率的提升。其中的原理是：如果借贷方远多于放贷方，那么借贷方就会甘愿支付更高的利率来争夺数量有限的贷款。

然而这种现象并没有在现实中出现。正如图 1-1 下端的曲线所表明的，在过去 15 年中，银行利率一直在持续降低，并最终跌至历史最低点。在此期间，包括一些中小企业在内的许多企业主管都直接向我咨询：当利率处于如此低位时，是否可以放心借贷。他们难以相信银行会愿意以如此低的利率放贷，担心背后另有玄机。假如银行问题确实成了日本经济发展的瓶颈，那么利率理应攀升，外资银行在日本国内信贷市场的份额也将会扩大，并且企业债券市场应该呈现出欣欣向荣的景象。然而，现实却与这些截然相反。

日本的经历与美国 20 世纪 90 年代早期遭遇的信贷紧缩完全相反

之所以指出以上三种现象，是因为这三种现象在美国 20 世纪 90 年代早期经历的那场严重的信贷紧缩中都表现得非常明显。那次紧缩的肇因源于对杠杆收购（Leveraged Buyout，LBO）和商业不动产市场的整治，加上 1989 年美国众多储蓄借贷（S&L）机构的崩溃(这场经济灾难最终花费了纳税人 1600 亿美元来收拾残局)。当时的情况是，对于杠杆收购和房地产市场的整治已经让美国银行界焦头烂额，而对于先前储蓄借贷机构危机的错误调控使得形势更是雪上加霜。为此，美国政府银行监管部门对商业银行资金状况进行了紧急调查，并得出结论认为许多银行存在着严重的资金不足，因此最终导致了 1991~1993 年全美范围内的信贷紧缩。

面对信贷的紧缩，美国的上市公司转而投向了债券市场，掀起了企业债券发行的热潮。在此期间，在美外资银行在商业和工业信贷市场所占份额迅速扩大。[4]

日本银行业在当年那场浪潮中也受益匪浅。当时正在东京工作的我经常接到在美国企业担任财务主管的高中和大学同窗从日本打来的电话。当我询问他们来日本的目的时，回答都是因为美国银行削减了他们公司的贷款额度，因此他们就转而到日本来寻求日资银行的帮助。

然而，在过去 15 年间，几乎没有日本企业的代表到纽约、香港或者台北去寻求能够提供日元信贷的银行的帮助。对于日本企业家来说，花上 3 个小时飞到台北，以和日本几乎相同的低利率从中国台湾银行获得贷款，是一件轻而易举的事情，但事实上却没有人这样做。

我们再转到第三个问题：银行贷款利率问题。1991 年美国的经济形势是如此恶劣，以至于时任美联储主席的格林斯潘将联邦基金利率调低至 3%。但是美国银行却仍然因为资金不足而无法放贷，不管中央银行如何降低短期利率，始终无法解决资金不足的问题。而由于众多企业都在寻求借贷，对于有限信贷资金的竞争使得基本贷款利率飙升至 6%，甚至更高。这使得银行可以在抵消 3% 的信贷成本后，将另外的 3%～4% 装入自己的口袋。格林斯潘连续三年容忍了这种“揩油”的行为。对于银行来说，因此获得的利润相当于它们全部资产的 10%，甚至更多。因为银行必须保持占其总资产 8% 的准备金率，这些宛如天上掉馅饼一样的利润完全弥补了美国银行最初所面临的资金不足，从而使信贷紧缩得以终结。随着银行问题的解决，美国经济在 1994 年终于开始了强劲的复苏。

而在日本，在 2005 年经济开始复苏之前的情况却是完全相反：银行贷款利率持续低落；外资银行的市场占有率同样在减少；企业债券发行总额下降。如果一个国家的经济困境主要是由信贷紧缩引起的，那么，这些现象都不应该发生。事实上，这些现象恰恰证明了日本所面临的经济困境既不是来自结构问题，也不是来自银行问题。

当然，这也并不是说日本的银行系统就不存在问题。尽管摩迪（Moody，世界知名的认证评级组织）对于日资银行的评级已经有所改善，但是直到2007年5月5日[5]，仍然没有任何一家日本主要银行的评级超过“D”，而通常认为对于银行来说，“B－”是能够接受的最低标准，这也显示了即使是在不良贷款危机解决之后，日本的银行系统依旧问题重重。不过即便如此也必须再次指出的是：即使在初期就能够解决以上这些问题，也无法引导日本经济走向全面复苏。

二、经济泡沫破灭引发的资产负债表衰退

20世纪90年代日本经历的资产负债表衰退

如果日本经济的根本问题与结构和银行无关的话，那么是否就可以认为，如同许多专家、学者所主张的，是错误的货币政策导致了日本经济的衰退呢？为了回答这个问题，我们必须注意一个在任何一本经济学或者商学教科书中都不曾提及的，日本经济所特有的货币现象。或许一些读者会认为这是天方夜谭，但在过去的十余年中，在零利率的情况下，日本企业依旧在忙于偿还债务。遍访全世界所有大学的经济学系或者工商管理学院，没有任何一位学者会在课堂上说，当资金实质上是免费时，企业应该去偿还债务。

他们不会这样讲授的理由非常简单。在零利率时，如果一个企业依然在偿还债务，这就说明这个企业即便在资金取得成本为零的情况下都无法有效地利用资金，而这样的企业根本就没有继续存在下去的必要，应该早日“关张大吉”，将资金还给股东，好让他们把钱投向那些知道如何有效运用这些资金的企业。简而言之，企业之所以存在是因为它们比其他实体更会赚钱。个人直接或间接地将他

们的储蓄投资给有盈利能力的企业，作为交换，收取利息或者参与分红。但是这种运作方式不会容忍一个拒绝借贷的企业，当利率和通货膨胀率双双为零时，很少有人会试图去清算既有债务。这就是为什么没有哪家工商管理学院的课本会登载这样的案例。

然而大约从 1995 年起，日本企业不仅开始停止申请新的贷款，而且竟然无视几乎为零的短期利率，反而开始偿还既有债务。图 1–2 展示了短期利率与日本企业从银行和资本市场获得贷款规模的对照。在 1995 年时，利率已经接近于零，但是日本企业不仅没有增加借贷，反而开始加速还贷。事实上，在 1990 年经济泡沫破灭之后，尽管当时日本还存在着通货膨胀，日本企业降低借贷规模的倾向就已经有所显现。在 2002 年和 2003 年，净债务偿还额已经上升到每年 30 万亿日元以上的空前规模。

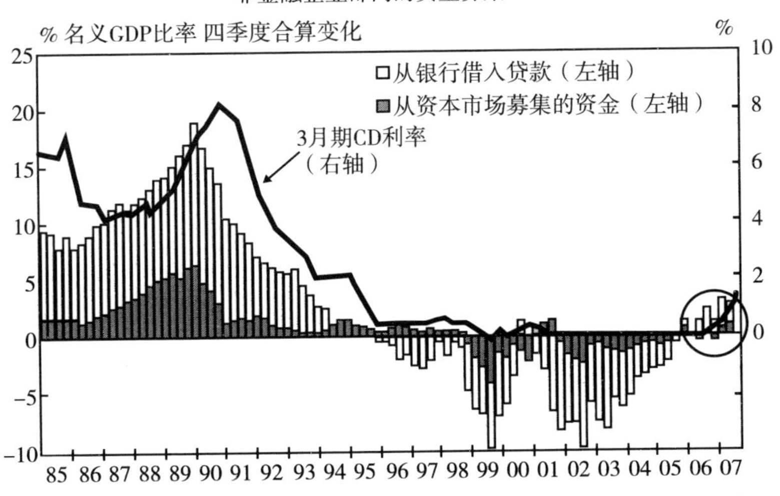

资料来源：由野村综合研究所综合日本银行，《金融经济统计月报》、《资金循环统计》；内阁办公厅，《国民经济计算》数据做成。

图 1–2　零利率时依然选择偿还债务的日本企业

当本该募集资金扩大生产的企业反其道而行之，反而开始偿还现有债务时，整个经济就会从两方面丧失需求：商业机构停止将现金流进行再投资，企业也不再借用个人储蓄。这种总需求的萎缩最终导致经济陷入衰退。

资产价格的暴跌引发企业资产负债表问题

那么，为什么在通常情况下当利率降低时会寻求更多借贷的企业却在利率接近于零时转向还贷？答案就是：在超过 10 年的时间里，日本的资产价格以骇人听闻的颓势暴跌，极大地破坏了数以百万计的日本企业的资产负债表。图 1-3 反映的是日本六大城市的商业地产价格、东证股指以及高尔夫俱乐部会员权价格。图中显示：以 2008 年 2 月 22 日数据为准，股票价格在得到外国投资者支持的情况下“仅”下跌了 54%，而另外两种无法吸收到外国投资（至少到目前为止）的资产价格则承受了严峻得多的暴跌。

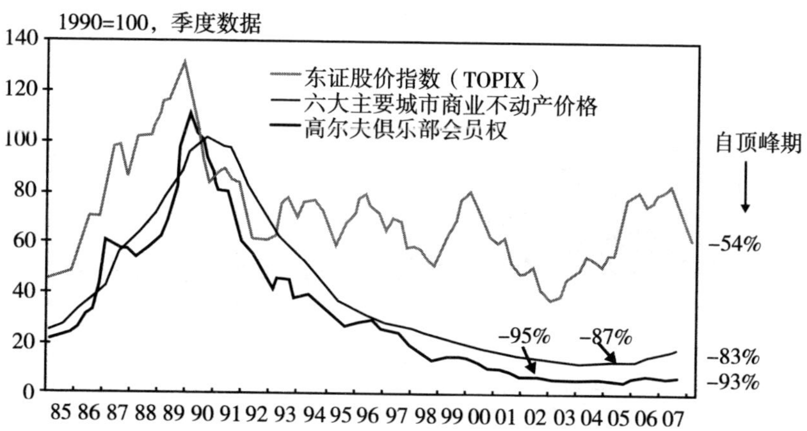

资料来源：东京证券交易所、日本不动产研究所，《日经产业新闻》，2008 年 2 月 22 日。

图 1-3 资产价格的暴跌诱发了资产负债表衰退

尽管有许多外国媒体认为“日本式管理”才是造成日本经济困境的罪魁祸首，但是在过去 15 年里，在日本股票的净买入总额中，外国投资者的买入额占一半以上。过去五年间开始兴起的在线交易推动了个人投资者规模的扩大，虽然日本也是如此，但是绝大多数日本本国投资者因为在 1990 年经济泡沫破灭时深受其害，因而对参与股市投资意兴阑珊。反而是外国投资者对日本企业的产品质量和全球市场占有率依旧保持着高度信心，他们的参与遏制了日本股价的进一步下滑。

但是在那些没有外国投资者参与，或者至少到目前为止没有参与的市场，情况则大相径庭。日本高尔夫俱乐部会员权和六大主要城市商业不动产价格从泡沫高峰期到位于谷底的 2003 年和 2004 年，分别暴跌了 95% 和 87%，使得它们的现值只有当初的 1/10。

在资产价格暴跌时，当初用来购买这些资产（或者以这些资产作为抵押获得）的贷款数额却没有变，全日本的企业突然发现，它们不仅丧失了大笔的财富，同时它们的资产负债表也陷入了困境。比如一家企业原本拥有价值 100 亿日元的土地，现在却发现这些土地只值 10 亿日元，而资产负债表上却依然保持着 70 亿日元的负债。换句话说，本来盈余的资产负债状况突然变成了 60 亿日元的净负债，就这样，这家企业的资产负债表上出现了一个大窟窿。

日本企业集体转向负债最小化

当一家企业的负债超过其资产时，从技术上来说就意味着破产。但是在日本所发生的却并非一般意义上的破产。一般企业破产的标准过程如下：譬如一家汽车或者照相机制造厂发现自己的产品不再像以前那样畅销，虽然它加大了产品销售力度却依然毫无起色。在这样的情况下，企业的资产日趋减少，最终整个企业的资产净值沦为负值。这种企业的失败属于无可救药，因为它的产品已经被市场淘汰。

但是从1990年起在日本发生的情况却没有遵循以上的规律。在绝大多数时期，日本以全球最大的贸易顺差国夸耀于世，这意味着世界各地的消费者仍然对日本产品充满需求，同时日本企业也依旧拥有优秀的技术和开发热门产品的能力。在整个20世纪90年代，日本与美国之间频繁的贸易摩擦从一个侧面显示了日本产品的优良品质，以及市场对其旺盛的需求。

也就是说，产品开发与营销以及技术这两大核心部门运转正常，盈利状况良好，企业仍然在不断地创造利润。但是即便如此，许多这样的日本企业照样因为国内资产价格暴跌在它们的资产负债表上出现的大窟窿而身陷净负资产的困境。成千上万的日本企业都属于这种情况。

不管是日本人、美国人、德国人，还是中国人，一个状态良好、正在盈利，但同时又正在为资产负债表所深深困扰的企业管理者毋庸置疑都会做出同一个选择：他将毫不犹豫地立即将企业盈利用于偿还债务。换言之，以负债最小化，而非利润最大化作为企业运营战略的首要目标。只要企业还在盈利，它就有能力偿还债务。因为资产价格不会变为负值，所以一家企业只要持续减少负债，那么它的债务迟早总会偿清。这时的企业就会如经济学教科书上所讲述的那样，重新将实现利润最大化作为其追求的目标。

在这个过程中，企业总是以光鲜亮丽的面貌应对外部媒体和分析人士，极力宣扬它们一片光明的盈利前景，以便将外界注意力从资产负债表上转移开，与此同时这些企业却在不动声色、全力以赴地偿还债务。企业的主管们只能如此行事，因为企业资产负债表的问题一旦曝光，必然会对企业的信誉造成严重打击。假如一家企业被媒体披露在技术上已经破产，那么第二天这家企业就会人仰马翻，银行自然会切断它的资金链，供应商也将拒绝赊账而要求以现金结算，从而导致这家企业的生存变得岌岌可危。因此，不动声色地偿还债务对于企业来说必不可少。

日本企业因为在 20 世纪 80 年代后期比它们的欧美同行借了更多的债务来扩大经营，所以清偿债务对它们来说显得更加迫切。日本企业之所以负债累累是因为它们拥有较高的成长率，并且在经济泡沫破灭之前，这些企业通过借贷购买的资产价格都在一路攀升。然而，任何一个高负债企业的经营者，在经济形势即将走坏或者资产价格暴跌的苗头刚刚出现时，理所当然地会加速偿债。这是他们唯一的选择。

企业主管们不会积极向外界披露企业的财务问题，这是一种正确且负责任的行为。因为这些企业大体上都不存在结构性缺陷，假以时日，它们有能力利用自身盈利来清偿债务。相应的，企业的利益相关者也会赞同这样的选择，因为这是一个“时间”可以解决的问题，直接宣布企业破产只会让所有人都损失惨重。比如，股东们显然不希望他们手中的股票成为一堆废纸，而企业债权人也同样不希望他们的资产变成坏账。只要企业能够保持盈利，那些不属于诸如技术落后、管理不力之类结构性缺陷的问题最终都会得到解决。总而言之，这就是大多数日本企业在 20 世纪 90 年代开始偿还债务时的基本状况。

经济泡沫的破灭摧毁了 1500 万亿日元的财富

如此众多的企业同时开始转向偿债，说明经济泡沫的破灭导致了企业资产负债表的大范围受损。图 1-4 显示了 1990 年地产与股票价格的下跌给日本带来的财富损失。仅这两类资产就造成了令人难以置信的1500万亿日元的损失，这个数字相当于日本全部个人金融资产的总和。

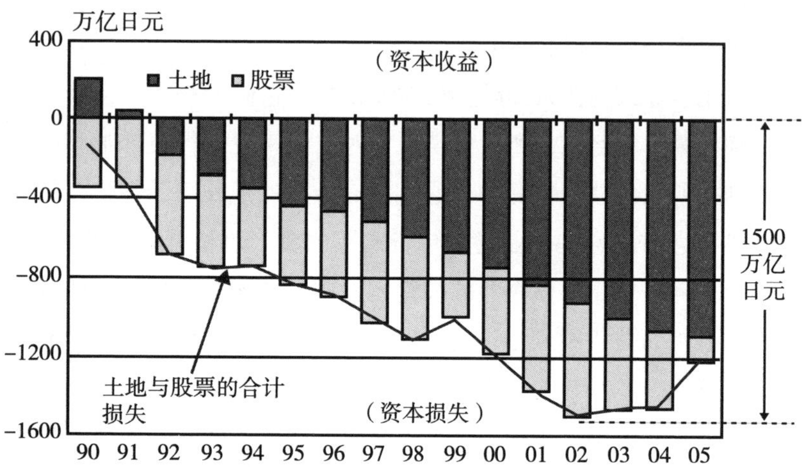

资料来源：野村综合研究所根据日本内阁办公厅《国民经济计算年报》做成。

图 1-4　资产价格下跌造成了1500万亿日元的财富损失

这个数字还相当于日本三年国内生产总值（GDP）的总和，也就是说资产价格的暴跌抵消了日本三年间的国内生产总值。就我所知，在和平时期，从来没有哪个国家曾经遭受过规模如此巨大的经济损失。

日本并非唯一一个在和平时期遭受巨额财富损失的国家。早在1929年开始的美国大萧条期间，股票与其他资产价格的暴跌迫使私营企业同时开始忙于偿还债务。时隔多年之后，对于经济规模更大的日本来说，这场昔日的灾难有着可怕的暗示意义（这一点将在本书第三章进行更加详细的探讨）。当年的美国人同样是在股票价格飙升至高峰时通过大举借贷购买了从股票到家庭耐用消费品的各种资产。但是在1929年10月股票和其他资产价格开始暴跌之后，留给美国人的就只剩下了债务。每个人都急于减少自身的巨额负债，这就进而引发了市场总需求的急速萎缩。在随后的仅仅四年内，美国的国民生产总值（GNP）下降至1929年巅峰期的一半。失业率在大城市超过50%，在全国范围内也高达25%。股价跌至最高时的1/8。尽管如此，据测算，在这场经济悲剧中损失的国民财富总金额也只相当于美国1929年一年的国民生产总值。[6]这就更加折射出日本因平成泡沫破灭所遭受创伤的严重性。

借贷不足导致经济陷入颓势

当全国范围的资产价格下挫抵消了资产价值，造成债务遗留时，私营企业就会一起转向债务偿还，最终导致在整体经济中出现经济学家所谓的“合成谬误”（Fallacy of Composition）现象。合成谬误是指对个人（或者个别企业）有利的行为，在所有人（或所有企业）都实行时反而会造成不利后果。日本经济在过去15年中就经常遭遇这种谬误。

在一个国家的经济生活中，银行和证券机构作为纽带将个人储蓄与贷款企业联系起来。举例来说，一个人有1000日元的收入，他把其中的900日元用来消费，将剩下的100日元存进银行账户。他所花费的这900日元又成为其他人的收入，并且如此不断地在经济生活中循环下去。而存入银行或其他金融机构账户中的100日元则最终被借给了一家寻求资金的企业。最初的1000日元就以这样的形式转移到了其他人的手中。每一笔这样的1000日元收入都转化成了1000日元（900日元+100日元）的支出，从而保证了经济的持续运行。

接着上面的例子，假如没有企业打算借用此人账户中的100日元，或者只打算借用其中的 80 日元，那么银行就会调低贷款利率以吸引更多的借贷。低利率将促使原本在高利率时对于借贷态度谨慎的企业将剩余的 20 日元也全部借走，如此一来，全部的 1000 日元（900 日元+100 日元）最终转移到了他人手中，经济运行得以保持正常状态。反过来，如果借贷方数量过多，对资金的竞争就会促使银行相应调高贷款利率，排除某些具有潜在借贷意愿的企业，直到 100 日元全部被借出。这就是经济运行的正常机制。

但是在日本，即使当贷款利率为零时也照样没有愿意借贷的企业。这不足为奇，因为一个债务沉重的企业不会因为贷款成本降低就继续借贷。现实是，尽管利率几乎为零，日本企业仍然在以每年数十万亿日元的速度偿债。在这种情况下，我们假设存在银行里的那 100 日元存款既无法借出，也不会被花费，最终因为银行殚精竭虑也找不到借贷方，这 100 日元只能作为银行储备滞留下来。结果是最初的 1000 日元中只有 900 日元转化成了另一个人的收入。

现在继续假设下一个人同样也是消费了其收入的 90%——也就是 810 日元，而将其余的 10%——也就是 90 日元转化成了储蓄。同样的，这 810 日元又会成为其他人的收入，而另外 90 日元则因为无人借贷而沉淀在了银行中。这个过程不断重复，于是最初的 1000 日元收入持续递减为 900 日元，810 日元，729 日元……并且这样不断递减下去，结果最终将经济一步一步引向恶性循环通货紧缩（Deflationary Spiral，也译作紧缩的螺旋式上升）。这样的经济低迷进一步挤压资产价值，加剧了企业偿债的紧迫感。虽然对于单个企业来说，偿债是正确且负责任的行为，但是当所有企业都开始同时采取这样的行动时，就会造成严重的合成谬误。这种最令人恐慌的局面就是所谓的资产负债表衰退（Balance Sheet Recession），这时企业的目的不再是利润最大化，而是负债最小化。

当无人借贷，所有企业都无视零利率，而忙于偿债时，将个人储蓄转化为企业投资的最根本的经济机制也随之失去作用。70 多年前，当美国大萧条导致国民生产总值在四年中下滑 46% 时，这种现象就曾经出现过。

需要顺带指出的是，上述例子只考虑了个人储蓄。在现实中，总需求的缩小额度等于个人净储蓄额和企业债务净偿付额的总和。这部分资金将滞留在银行系统内部，只要借贷不足的情况继续存在，就会不断积累下去，再也无法流入经济生活中。

日本企业的需求下滑超过其国内生产总值的 20%

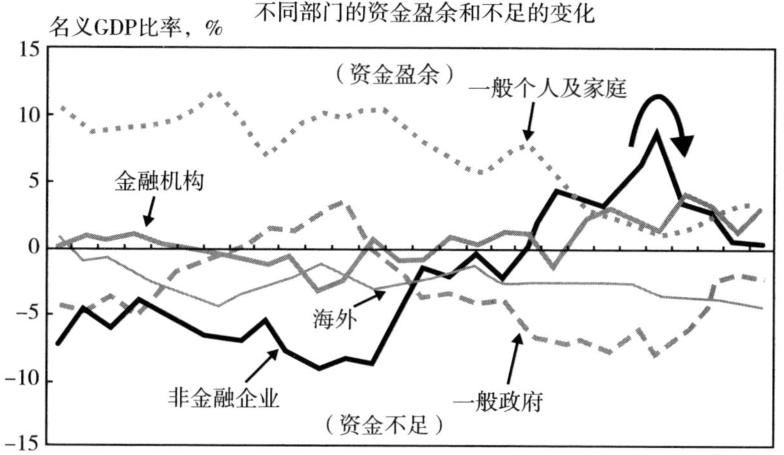

注：此图根据日本国有铁路清算集团和国有林地事业特别会计所接收的债务（1998 财政年度），以及日本高速公路集团在 2005 年实行的民营化影响进行了相应调整。2007 财政年度包括了自 2006 年第三季度至 2007 年第二季度四个季度的总值。

资料来源：日本银行，《资金循环统计》；日本内阁办公厅，《国民经济计算》。

图 1-5　企业行为的剧变改变了 20 世纪 90 年代后的日本经济（1）

那么在日本过去 15 年期间，到底是谁在储蓄，又是谁在借贷呢？图 1−5 汇总了各种有关资金流向的数据，从而表明在整体经济中哪些部分在积累资金，又是哪些部分在借用这些资金。图中的水平线上方表示净储蓄，水平线下方表示净投资。这张图包括了个人、非金融企业、政府、金融机构、海外等五类数据曲线，图中任何一个时点的五类数据值的相加值均为零。由于图 1−5 中各类数据曲线过于密集，可能造成混淆，在图 1−6 中，将非金融企业与金融机构数据合并，从而将数据曲线减为四条，因为这两个部门所遭遇的是相同的资产负债表问题。

在理想的经济状况下，个人部分曲线应该位于图 1−5 的顶端（也就是净储蓄），企业部分应该位于图 1−5 的底端（也就是净投资），而另外两个部分——政府和海外则应位于正中。在图 1−5 中，个人部分曲线如果接近顶端，表示个人储蓄率较高。而贴近底端的企业部分曲线则意味着企业的借贷与投资非常活跃，也就是说投资率很高。最后，代表政府和海外部分的两条曲线稳定于正中，意味着政府财政和境外账户的收支平衡。这种情况就属于理想的经济状态。

那么这里就有一个疑问，日本经济是否曾出现过上述这种理想状态？答案是肯定的，那就是在 1990 年，平成泡沫正处于顶峰时。当时日本的个人部分曲线恰好位于图的顶端，而企业部分则位于底端，海外部分处于轻度净投资的位置（低于水平线），而政府部分则处于轻度净储蓄的位置（高于水平线）。海外部分的净投资意味着其他国家正在从日本借钱——也就是说，日本享受着对外贸易顺差。政府部分的净储蓄则表明日本政府维持着财政盈余。归纳起来，日本经济在 1990 年度的特征就是高储蓄率、高投资率、对外贸易顺差以及政府财政盈余。当时日本经济形势表现得非常理想，1979 年，哈佛大学的傅高义（Ezra Vogel）教授出版了一本名为《日本第一》的畅销著作，在某种意义上，这个书名非常贴切。从资金流向的角度来看，日本经济在 1990 年的表现堪称楷模，那么，日本在当时的世界经济舞台上所向披靡、无与争锋，也就不足为奇了。

不幸的是，1990 年的一切其实都只是一个泡沫，当这个泡沫破灭之后，一切都随之改变。首先，于 1990 年开始的资产价格暴跌撕裂了私营部门的资产负债表，惊恐万分的企业们齐齐转向偿债，使得企业的资金募集显著减少（这一点在图 1-6 中由粗线表明）。

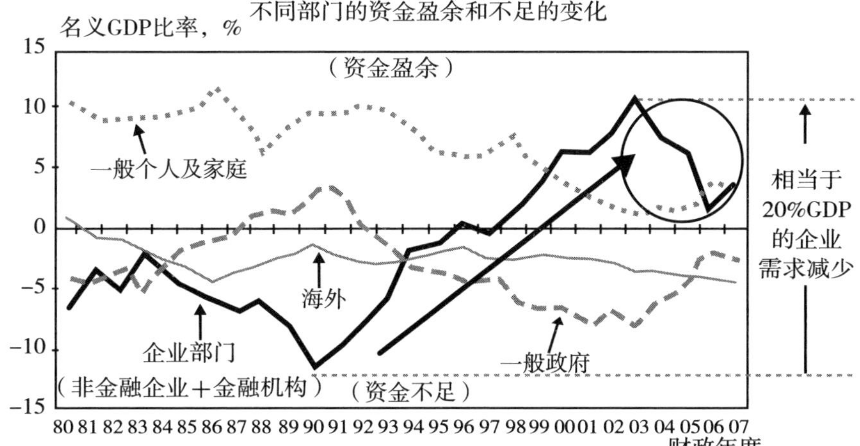

注：此图根据日本国有铁路清算集团和国有林地事业特别会计所接收的债务（1998 财政年度），以及日本高速公路集团在 2005 年实行的民营化影响进行了相应调整。2007 财政年度包括了自 2006 年第三季度至 2007 年第二季度四个季度的总值。

资料来源：日本银行，《资金循环统计》；日本内阁办公厅，《国民经济计算》。

图 1-6　企业行为的剧变改变了 20 世纪 90 年代后的日本经济（2）

忙于偿债的日本企业数量持续增加，作为一个整体，到1998年，企业部分已经变成净储蓄者，将表示其资金流向的曲线抬升至水平线以上。这就意味着企业不仅停止了从个人部分吸收投资，甚至还将自有资金用于偿债。如此一来，所有企业都在忙于偿债，这对任何一个国家的经济来说都是一种危险的状况。至2000年，日本的企业储蓄已经超过了个人储蓄，在正常经济形势下本来应该是资金最大借贷方的企业现在变成了最大储蓄者，忙于偿债而不是融资，这种状况在日本一直持续到了最近。

作为这种企业行为转变的结果，从1990~2003年，由于企业需求下降造成的损失相当于日本国内生产总值的20%（如图1-6所示），也就是说，由于资产价格暴跌，导致约占国内生产总值20%的企业需求烟消云散。如此大规模的需求下降足以将任何一个国家拖入经济衰退的境地，并且最终演变成另一场大萧条。

三、财政支出支撑日本经济

为什么经济泡沫破灭之后日本国内生产总值却没有减少

日本大衰退与美国大萧条最大的区别在于，尽管丧失了相当于日本国内生产总值20%的企业需求和1500万亿日元的国民财富，但是日本的国内生产总值不管在名义上还是实质上仍然高于泡沫顶峰期（如图1-7所示）。根据美国大萧条时的经验，这种状况应该会将日本经济拖入通货紧缩的泥沼，国内生产总值相对于经济顶峰期将大为降低。那么，为何在日本所发生的事实却完全相反？

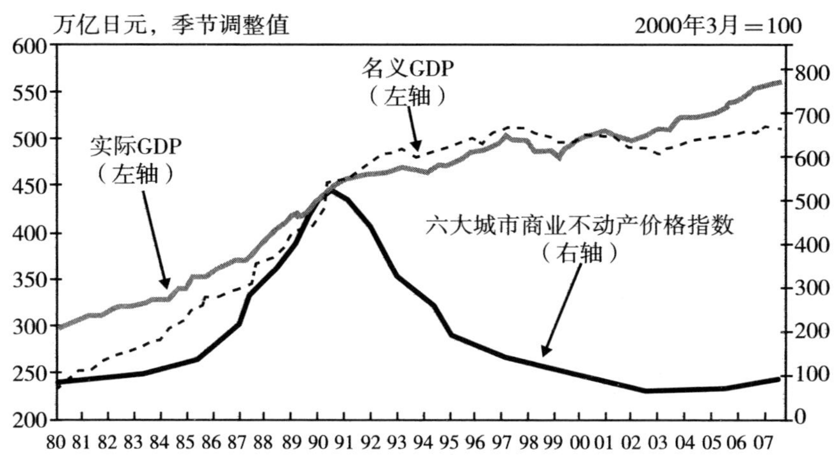

注：实际 GDP 不连贯的部分已由野村综合研究所进行了调整。

资料来源：日本内阁办公厅，《国民经济计算》；日本不动产研究所，《城市地价指数》。

图 1-7　日本的 GDP 在经济泡沫破灭后依然保持增长

这里面有两个原因，且都能够由图 1-6 说明。首先，作为净储蓄的个人部分曲线在经济泡沫破灭之后一直呈现下降势头。换句话说，就是日本民众在持续减少他们的储蓄。之所以如此，可以归结为经济崩溃引发失业以及薪酬降低，致使民众难以像他们所期望的那样继续进行储蓄。

在 1990 年之前，日本人对于住宅和子女教育的投资判断都是建立在他们永远不会失业，并且薪酬将持续增长的预期之上，事实上，在那之前的 45 年间，情况也确实如此。但是这个预期在 20 世纪 90 年代被彻底颠覆。员工成了企业债务偿还和结构调整过程中的受害者。在现实世界中，企业员工在奖金和红利减少甚至完全取消的情况下，需要支付的住房贷款和教育费用却丝毫没有减少，于是很多人不得不开始动用以前的储蓄来弥补亏空。这种压力对于那些由于企业进行结构调整而失业或者收入剧减的个人来说尤其沉重。

日本人曾经以全球最高的储蓄率著称。但是现如今日本每四户家庭中就有一户的储蓄额为零。[7]尽管拥有好工作和稳定薪酬的个人仍然能够像以前一样进行储蓄，但是那些收入减少的民众却只能被迫动用他们的原有储蓄，这就在总体上导致了个人储蓄额的下降。

再回到前面900/100日元的例子，那些本来打算存100日元的人突然发现，因为收入急剧减少，现在他们只能存50日元。对于个人来说，储蓄缩水当然是件不幸且值得同情的事情，但是从宏观经济学的角度来看，这样反而使滞留于银行系统内部的资金减少，从而起到了支撑经济的作用。

财政刺激支撑了日本经济

更为重要的进展出现在政府部分。因为税收收入在经济泡沫破灭之后的最初两年里依然高昂，所以日本政府在1990年和1991年两年间仍旧保持了财政盈余。然而经济形势在1992年前后急转直下，当时，决策者们认为这不过是又一次周期性的低迷，只需利用一到两年时间，通过刺激投资就可以解决问题。这不足为奇，这种想法得到了当时执政的自民党内部那些惯用政治恩惠笼络选民的政客们的大力拥护，他们力主政府应该通过诸如修建道路桥梁之类的财政政策来刺激经济。

所谓财政刺激，简单来说就是政府发行公债并扩大支出。更直观一些的说法就是，由政府出面借出并花掉个人存在银行里被闲置的那100日元存款。这样就能确保每一笔1000日元收入最终都能转化成1000日元（900日元+100日元）支出，通过实施财政刺激政策，使经济形势迅速稳定下来。

首先，通常来说，一旦经济形势如预期的那样稳定下来，那就意味着政府的财政刺激政策开始奏效。但是到下一年度，当这种效果开始消退时，经济颓势势必重现。为什么财政刺激只能产生暂时性的效果？在六大城市商业不动产价格暴跌 87%，1500 万亿日元国民财富灰飞烟灭的形势下，没有哪家企业能够在一两年之内修复遭受重创的资产负债表。对于一个正常的企业，这样的过程至少需要五年的时间。而对于那些不幸在泡沫高峰期购买了不动产的企业，则可能需要 20 年。在此期间，只要这些企业有现金收入，它们就会继续偿还债务。而且只要这个过程不结束，它们就始终不会从个人储蓄部分借贷，最终迫使政府年复一年地利用财政刺激来弥补缺口。

这个结果在图 1-6 中得以再现。政府的财政赤字急速膨胀，导致了我们现在看到的庞大国债。但这又是必需的，因为正是由于这些支出，才使得日本在企业运作急剧转变，相当于三年国内生产总值的国民财富丧失殆尽之际，依然能够维持高于经济泡沫高峰期的国内生产总值。政府支出在支撑经济中起到了关键作用，也只有通过这样年复一年的一揽子刺激政策才得以抑制通货紧缩缺口（Deflationary Gap）的出现（在经济学理论中，通货紧缩缺口被定义为潜在国内生产总值与实际国内生产总值之间的差距。在本书中，通货紧缩缺口这一概念则被用来表示因为借贷不足而滞留在银行系统之内的个人储蓄和企业债务净偿付额的总和。这种定义也可以表示为收益的累积，并且在此处显得更加贴切，因为这样就不会与潜在国内生产总值相关的问题纠缠不清）。

日本当前存在着规模庞大的国债，但是如果日本政府不以此为代价去刺激经济，那么日本的国民生产总值就会跌至高峰时的一半或 1/3，这还是乐观的预计。美国大萧条期间，在资产价格暴跌摧毁了与 1929 年美国全年国民生产总值相当的国民财富之后，美国的国民生产总值下降了 46%，日本的情况有可能更加严重。这种可怕的后果之所以能够得以避免是因为，日本政府从一开始就决定实行财政刺激政策并一直延续多年。最终，日本政府的行动阻止了经济末日的到来。

总而言之，日本私营企业认为“理所当然”有责任偿还债务的举措最终导致了前面所提到的合成谬误，但是由此可能导致的灾难性后果却因为日本政府采取了与企业完全相反的行动而得以避免。通过“理所当然”地实施财政刺激政策，日本政府在遭遇经济危机时仍然成功地阻止了国民生活水准灾难性的下降。从这一点来看，日本的财政刺激政策可以被称为人类历史上最成功的经济政策之一。

不幸的是，直到最近，日本的决策者们才学会从这个角度来看待问题。他们之所以在这个问题上耗费了如此长的时间，是因为从来没有人告诉他们，企业在面临严重的资产负债表问题时，会将企业目标从利润最大化转向负债最小化。即使是现在，也很少有大学老师告诉学生，有时候企业会无视零利率而专注于偿还债务。日本政府也从来没有向公众说明，因为私营企业都在忙于偿还债务，所以由政府主导的经济刺激政策不可或缺，并且也正是因为这些财政政策的实施，才使国民生活水准得以维持。

此外，成功防止了一场经济危机的政府行动最终却导致了针对日本经济政策的极其荒谬的批判，尤其是许多对日本经济漠不关心的旁观者们，其中包括 1997 年以前的世界货币基金组织（IMF），他们坚持认为日本政府没有正确运用资金，因为尽管以扩大公共建设投资为主的大规模财政刺激政策已经全面展开，日本的国内生产总值仍然定格在 500 万亿日元，国内经济也毫无起色。

但在现实中，正是由于政府增加了财政支出才防止了国民生活水准的骤降。事实上，在损失了 1500 万亿日元国民财富和相当于国内生产总值 20% 的企业需求的情况下，日本的国内生产总值仍然能够维持在泡沫经济时期的最高点以上，这无疑是一个奇迹，而使这个奇迹成为现实的，正是政府财政支出。然而媒体以及世界货币基金组织和大学里那些思想陈旧的经济学家们却看不到这一点，只是一味翻来覆去地批评日本政府的公共建设投资，而他们的批评完全建立在即使没有财政刺激，日本的国内生产总值也会维持在 500 万亿日元的错误假设上。

防止危机的人无法成为英雄

更加不幸的是，正如有人曾经说过的，没有人会因为事先预防了危机而成为英雄。在好莱坞的世界里，所谓的英雄都是在危机爆发、无数人已经丧命之后才出来拯救无辜、消灭坏蛋的。假如有一个睿智之人事先意识到了危险，并成功地将灾难化解的话，那么就不会有传奇，不会有英雄，更不会有什么电影了。一个英雄需要的是一场货真价实的灾难。

日本在 15 年间成功地避免了一场末日般的经济危机。但是对于从来就抓不住问题实质的新闻媒体来说，日本政府花费了 140 万亿日元却没有带来任何改变，于是他们就通过曲解事实来指责日本政府滥用资金，从而激起了公众对公共建设项目的反对。尽管投资具有社会意义的公共项目要比修建可有可无的公路更加重要，但重点是，过去 15 年间花费在诸如道路修建和其他公共建设上的投资化解了一场伴随着国内生产总值持续降低的、潜在的灾难性通货紧缩。

曾在大萧条期间担任美国总统的名人赫伯特 · 胡佛（Herbert Hoover）也是结构改革论的拥护者。他认为由股市投机者引发的股市暴跌及其损失并不能成为扩大政府支出的合理理由。作为这一判断的结果，美国被卷入了前面所说的恶性循环通货紧缩的旋涡，仅仅四年间，美国的国民生产总值就下降了 46%，全国范围内失业率升至 25%，普通大众不得不流落街头，为了生存而苦苦挣扎。这些人的数量要比股市里的投机者多上无数倍。而在日本，自民党中那些善于讨好选民的政客反倒填补了由于私营企业忙于偿还债务（这样会导致储蓄过剩）而产生的通货紧缩缺口。这就是日本大衰退最终没有演化成另一场大萧条的原因所在。

政府对存款的担保也有助于化解危机

另一项有助于化解危机的措施是日本政府于 1997 年颁布的存款全额担保政策。20 世纪 30 年代初期的美国还没有联邦存款保险公司（Federal Deposit Insurance Corporation，FDIC），甚至连存款保险的概念都没有。因为没有任何安全机制，所以如果一家银行出现问题，就会引发公众对于所有金融机构的担忧，进而导致大规模的挤兑风潮。在 1929~1933 年之间，大约有 10000 家美国银行倒闭，占当时美国银行总数（25000 家）的 1/3 以上。当时的情形，对于任何一个把钱存在银行的储户来说，都是令人恐惧的。

在日本，直到 1997 年之前，银行问题还没有成为全国性的问题。但是当它一旦成为问题，日本政府随即宣布将为所有银行存款提供担保。日本当时已经损失了与三年国内生产总值相当的资产，而其中很大一部分都集中在银行部门，因此，日本银行所受到的打击要远远大于 70 年前的美国同行（因此它们的信用等级也一直很低）。但是危机一出现，日本政府就宣布所有存款都将受到保障，这一举措成功地防止了局势的进一步恶化。这个简单的宣告化解了一场规模更加庞大、有可能导致 1/3 日本银行倒闭、造成国家数百万亿日元经济损失的危机。那些推动政府实施财政刺激政策，对银行储蓄进行全额担保的决策者们才是这场日本大衰退中真正的英雄。

四、负债最小化与货币政策

货币政策对资产负债表衰退无能为力

到现在为止，我们的讨论都只集中在财政政策上，但是政府当局手中其实还有另外一个政策工具，即货币政策。经济学教科书告诉我们，政府是通过同时使用货币和财政这两种政策来调控经济运行的。正如我们在本书一开始就指出的，众多理论经济学家在目睹了日本央行的不作为之后就开始了同声指责。他们的注意力都集中在各项货币政策上，因为较之财政政策，经济界人士通常都更青睐货币政策。自从20世纪70年代以来，几乎所有发达国家为了应对经济波动而推行的措施都是以货币政策为主导的。这一现实使得许多人士主张：主导货币政策的日本央行应该发挥更大的作用。

在小泉纯一郎执政期间，由竹中平藏所主导的日本政府经常要求中央银行增加货币供应，并且威胁日本央行，如果拒绝将导致其自身独立性的丧失。不管是日本国内还是国外的经济学家们也总是喋喋不休地宣称：如果日本央行当初能够更加熟练地运用货币政策，日本的经济衰退本来是可以避免的。这种声音也经常能够从像世界货币基金组织和经济合作与发展组织（OECD）这样的国际机构那里听到。

本书第三章将详细解释为何如此众多的学者持有这种观点。但在这里，读者需要了解的只是资产负债表衰退的一个关键特征，也就是货币政策的失灵，这是一个百年不遇的现象。身在日本的人们早已亲身经历了这个现象：从1995~2005年，即使在利率几乎为零时，货币政策依然失灵。股市难以恢复元气，经济也无法复苏。在

20 世纪 80 年代末期，2.5% 的官方贴现率催生了资产价格的泡沫。然而相对应的是，在仅仅数年之后的 1993 年 2 月，同样 2.5% 的利率却没有产生任何刺激作用，甚至之后的零利率仍然如此。

货币政策在缺乏投资需求时将失灵

这就提出了一个新的问题，是什么使得日本经济在这么短的时间内对于货币政策的反应发生了如此戏剧性的转变。简单地说，就是因为企业资产负债表的急剧恶化使得有借贷意愿的企业数量大幅减少。尽管在经济学著述中从来没有明确指出过，但是货币政策的有效性是建立在一个重要假设之上的，即企业有借贷意愿。当这个条件不具备时，货币政策就会失去效力。比如，在经济过热时，中央银行就会相应提高利率，使得打算借贷的企业三思而行，从而降低资金需求。而当经济低迷，企业借贷意愿不足时，中央银行则会降低利率，扩大借贷企业的数量，提高借贷需求。

而在经济泡沫破灭之后的日本，不仅没有打算借贷的企业，甚至已经借贷的企业也在忙于还贷，即使在零利率的情况下也照样如此。不管中央银行如何调低利率，对于那些在理论上来说已经破产，正在为还贷苦苦挣扎，并且因为全国范围的资产价格暴跌而造成资产负债表受损的日本企业来说，它们对银行贷款已经失去了兴趣。事实上，整个日本经济都对利率调节毫无反应。在这种情况下，货币政策本身就失去了意义。

然而日本国内外的众多学者以及像竹中平藏这样的政治家却向日本央行施加了巨大的压力，他们鼓吹只要日本央行通过注入更多流动性来增加货币供应就能启动日本经济的复苏。这种观点其实只能暴露出他们对于日本经济长期衰退根源的无知。

货币供应量增长的机理

首先我们来了解一下经济学教科书上对于货币供应量增长过程的解释。这个过程从中央银行（在这个例子中我们指的是日本央行）向商业银行提供流动性开始。一般说来，中央银行主要通过购买商业银行持有的国债以及其他优质企业债券来实现这个目的。然后这些商业银行就会将交易所得收益作为贷款借出，以赚取利息收入。这样借出去的资金作为借贷方的支出，进而又成为第三方的收入并再次存入其他银行，而这些银行在留存一部分资金作为准备金之外，又会把剩余的金额再次转借出去。总之，借出的钱就是以这种形式被借贷方支出，并最终成为其他银行的存款，而这些银行在留存部分准备金后会再次将其贷出。在这个过程的不断重复之中，存款（借款）总额也随之在银行系统内部不断膨胀。

商业银行根据两个因素来决定准备金的额度：日本央行的法定存款准备金率和商业银行自主追加准备金。如果商业银行只留存法定存款准备金的话，那么存款额就会以与准备金率相应的比例膨胀。譬如，当存款准备金率为10%时，由日本央行提供的流动性将最终催生10倍于最初注入金额的存款额。

这些银行存款加上流通中的现金（纸币与硬币）的总和被称为货币供应量。货币供应量中最大的一部分当属银行存款，而中央银行最初注入的流动性与最终产生的货币供应量之间的比率被称为货币创造乘数（Money Multiplier）。在上面的例子中，货币创造乘数接近于10。[8]

货币供应量的增加——其中绝大部分为银行存款——意味着企业有更多的资金可以利用，从而进一步推动经济发展。这就是经济学家们青睐货币供应的原因所在。

在以上叙述中，显而易见的是，如果中央银行注入流动性是为了增加货币供应量的话，那么愿意从银行借钱的借贷方就必不可少。当借贷方不存在时，因为中央银行注入的流动性无法流出银行系统，那么货币供应量自然也就不会增长。这同时也意味着当所有私营企业都转向偿还债务时，货币创造乘数将降低。

企业与个人基本上都是通过从他们的银行账户中提取资金来偿还债务。因此当私营企业全体都在偿还债务时，银行存款势必减少，货币供应量也随之萎缩。因为缺少借贷意愿，偿债的风潮就会侵蚀货币供应量。美国大萧条期间，就是因为企业和个人提取银行存款以偿还债务，从而导致美国货币供应量降低了 33%。

日本政府借贷推动了货币供应量的增长

尽管 1998 年以后的日本私营企业处于持续偿债的状态，但是同期日本的货币供应量（M2+存款证，M2：市场流通货币和银行存款的总和——译者注）不仅没有减少，反而以每年 2%～4% 的速度在扩张。图 1-8 通过披露支撑日本货币供应量持续增长的借贷方的身份解释了这种表面矛盾的现象。图 1-8 中的浅色曲线代表企业借贷，深色曲线代表政府借贷。如图 1-8 所示，私营部门的净借贷额从 1998 年起转为负值并且一直持续下去，而同期政府部门的净借贷额却一直都为正值。

私营企业争相偿债，资金回流到银行，当银行试图将这些资金重新贷出时却发现，由于私营企业都在忙于减少负债而无法找到愿意借贷的对象。但是由于此时政府正在通过发行国债来实施财政赤字政策，于是商业银行就会把手中因为无人借贷而剩余的资金用来购买政府国债以赚取利息，也就是说银行把钱借给了政府。这样的国债交易最终将惠及诸如道路桥梁等公共建设、建设公司及其员工，以及银行的储户。简而言之，银行把无法借给私营企业的资金用来

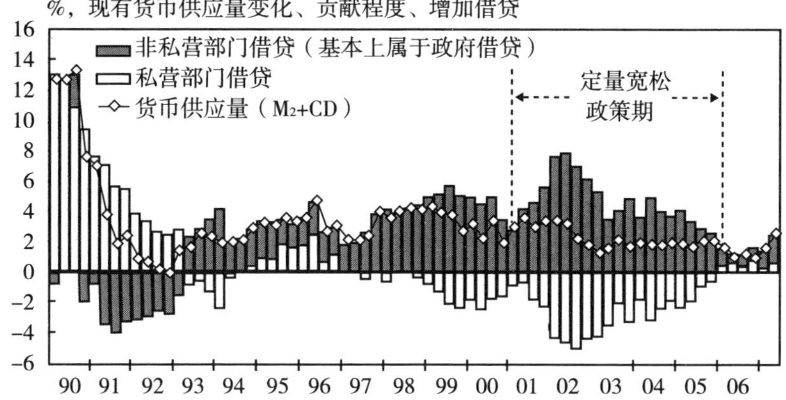

注：(1) 非私营部门借贷=公共部门+对外资产（净）+其他。(2) 公共部门=中央政府借贷（净）+地方公共团体借贷+国营企业。(3) 其他=（货币+代用货币+CD）−［对外资产（净）+国内信贷］。因此，非私营部门借贷的增减反映了公共部门借贷的增减、商业银行发行债券的增减、金融机构储蓄的增减以及统计误差的影响。

资料来源：日本银行，《货币调查》。

图 1-8　政府借贷支撑了货币供应

购买了政府国债。这就是日本长期景气低迷期间货币供应量不减反增的原因所在。

财政政策决定了货币政策的效果

这就说明了，日本的货币政策和货币供应在过去 10 年间完全依赖于政府的财政政策。自 1998 年以来，私营企业专注于偿债，使得政府成了唯一的借贷方，政府借贷的增加导致了货币供应量的相应上升，加强了货币政策的效果。如果政府停止借贷，那么不管日本央行采用何种方法都无法阻止货币供应量的萎缩。因此可以认为，财政政策是日本货币供应规模的决定性因素。

尽管日本国内外的经济学家们指责日本央行行事保守，但是在缺乏企业借贷的前提下，政府借贷的增加是确保货币供应量稳定增长的唯一途径。当政治家们希望增加货币供应量时，只有政府大量增加借贷，日本央行才可能爽快地接受这一要求。

对于面临资产负债表问题的企业，不管是政府还是日本央行都无法要求它们停止偿债。一个债台高筑的私营企业不会理睬政府的劝说，只会选择尽快修补自己受创的资产负债表，因为它惨不忍睹的资产负债表随时都有可能被外界察觉。但是如果政府只是站在一旁袖手旁观，那么日本经济必然陷入像美国在1929～1933年之间经历的那种灾难性的通货紧缩。为了摆脱这种恶性循环，日本政府只有一个选择：在私营企业忙于偿债之时，它必须刻意反其道而行之。换句话说，政府必须借入（并花掉）那些私营企业不再需要的银行存款，这是日本政府的最后选择，也是在丧失了1500万亿日元国民财富和相当于国民生产总值20%的企业需求之后，日本的货币供应量却并未缩小，国民生产总值依然维持在500万亿日元水平的根本原因。

传统经济学理论不认同企业负债最小化

图1–9追踪了三类指标的长期走向，向我们展示了日本当前的实际情况与教科书上所讲的是何等不同。这三类指标分别是货币供应量、私营部门借贷，以及市面流通货币与商业银行存在日本央行的准备金，也就是所谓的高能货币。前面两类在图1–8中也出现过，第三类则用来评估日本央行的流动性供给。

传统经济学理论认为，这三种指标应该是同步变化的。譬如，如果中央银行增加10%的流动性，通过银行贷款，货币供应量也会相应扩大10%。从1970年到1990年间，日本经济也确实在按照这种模式运行，三类指标的变化都能够做到步调一致。

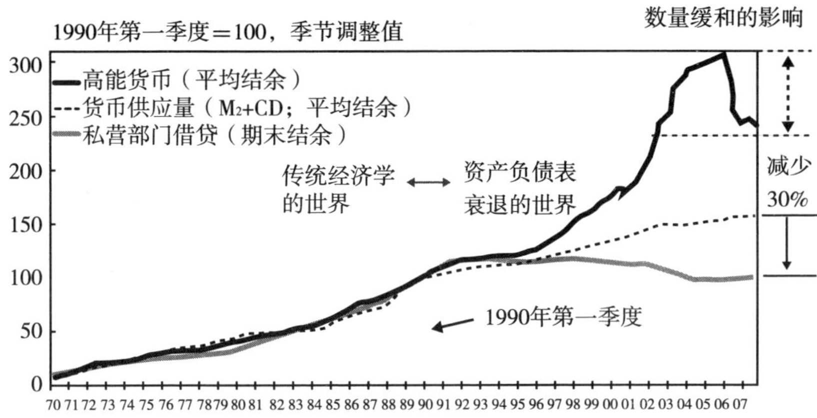

注：私营部门借贷的季节调整值由野村综合研究所计算得出，日本银行《货币调查》中由于统计修改造成的数据不连贯得到了修正。

资料来源：日本银行，《货币基数》和《货币调查》。

图 1–9　在资产负债表衰退期间货币流通动向的激变

但是从 1990 年日本陷入资产负债表衰退开始，情况就发生了变化，这三类指标的变动开始各行其道。当时，日本央行受到了来自日本国内外政治家和学者们的巨大压力，要求通过扩大高能货币的供给来刺激日本经济，而日本央行也最终屈服于这种压力。假定 1990 年的流动性数值为 100（1990 年第一季度＝100），等到 2005 年，流动性的数值已经升至 300。也就是说，在 15 年的时间里，日本央行将流动性扩大了三倍。而货币供应量，也就是私营企业实际可以运用的资金却仅增加了 50%，而且这还要归功于政府借贷的贡献（图 1–8）。

私营部门借贷就是指金融机构提供给私营部门的债务和贷款。如前面指出的，如果没有相应的银行贷款增加，银行存款也不会增加。因此，在正常情况下，私营部门借贷决定了货币供应量。但是到 2006 年 6 月，私营部门借贷从 1990 年的 100 跌落至 95，这就意味着，如果货币供应量是由私营部门的资金需求单独决定的话，那么日本的货币供应量应该是 95 而不是 150。换句话说，此时的货币供应量理论上应比实际低 37%。事实上，日本经济经历了与美国大萧条同样的困境，而当时美国的货币供应量减少了 33%。

日本最终得以避免陷入美国大萧条般的泥沼，应该归功于政府持续的借贷和支出。即使是在私营部门借贷下降的时候，公共部门借贷的增长，即银行对公债的购买保证了货币供应量的扩大，从而确保私营部门还贷的资金不会滞留在银行内部。从这种意义上来说，图 1-8 和图 1-9 表明日本经济已经超越了传统经济学理论所涵盖的范围，置身于一个财政政策决定货币政策效果的未知世界之中。

德国曾面临同样的问题

最后，还有一种观点，对日本长期经济衰退的原因从文化上进行解释。比如，艾伦·格林斯潘将无力消除僵尸企业视为日本陷入长期衰退的关键原因。但是正如前面已经阐明的，是那些拥有收支盈余的日本企业的偿债造成了通货紧缩的缺口，而不是那些没有收益、无力偿债的僵尸企业。

在本章的开始曾经提到，德国于 2000~2005 年的五年间经历了第二次世界大战后最严重的经济衰退。如果从资产负债表衰退的角度来观察的话，你会注意到：直到最近，德国企业在利率处于历史最低点的情况下依然忙于偿债，在高峰期的 2005 年，净偿债额约占德国国内生产总值的 1.8%。并且，这种倾向是在之前的 2000 年，德国电信泡沫破灭之后即开始出现的，要知道，当时的德国如同 20 世纪 90 年代初期的日本，通货膨胀仍然存在。这些事实在图 1-10 中得以再现，这张图显示，德国的长期衰退与德国企业转向偿债的时期完全吻合。

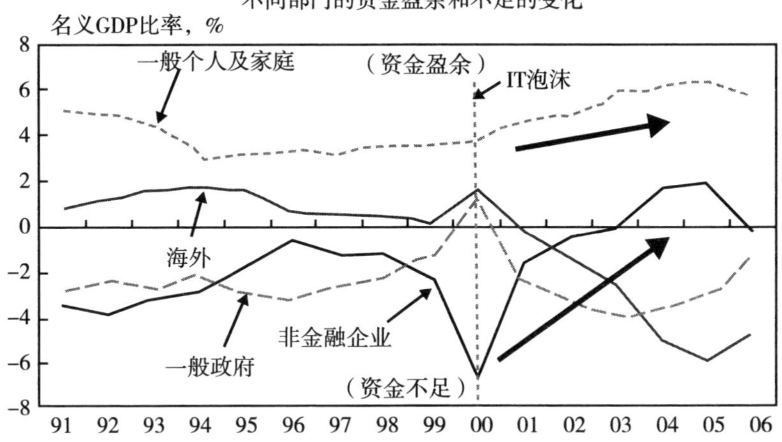

注：根据1995年德国信托集团歇业而产生的债务进行了调整。

资料来源：德意志联邦银行（2007）；德意志联邦统计局。

图 1–10 同样在修补资产负债表的德国个人和企业

德日企业都是因为经济泡沫破灭造成的资产价格暴跌严重损害了它们的资产负债表，而不得不开始减轻因此承担的庞大债务。日本六个最大城市的商业不动产价格从1990年的顶点狂跌了87%（见图1–3）；2000年电信泡沫[9]的破灭则使德国遭遇了严重的股价下跌，德国的新市场证交所（Neuer Markt）的股价从最高点骤跌了97%。

当日本和德国遭遇严重的资产价格暴跌时，许多企业突然发现它们背负了庞大的债务，甚至资不抵债，技术上已经破产。虽然资不抵债通常就意味着倒闭，但是这又与一般意义上的企业倒闭截然不同，因为在大多数情况下，这些企业依然运营正常，收益良好。德日两国所保持的世界最大贸易顺差表明，这两个国家的企业仍然能够依靠自己先进的技术、有效的营销手段，以及全球客户的支持而拥有强大的竞争力。

无论哪个国家企业的 CEO，在企业运营状况良好，却面临资产负债表困境时，都会不约而同地做出一个决定：利用手头的现有资金来偿还债务。但是，当许多企业同时开始这样的尝试时，就会把经济推入资产负债表衰退之中，在现实中，这种形式的衰退与之前发生的全国性资产泡沫一样都非常罕见。

当时欧洲中央银行（European Central Bank，ECB）为了应对经济下滑，决定将利率调至第二次世界大战后最低点，从而引发了法国、西班牙，以及爱尔兰等国的房地产泡沫。但是德国的房地产市场却依然低迷，房价无视创纪录的低利率，仍旧一路下跌。在欧元区内其他国家的货币供应量显著增长时，唯独德国增长缓慢（如图 1-11 所示），所有这些现象都表明，德国经历的是一场资产负债表衰退。

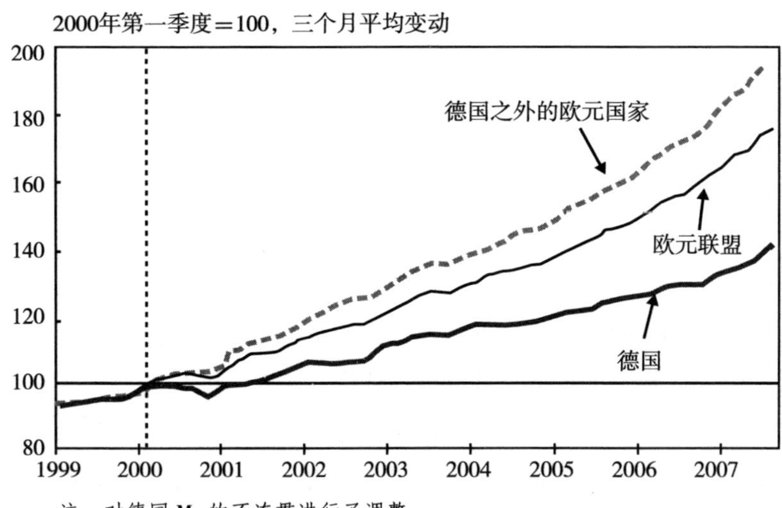

注：对德国 M_3 的不连贯进行了调整。

资料来源：欧洲中央银行，德意志联邦银行。

图 1-11　德国的货币供应量增长低于其他欧元国家

这就说明，这种类型的经济衰退有可能在资产价格崩溃后的任何国家出现。事实上，下一个可能发生资产负债表衰退的国家就是美国，而现在，它的房地产泡沫刚刚破灭。

这里的重点是：这些经济衰退与文化差异毫无关系。全国性的资产价格崩溃以及企业资产负债表因此受到的破坏，才是引发长期经济衰退的罪魁祸首。

注　释

1. 援引自当时的美国联邦储备委员会主席格林斯潘2003年5月21日在国会联合经济委员会上的证词。详细内容请参阅“Q&A Transcript VIII”，彭博社（2003）

2. 克鲁格曼（1998），第172页

3. 辜朝明（1998）

4. 麦考利和塞斯

5. 详细内容请参阅穆迪公司的官方网站：www. moodys. com

6. 戈德史密斯（1962），第112页

7. 日本金融情报中央委员会（2006）

8. 如果公众手中不持有现金的话则正好为10

9. 在德国，IT泡沫被称为电信泡沫

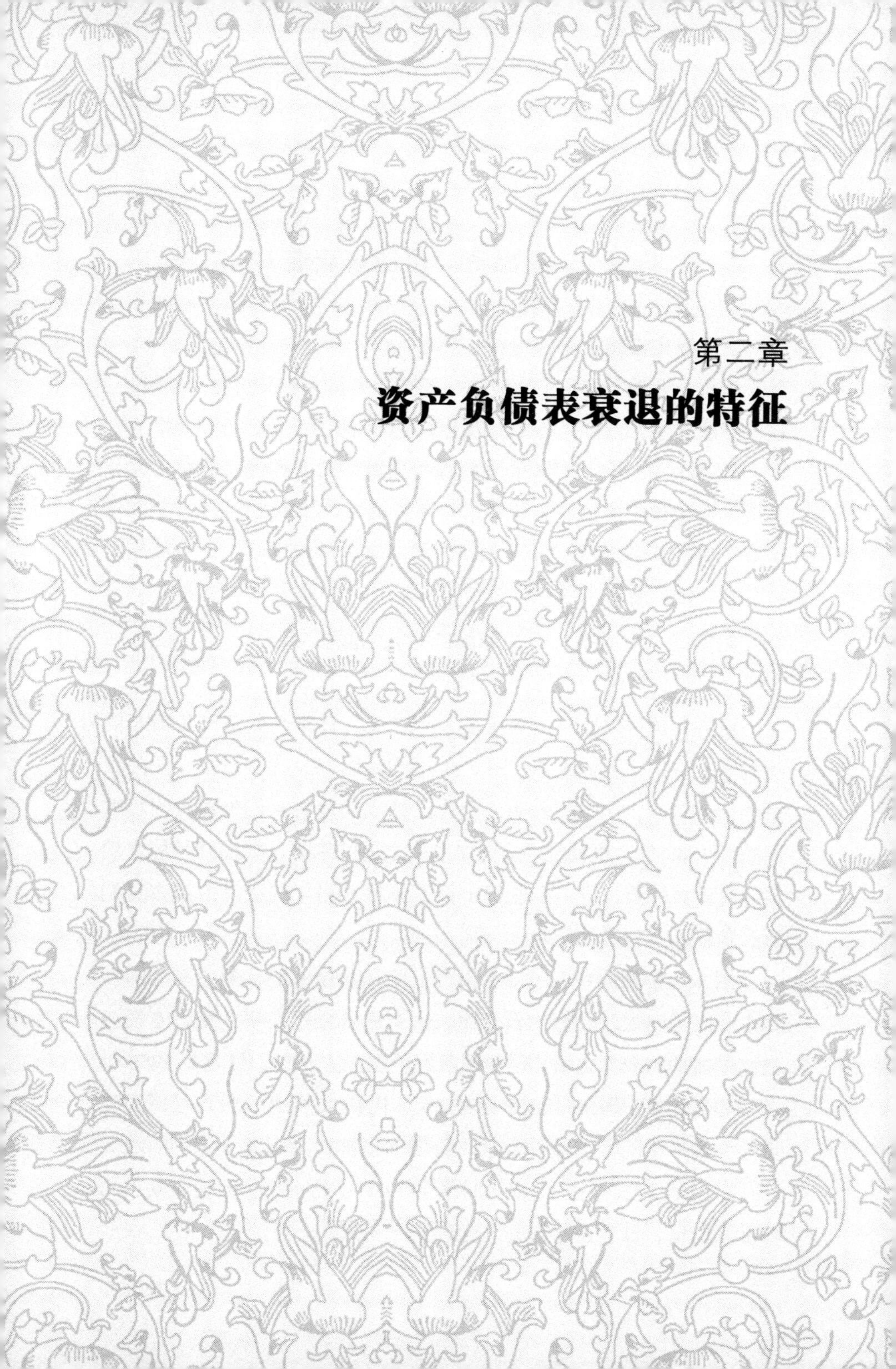

第二章

资产负债表衰退的特征

一、走出资产负债表衰退

企业停止偿债

日本企业最终停止了偿债，并且在十多年之后又重新开始借贷，这一现象显示，日本经济终于迈出了复苏的步伐。

到2003年为止，日本企业的净偿债额一直保持增长趋势，因此造成的通货紧缩缺口迫使政府不得不持续实施财政刺激政策来进行弥补。但是从2004年起，日本企业净偿债额开始减少，至2005年年底，私营部门整体的净偿债额已经下降为零。现在，许多企业又重新开始借贷（参见图1-2的圆圈部分），这种转变代表了在长达15年经济衰退之后的一个历史性转折。

这种转折得以实现的最主要原因在于，日本企业资产负债表的状况终于得到了大幅改善。图2-1中的阴影部分代表日本企业欠银行的债务总额，这张图表明，企业已经成功地将它们欠银行的贷款削减至1985年，也就是经济泡沫发生之前的水平，转而开始停止偿债。这就意味着，日本企业终于彻底清除了当年的经济泡沫在它们资产负债表上留下的伤痕。

图2-1中的曲线表示日本银行借给私营企业的债务总额与同期日本名义国内生产总值的百分比。这个重要指标在攀升至日本经济泡沫鼎盛期的85%之后，已经回落到了现在的52%，这也是1956年以来的最低点。即使是在20世纪60年代和70年代，日本经济的表现为全世界称羡时，日本企业的负债率也被认为远高于它们的欧美同行。但是现在，这一比率已回落至1956年的水平，即使以欧美的标准来衡量，日本企业的负债也属于正常水平。

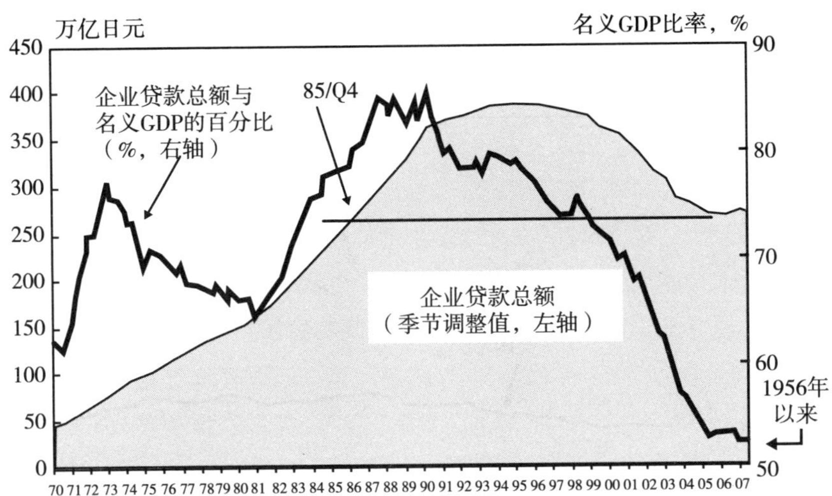

注：企业贷款总额（季节调整值）是在调整了统计的不连续性和数据遗漏之后由野村综合研究所推算得出。并且，1979 年之前的“国民经济计算”是按照 68SNA 标准。

资料来源：野村综合研究所根据日本银行《银行分类放贷》、《银行个人放贷》和日本内阁府《国民经济计算》做成。

图 2-1　企业偿债风潮终于停止

日本企业已经修复它们的资产负债表

事实上，像这样的负债问题也是促使日本企业在 20 世纪 90 年代转向偿债的一个原因。图 2-2 显示的是同期日美企业负债率的比较。相对于欧美同行，日本企业对借贷的依赖性显然要严重得多。例如在 20 世纪 80 年代前半期，日本企业的负债率是美国企业的 5 倍，但是由于当时日本经济的迅猛扩张和资产价格的急速飙升，所以没有人把这当成一个问题，在当时那种形势下，很少会有人担心负债的问题。因此，只要日本经济继续保持增长，企业资产价值能够持续增加，那么通过借贷来扩大企业资产规模就是一件理所当然的事情。企业甚至被鼓励借更多的债务，因为更多的借贷就意味着可以转化成为更多的投资回报。

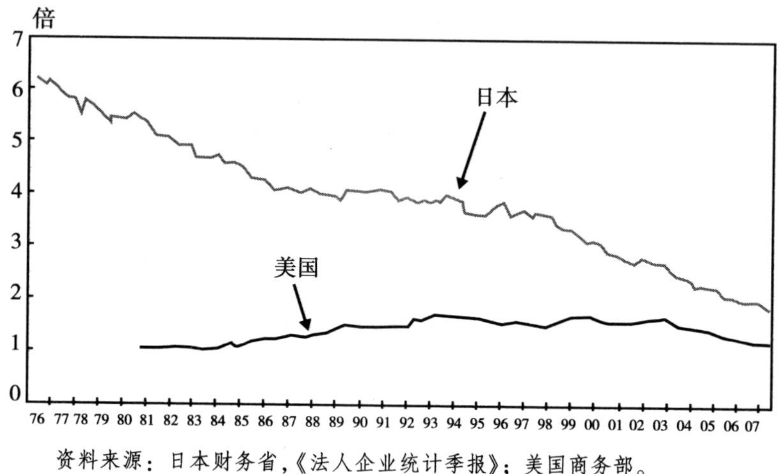

资料来源：日本财务省,《法人企业统计季报》；美国商务部。

图 2-2　得到大幅改善的日本企业负债率

然而，这种局面在1990年经济泡沫破灭之后被逆转，日本经济也进入了低成长和资产价格下跌期。尽管日本企业在此期间收益下降，但仍然需要应付既有债务造成的沉重负担，这也使得企业生存陷入困境。实际上，日本企业自1990年开始的偿债不仅仅是为了平衡资产负债表，同时也是为了将它们的负债率降低到与经济的低成长率相匹配的水平。从这一点来说，日本企业通过成功降低负债水平，在过去15年中取得了长足的进步。

如图2-2所显示的，日本企业的负债率一直都高于美国企业，但是考虑到日本远低于美国的利率，这一点也就不足为奇了。相对于美国3%的短期利率，日本的短期利率几乎为零，从这一点来说，日本的负债率理应高于美国。

这就意味着，那种将整个20世纪90年代说成是日本“失去的10年”的论调就显得毫无意义，这一说法是指日本在20世纪90年代的 10 年间，浪费了宝贵的时间，而没有取得任何进步。但是只要看一眼日本企业的财务报表，就能清楚地发现日本企业在此期间所取得的长足进展。日本企业在此期间的努力终于使它们成功清理了泡沫期留下的混乱和巨额债务，使它们的财务报表趋于健康，那些用“失去的 10 年”来形容日本 20 世纪 90 年代的人显然从来没有留意到日本企业在资产负债表问题上的重大改善。

当然同时也无须否认，所有企业同时开始修复受损的资产负债表这一行为必然导致将日本经济拖入长期衰退的合成谬误。那些试图使用其他经济指标来解释日本经济衰退的人在无视日本企业在资产负债表问题上取得的巨大改善的同时，把目光聚焦在诸如赤字扩大、景气低迷、失业率增加等日本经济的问题上。然而针对日本企业资产负债表的调查却清楚地表明，所谓“失去的 10 年”这种说法根本就是不切实际的。

资产负债表衰退：分析人士和经济学家的盲点

这种讨论又会引发另外一个疑问：为什么如此众多具有专业知识的人士在试图按照他们的观点解释日本的经济衰退时，都没有注意到企业资产负债表这个问题。这样一个“盲点”的出现应该来源于两个因素。第一个因素，一般只有两类人会关注企业的资产负债表：一类是证券公司的分析员，他们需要通过财务数据来分析企业状况；另一类则是银行的信贷主管，他们必须决定是否向企业发放贷款。证券公司分析员的工作是详细审查企业的资产负债表，但是他们的重点只聚焦在有可能影响企业股票价格和收益的项目上，也就是说，他们只需要知道是否应该“买进”或“抛售”这家企业的股票就足够了。同样，银行的信贷主管也只关心是否应该向这家企业发放贷款。

虽然这两类人都可能清楚地知道一些企业正在致力于修补资产负债表，但是他们不会进而从宏观经济学的高度推断出全体日本企业都在因此而专注于偿债。从这个意义上来讲，这两类人都是只见树木，不见森林。

俯瞰森林是经济学家们的职责，也就是说，发现企业的行为变化对于整体经济所产生的影响。但是通常来说，经济学家们从来不会去留意单个企业的资产负债表状况。没有一本重要的宏观经济学教科书（比如萨缪尔森和曼昆的著作）曾经指出过，身陷资产负债表困境的企业会转而寻求负债最小化。之所以如此是因为，当今宏观经济学理论的大厦是建立在企业都拥有健康的资产负债表这一假定之上的，在这个教科书的世界里，企业永远都是前瞻性的，永远都在寻求利润最大化，并且绝对不会在零利率的情况下专注于偿债。

然而，当全国性的资产价格暴跌使企业资产总值跌至其债务额以下时，健康的资产负债表这一重要假定也就随之动摇。并且，当资产负债表发生问题的企业开始被迫削减债务时，又随之诱发了总需求的降低，并最终将经济引入衰退旋涡。但是传统经济学理论的基石之一就是假定企业总是前瞻性的，对于那些长年浸淫于这种理论体系之内的人来说，这种假设毋庸置疑，他们试图运用既有的传统经济学观点和分析工具来解释日本的经济衰退，因此最终导致这些人完全忽视了资产负债表问题。

具体分析人员的职责是解析单个企业的资产负债表，但是相对于这项工作的重要意义，他们的贡献却极其有限。与此同时，试图把握全局的经济学家们却依旧立足于资产负债表状况良好这个前提，而疏于验证他们的这一假设是否与事实存在出入。于是，资产负债表问题就这样成了众人的盲点。

大约是在10年前，我开始怀疑，或许是资产负债表问题导致了日本经济的长期不景气。使我迷惑不解的是，即使是在日本央行将政策利率从8%调低至零的情况下，日本企业对于借贷的需求依然在不断降低。作为一名经济学者，我所受过的教育告诉我，在日本央行采取这些举措之后，经济形势理应得到扭转。但是这一切最终因为日本企业无视零利率和零通胀，依旧选择继续偿债而没有发生。于是我认识到，这些企业一定是在担心自己的信用评级和资产负债表状况，这种认识最终导致了资产负债表衰退这个概念的诞生。当然，我发现这个问题并不是因为我自己积极调查了企业的资产负债表，我只是偶然看到了图1-2显示的数据，然后马上意识到，这些数据后面也许就隐藏着这个迷局的答案。

悄无声息的资产负债表衰退

如果我能够从这样的途径发现日本经济衰退的真正根源，那么为什么别人却不能？答案就包含在第二个因素中。

资产负债表衰退拥有一些令人不快的特征。其中一个就是，对这个问题了解越深入的人越不愿意触及它。比如一个净资产值为负、正在为偿债而苦苦挣扎的企业的CEO绝对不会和外人谈论这些问题，因为这只会导致流言迅速扩散，破坏企业信用，并最终迫使这个企业只能以现金进行结算。

企业管理层也不会与内部员工谈论这些问题。因为员工们一旦知道企业在技术上已经破产，那些优秀员工自然就会首先选择跳槽到其他企业，这就妨碍了企业为生存付出的努力。因此在企业内部，只有为数极少的一部分人——如企业的财务主管及其亲信，以及CEO能够了解企业资产负债表的真实状况。这些人会尽力隐藏真实信息，因为他们明白，只要企业能够继续保持收支盈余，这个问题就终将得到解决。所以在与外界交流时，这些人只会大谈正面消息，譬如新产品的开发或者计划中的投资。而与此同时，他们在幕后其实正忙于偿债。

债权人同样不愿意谈论这些问题。如果一家企业被发现负债过多，已经处于技术性破产的状态，那么借给这家企业的贷款就会变成呆坏账，政府监管部门势必责令作为债权人的银行削减其贷款额度，回收既有贷款。但是银行方面非常清楚，只要企业能够继续保持收支盈余，那么时间终将解决一切问题。所以银行自然会倾向于避免这种局面的出现。如此一来，因为了解问题本质的企业高层和银行家们都拒绝谈论这个问题，就使得资产负债表衰退变得悄无声息。

一家主要零售企业的主管曾经告诉我，资产负债表衰退其实就是企业主管和银行家的衰退，只有那些主导借贷的企业主管和主导放贷的银行家们才真正了解问题的根源所在。但是因为这两方都不可能向外界透露这个秘密，所以外界的观察者们就完全被蒙在了鼓中。

企业偿债的努力可以用来解释第一章中所指出的所有金融现象：诸如企业债券市场的萎缩；外资银行在开拓日本市场上的裹足不前；以及贷款利率的显著下降等。举例来说，企业债券简单来说就是另一种形式的企业债务，对于一家背负巨额债务的企业，其首要任务就是尽快清偿债务，因此，不管利率多低，企业都不会再发行债券。外资银行也同样清楚它们所青睐的客户——那些仍然保持收支盈余的日本蓝筹股企业正全力以赴偿还债务，修补受损的资产负债表。而这些外资银行又不愿意将钱借给那些因为资产负债表失衡而收支状况恶劣的企业。没有哪家银行愿意在一个优质企业都忙于削减债务、停止借贷的国家白费力气拓展市场。这也就是在日本经济长期衰退期间，没有外资银行进入日本市场的原因所在。

最后，放贷方数量的过剩与借贷方数量的不足自然而然地迫使放贷机构之间展开激烈的价格竞争，从而导致了银行放贷数额的萎缩和利率的整体下降。总而言之，资产负债表衰退理论与日本过去15年间的所有主要经济指标的变化都能吻合。

银行在经济衰退的大部分时间都有积极的放贷意愿

到这里，怀疑论者或许会出来反击说：企业借贷规模下降完全是由于银行失去了放贷意愿。事实上，在日本经济衰退期间，信贷紧缩确实曾经是一个全国性的问题，众多企业因为银行不愿放贷而受创。然而这是经济衰退的主要原因吗？本书第三章将会把日本的遭遇与美国大萧条进行比较，就如我们将会看到的，答案取决于这个问题究竟是来自贷款供给方，还是来自贷款需求方。

幸运的是，我们可以参考日本央行发布的季度报告《企业短期经济观测调查》，也就是所谓的《短观（Tankan）》，这份报告涵盖了10000家企业，在诸多调查询问项目中包括“银行放贷意愿”一项。图2-3显示了对这个问题的回答的长期变化走势。

这项调查特别向各种规模的日本企业询问了银行是否主动寻求借钱给它们，也就是银行是否愿意积极放贷。因为询问的对象都是日本经济中的实际借贷方，所以对这项询问的回答真实可信。假如询问的对象是银行方面，那么所有银行的回答就都只能是：“是的，我们当然愿意发放贷款。”因为如果银行方面不这样回答，就会暴露出它们自已存在不良债权甚至更严重的问题。考虑到银行的放贷意愿总是摇摆不定，因此为了查明真实情况，对于借贷方的调查就显得必不可少。

图2-3显示，在1997~1998年曾经发生过严重的信贷紧缩（图2-3中右上方的椭圆形部分）。在2002~2003年日本银行也不愿意向

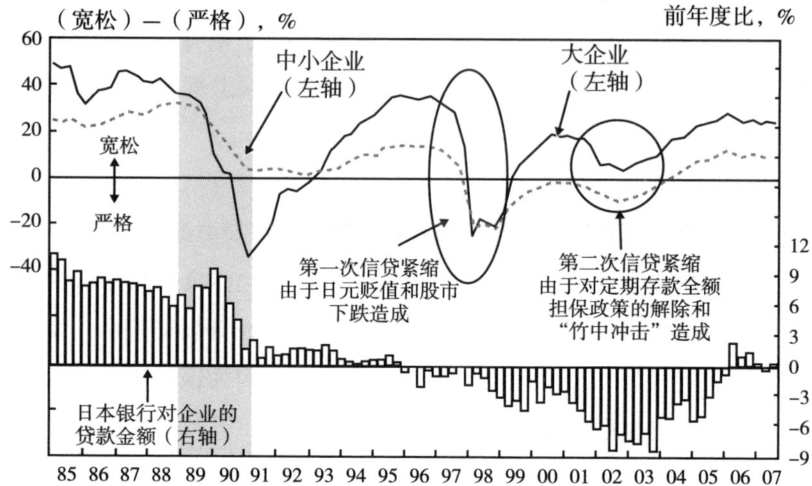

注：阴影区域表示日本央行执行货币紧缩政策的时期。

资料来源：日本银行《短观》、《银行分类放贷》。

图 2-3　除了两次政策失误期，银行具有积极放贷意愿

企业发放贷款，这主要归咎于“竹中冲击（指 2002 年 10 月日本政府推出的，由当时的日本经济财政政策担当大臣竹中平藏主导的金融政策改革——译者注）”(图 2-3 中右边的圆形部分)。除了这两个时期，日本企业一致承认银行具有积极放贷的意愿。

比如，不管是大企业还是小企业，都认为银行在 1995 年的放贷意愿与经济泡沫顶峰期的 1988 年相比没有多少改变。但是相对于经济泡沫时期 15 万亿~25 万亿日元的数额，在利率接近为零 (图 1-2) 的情况下，1995 年的净借贷额却几乎可以忽略不计。企业借贷的减少显然不是由于银行对贷款发放的收缩——也就是供应方的问题而造成的，真正原因是由于贷款需求不足所致。私营部门丧失贷款需求的根源就在于当初借贷的那些企业转而开始致力于偿债。

当然，这并不能证明没有出现过信贷紧缩现象。信贷紧缩确确实实曾经发生过（尤其是在图 2–3 中圆形部分表示的那段时期），并对众多企业和地区造成了沉重打击。但这只是导致过去 15 年间日本银行贷款整体下滑的一小部分原因，更主要的原因则要归咎于借贷方的行为转变。假如把造成日本整体借贷减少的这两个原因的重要程度互换一下，那么前面所指出的那些金融现象（外资银行在日本市场份额减少、利率下跌，以及企业债券市场的收缩）就根本不会发生。

企业融资趋势显示真正的经济复苏即将开始

图 2–4 展示了日本上市公司相对于前一个财政年度债务增减变化的走向。一般说来，相对于债务缩减，企业更倾向于增加负债，

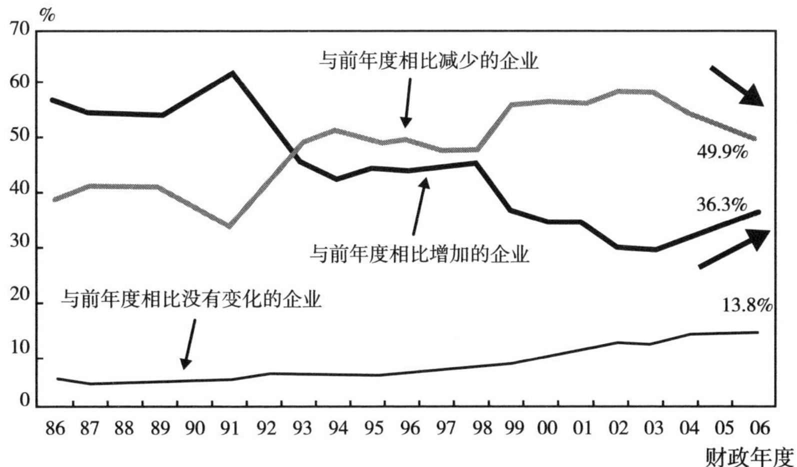

注：日本全部上市公司（银行、证券、保险以及其他金融机构除外）在财政年度末的总债务额。

资料来源：野村综合研究所。

图 2–4　偿债的上市公司比例终于开始下降

但是这种情况在1990年开始改变，等到1993年时，在日本的上市公司中，正在偿债的公司数量已经超过了继续借贷的公司。也就是说，绝大多数日本企业早在信贷紧缩和通货紧缩出现之前就已经开始主动偿债，这些企业之所以如此，其动机正是为了修补它们的资产负债表。

日本上市公司中，致力于偿债的公司比例在2003年到达顶峰，然后于2004年开始回落，增加负债的公司数量开始上升。这是我们等待了15年的转折，它有力地证明了日本的经济形势终于开始向着复苏的方向转变。

尽管仍然有大约半数上市公司在偿债，日本经济也还没有完全走出泥沼。但是相对于2003年之前那种偿债总额和偿债主导型公司比例双双逐年攀升，借贷公司数量越来越少的极其危险的态势，现在日本企业的资产负债表状况已经得到显著改善，日本的经济形势也终于开始有了明显好转。日本企业作为一个整体最终于2005年停止了削减债务（图1-2），这就表示，当众多小企业仍旧在忙于偿债时，很多日本大企业已经开始增加负债。

正在积累金融资产的日本企业

总体上，日本企业于2005年停止缩减债务并开始增加新的借贷（图1-2）。但是图1-5中的资金流向数据却显示，企业部门依然保持财政盈余。乍看起来，借贷净增加额为正值应该代表财政赤字而非财政盈余才合理，也就是说，如果企业正在融资，那么图1-5中的企业部分曲线应该位于中间线下方，但是事实上它依然位于中间线之上。关于这一奇怪现象的解答存在于这样一个事实当中：虽然部分企业又重新开始借贷，但是更多的日本企业正在重建它们因为长期经济衰退而损失的金融资产储备，这种企业金融资产的积累在功能上也就相当于企业的储蓄。图 1-2 中的曲线显示的是企业部分金融债务的状况，而图 1-5 中的企业曲线显示的却是将企业金融资产和债务综合之后的结果。图 2-5 以资金流向数据为基础，分别展示了企业的金融资产和债务状况。从标记了数字“1”的圆形部分，我们可以看出，日本企业显然正在积累金融资产。

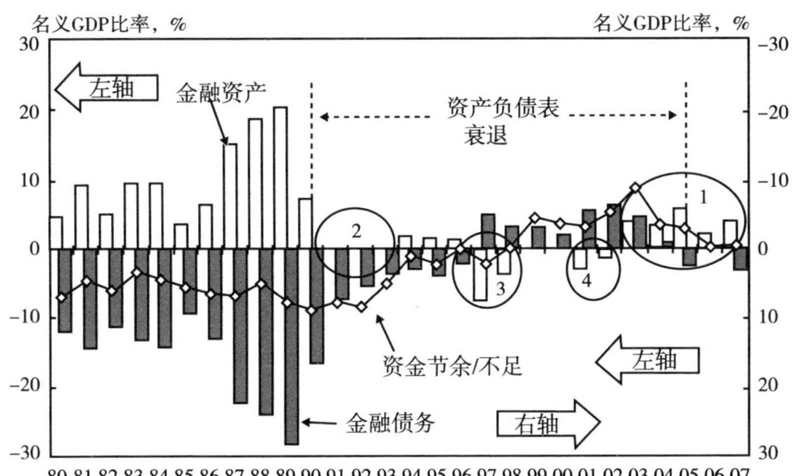

注：此图根据日本国有铁路清算集团和国有林地事业特别会计所接收的债务（1998 财政年度），以及日本高速公路集团在 2005 年实行的民营化影响进行了相应的调整。2007 财政年度包括了自 2006 年第三季度至 2007 年第二季度四个季度的总值。

资料来源：日本银行，《资金循环统计》；日本内阁府，《国民经济计算》。

图 2-5　日本企业正在从偿债转向积累金融资产

出现这种情况的原因是在过去 15 年中，日本企业通过挪用它们的金融资产来弥补各种亏损和必要的开支。有些企业不得不用这种方式来削减债务甚至支付员工工资。这种金融资产的挪用在 1991~1993年（“2”，图2-5）、1997~1998 年（“3”，图2-5）以及 2001 年（“4”，图2-5）表现得尤为明显。在这三个时间段都发生了严重的经济倒退，对于日本企业来说，是异常艰难的三个时期。就如同在第一章曾经提到的经济拮据的个人一样，企业不得不动用储蓄来维持收支平衡。

虽然企业终于清理了它们资产负债表上的负债部分，但是资产却依然停留在管理层认为可以接受的水平之下。当前日本企业的净融资额相当于其国内生产总值的 3%（图 2−5），而企业部门整体金融资产累积额则约为国内生产总值的 4%。因此在总体上，企业部门保持了相当于其国内生产总值 1% 的财政盈余。这就是图 1−5 中企业部门显示为资金节余的原因所在。

必须指出的是，尽管日本企业仍然在积累金融资产，但是与偿债时期相比，企业首脑们的心态已经发生了彻底的转变。企业为了尽早走出负资产困境所做的种种尝试，对于企业来说就是为了生存的苦苦挣扎。现在，日本企业终于摆脱困境，它们又重新开始积极地招募大学毕业新生，重新开始怀着被尘封了 15 年的进取精神积极向前，但是与此同时，那些与偿债有关的惨痛记忆又使得这些企业的首脑们希望为企业积累足够的金融资产以便未雨绸缪。正因为如此，日本的企业主管们在招聘和投资决策上积极进取的同时，又将企业收益用于重建企业的金融资产储备。

企业部门变成净投资者尚需时日

接下来的问题就是：这样的金融资产积累过程将会持续多久。考虑到这些企业在修复它们的资产负债表期间的惨痛经历，要使这些企业对自己的金融资产和债务状况感到安心，需要相当长的一段时间。资产积累所需时间同样难以预测，因为为了应对将来可能出现的危机，对于企业储备资产的应有规模，每家企业的主管们都会有各自不同的见解。那些在过去 15 年间为偿债尝尽苦头的企业主管或许终生都将对负债深恶痛绝，并且因此希望储备更加充足的金融资产。而另外一些企业主管却可能只打算把这些资产控制在一个合理的规模之内。还有一些企业则重新开始相互持股（Cross-shareholding）以防止被恶意收购，这是为了回应日本法律最近所做出的修订，这项修订使外资企业收购日本企业变得更加容易。但是显而易见，最后这一举措受到了日本企业的外国持股人的猛烈抨击。最后，每家企业自认为合理的资产水平，只有在企业停止资产积累时，外界观察者们才能够确定。

尽管有上述的资产积累，企业部门的资金节余仍然如图2-5中黑色粗箭头指示的那样在急剧下降，从这个意义上来说，形势已经得到了明显改善。引发资产负债表衰退的不动产价格下跌趋势终于开始扭转，城市不动产价格在15年中第一次出现了回升。所有这些变化都表明，日本经济的复苏已经到来。现在唯一的问题就是将企业的金融资产带回到一个合理的水平。

二、资产负债表衰退期间的税收收入

过早的财政整顿引发了第二次经济倒退

只要政府部门在财政政策领域不出现差错，日本的经济复苏就应该不会出现意外。但我们必须留意政府的举措，因为企业部门仍保持着财政盈余。因此，通货紧缩的缺口仍然存在，只是比以前小。日本经济终于从漫长的资产负债表衰退中走了出来，但是政府主导的财政刺激政策仍然需要继续维持到日本经济完全复苏为止。

正常情况下行之有效的财政整顿政策在资产负债表衰退期间却无能为力，这种形式的衰退只可能在全国范围的资产价格泡沫破灭之后发生，是几十年才可能发生一次的现象。在这种经济衰退期间，过早进行财政整顿是最危险的举动。在资产负债表衰退发生之际或者期间，任何打算减少预算赤字的企图都必须建立在对这种衰退的罕见特征的充分理解之上。

在一般情况下，当私营企业拥有健康的资产负债表并追求利润最大化时，这些企业必然会极力争取任何由于政府削减预算赤字而可能获得的资金。较之政府部门，私营企业可以更有效率地运用这些资金。政府部门借贷的减少同时就意味着私营部门可用贷款的增加，从而进一步导致更有效的资源分配和更快的经济增长。挤占私营部门投资的政府借贷不受欢迎，也正是因为这个原因。

然而在资产负债表衰退期间，企业部门无法去借用因为政府财政整顿而闲置的资金。这就意味着总需求和货币供应量将随着由于财政整顿而缩小的政府支出规模而出现相应的缩小。此外，先前被政府挪用的资源也将遭到闲置，这对资源分配来说是最糟的结果。在这种时候进行财政整顿只会将经济引入进一步恶化的怪圈，导致税收收入减少，预算赤字增加。这种现象在图 2-6 中得到了再现，这张图说明了税收收入与预算赤字之间的关系。

1997 年，桥本龙太郎政府成为第一个在经济泡沫破灭之后进行财政整顿尝试的日本政府内阁。当时，不管是日本的大藏省，还是诸如世界货币基金组织和经合组织这样的国际机构都没有意识到，日本正身陷资产负债表衰退的泥沼之中。他们辩称，大规模的财政刺激无法促进经济状况改善的原因在于资金都浪费在了不必要的投资上面，因此他们呼吁停止这些支出。1996 财政年度日本的预算赤字为 22 万亿日元。作为回应，桥本首相在 1997 财政年度推出了四管齐下的改革方案以削减 15 万亿日元预算赤字。这个方案包括将消费税税率从 3% 升至 5%；增加纳税人对社会保障成本的分担比例；中

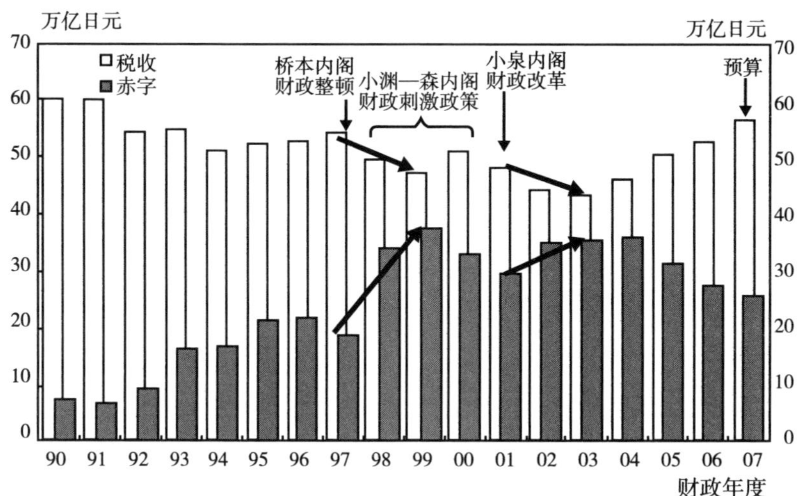

注：2006 年和 2007 年的税收收入是转让地方政府税收收入之前的金额。

资料来源：根据日本财务省各年度预算资料做成。

图 2-6　1997 年和 2001 年的过早财政改革造成了税收收入减少和赤字增加

止一项特别减税法案；以及搁置一项大型补充预算。

然而就如图 2-6 所显示的，桥本政府改革的最终结局却严重背离了当初削减 15 万亿日元预算赤字的预期。尽管在 1997 财政年度，税收收入不足的情况有所改善，但是在桥本改革方案实行的第一年就出现了连续五个季度的经济萎缩，导致了日本第二次世界大战后最严重的经济倒退。这场经济倒退破坏了日本的银行系统，造成了如图 2-3 所显示的信贷紧缩。如果我们还记得当时使日本经济得以维系的主要原因是政府借用并支出了个人储蓄的话，那么这个结果就不足为奇，因为一旦政府中止实施这样的政策，那么整个经济就会如我们在第一章中所叙述的那样，最初的 1000 日元收入将以 900 日元，810 日元，729 日元这样的节奏不断缩水，并最终陷入恶性循环通货紧缩的旋涡。事实上，正是试图减少预算赤字的举措将日本经济推入了急速倒退的境地之中。

桥本政府的改革结果在图 2-6 中得到了清楚的再现。尽管消费税税率提高了，但税收收入却不升反降，进而造成预算赤字迅速扩大，与当初削减 15 万亿日元预算赤字的目标背道而驰，政府的改革举措反而导致预算赤字增加了 16 万亿日元，使得日本政府的预算赤字总额激增至 1999 财政年度的 38 万亿日元。这个例子完美而又悲惨地显示出，在资产负债表衰退时期，政府试图推动财政整顿可能导致的后果：经济陷入混乱，税收收入一落千丈，预算赤字大幅增加。

桥本首相最终意识到了他所犯下的错误，进而在 1998 年 6 月追加了一项大型补充预算。但是这个政策转换已无力修复日本经济受到的严重伤害。不安定的日本经济形势一直到后来的日本首相小渊惠三实行了更大规模的财政刺激政策后才有所改善。日本经济形势最终因为得到政府支出的助力才重新趋于平衡，税收收入开始增加，政府预算赤字也随之下降。之后的森喜朗首相延续了这项政策，但是没有等到小渊的政策被贯彻到底，小泉纯一郎就入主日本内阁，再次力主实施财政整顿，将日本每年的国债发行额限制在 30 万亿日元以内。

如果日本全国的个人储蓄和企业净偿债额小于 30 万亿日元，政府借贷就可以有效地消化所有闲置资金，那么 30 万亿日元的国债发行额度将不会诱发通货紧缩缺口。但是小泉政府宣布这项政策时，恰逢全球 IT 泡沫破灭和美国“9·11”事件发生，迫使日本的个人储蓄和企业偿债额急剧升高，造成远大于 30 万亿日元的通货紧缩缺口，而小泉却仍然将国债控制在 30 万亿日元以内，于是这两者之间的缺口对于日本经济的影响立即凸显出来，在最初两年（2001~2002 年）间，作为新政府过早实施这种不合时宜的财政整顿政策的恶果，日本经济大幅倒退，股价急剧暴跌。

这些严重后果在图 2-6 中得到了显示。税收收入减少造成日本政府收入在 2001 和 2002 两个财政年度严重不足，预算赤字膨胀至 35 万亿日元，导致小泉政府没能实现当初宣称的，将政府年度发行公债额限制在 30 万亿日元之内的保证。

最终，小泉首相在 2003 年被迫做出让步，公开放弃了他当初的竞选保证，转而容忍利用政府支出来对经济形势发挥“自动调节器”的功能。自动调节器这个概念是指政府支出具有稳定经济的天然特性，当经济形势良好时，政府税收收入的增长速度会高于国内生产总值的增长速度，这将有助于冷却经济过热现象。而当经济形势低迷时，失业保险以及其他政府支出开始增加，而税收收入相应减少，政府部门的支出将自动起到刺激经济的作用。在小泉政府放弃削减预算赤字的努力之后，财政政策又重新作为自动调节器在经济生活中开始发挥正面作用，于是日本经济重新开始增长，税收收入增加，最终导致了预算赤字的减少。

资产负债表衰退是一种不易发生的罕见经济现象。但是当它一旦出现之后，政府绝对不能采取的行动就是进行财政整顿，如果不慎犯下这种错误，其严重后果在日本经济 1997 年和 2001 年的遭遇中已展现得淋漓尽致。

日本央行和财务省已经意识到资产负债表衰退问题

从前面的论述中我们可以清楚地认识到，假如今天的日本政治家和行政官员们再次企图过早地推行财政整顿政策的话，那么必然会产生可怕的后果。不幸的是，因为在教科书里没有任何关于资产负债表衰退的内容，所以我们也就无法预知这个恶魔一般的正统经济政策何时会再次被从潘多拉的盒子里放出来。

安倍晋三政府在 2006 年 9 月底上台后很快就宣布，这一届政府的经济政策将建立在“没有增长就没有财政改革”的口号之上。这个口号不仅完全符合当时日本的经济状况，也说明日本新内阁吸取了小泉政府所犯错误的教训，而小泉当初的口号是“没有结构改革就没有经济增长”。小泉内阁结构改革最重要的一环就是对新发行国债设定的30万亿日元年度限额，这个严重的政策失误削弱了日本经济，扩大了政府的预算赤字。如果安倍的口号是对小泉内阁所犯错误的回应的话，那就证明他吸取了2001~2003年之间的教训。

然而，在不到一年的时间里，安倍和他的所有阁员（除了外务大臣麻生太郎）就又沦为正统经济政策的牺牲品，再次将财政改革作为本届政府的首要任务。他们这种冥顽不化的态度，甚至在2007年8月自民党在选举中遭到惨败之后依然没有改变。在那次选举中，受日本政府财政改革政策影响最严重的农村选民给了执政党沉重一击。作为安倍的继任者，福田康夫对财政改革的态度就要比他的前任显得稍许保守一些。

虽然日本政府似乎又在滑向财政改革的老路，但是日本央行对此举的危险性却有着深刻得多的认识。表2-1再现了当时的日本银行总裁福井俊彦在2005年2月召开的日本内外情势调查会上，针对时任日本经济财政咨询会议民间委员、号称日本政府经济问题“大脑”的大阪大学教授本间正明的质疑所做出的回答。在这场辩论中本间教授主张：日本政府将要进行的财政改革势必会给日本经济造成一定的影响，因此，日本银行应该相应实施更加宽松的货币政策。本间教授的这一要求遭到了福井总裁的当场拒绝。福井总裁回击说：不能因为政府削减了支出，就要求中央银行做出相应规模的缓和。他同时表达了对于财政改革的谨慎观点，“只有等到私营部门的资金需求变得更加强劲之后，政府的财政改革与之配套进行，这样才不会出现大的问题”。

单从表 2-1 中很难认识到福井先生这段陈述的重要意义，这里还可以用数字来进一步说明。假设在 2005 年度政府借贷并支出了 30 万亿日元来刺激经济。如果私营部门借贷在 2006 年增加了 5 万亿日元，那么政府就可以相应削减同样额度的借贷，同时又不会损害经济整体的稳定。换句话说，政府可以放心大胆地加征 5 万亿日元的税收或者削减同样额度的支出。但是如果私营部门增加了 5 万亿日元的借贷，而政府部门却削减了 8 万亿日元支出或者加征了同样金额的税收，那么就会导致 3 万亿日元的通货紧缩缺口。这就是福井总裁在陈述财政改革必须与私营部门资金需求的复苏相配套时想要说明的问题。

表 2-1　日本央行开始拒绝政府的不合理要求

摘录自 2005 年 2 月 28 日，日本银行总裁福井俊彦演讲后的答问

大阪大学本间教授（日本政府经济财政咨询委员会民间委员）	在政府实行财政改革期间，货币政策的作用显著加强。货币政策应该扮演何种角色来化解财政整顿造成的负面影响，刺激私营部门需求的增加？
日本银行福井总裁	政府和中央银行之间的关系并不是政府削减了支出，于是拿出算盘来算一下因此产生的差额，然后由日本银行实行宽松货币政策来抵消差额这样简单。我们最大的课题是，为了保持整体期待的安定，政府和中央银行是否能够做到步调一致，在某些时候这也许包含双方的严重对立。对于这个课题我们必须认真解决……刚才我已经指出了，财政改革只有在经济确实步入持续复苏的轨道时才应该进行。私营部门的资金需求依然不足……当前经济正处于平缓期，但是经济终将崛起，只有等到私营部门的资金需求变得更加强劲之后，政府的财政改革与之配套进行，这样才不会出现大的问题。这就是我希望政府能够明白的事情。

资料来源：时事通讯社，《内外情势调查会上日本银行福井总裁的问答要旨》，2005 年 2 月 28 日。

换个角度来说，日本经济在过去 15 年中最欠缺的就是企业对于资金的需求。之所以需要政府通过借贷和支出来支撑经济，是因为尽管利率接近为零，仍然没有人愿意借用个人储蓄和企业偿还的贷款。福井总裁说，只有在私营部门重新开始借贷时，政府才可以安心进行削减赤字的努力，他的发言表明日本央行已经完全理解了资产负债表衰退这个概念。

尽管日本财务省的许多官员依旧主张进行财政改革，但是预算削减已经没有了四五年前那样的魅力。虽然政客们在喋喋不休地说教，财务省的官员们却似乎不再执著于削减预算。这显示出这些官员们或许也已经意识到了当前日本经济的真实状况。

2004 年，日本财务省请我去举办一个讲座。当我抵达财务省时，发现神通广大的预算局局长率领大约 20 名部下正在恭候着我。

因为曾经在许多场合批评过财务省的财政改革政策，所以在讲座开始时，我心里其实非常紧张。为此，一开始我就声明自己并非凯恩斯主义者。凯恩斯主义者坚信当经济形势开始恶化时，政府必须推行财政刺激政策。与此不同，我主张进行这种刺激不是因为经济低迷，而是因为日本经济患上了一种极其罕见的病症，也就是资产负债表衰退。对于治疗普通型经济衰退行之有效的货币政策工具，在面对这种罕见的衰退时，却会因为借贷不足而无能为力。因此，这就需要使用财政政策来作为应对工具。在持续 1 小时 15 分钟的讲座里，我利用与这本书里相同的资料数据阐释了我的这个观点。令我惊讶的是，那些官员们似乎很透彻地理解了我所讲的内容（因为并没有对他们进行考试，所以我也无法说清到底有多透彻）。

在讲座结束时，那些财务省的官员们只向我提出了一个要求："在资产负债表问题得到清理，企业重新开始借贷时，日本政府将必然开始整顿它的财政系统，等到那个时刻到来时，我们希望能够得到您的帮助。”我当场表示我将全力提供支持，并使他们确信，当日本进入那个阶段时，我肯定将会成为这个国家财政改革最热烈的拥护者。基于这些经验，我认为日本财务省和日本央行双方都已经对这种类型的衰退有了非常透彻的理解。

资产负债表衰退期间的税收收入

对于过早的财政改革必须不惜任何代价加以避免，即使对于那些因为资产负债表衰退开始复苏而自然出现的税收收入增长也一定要予以特别关注。这是因为在此类衰退发生期间的税收表现出了与普通型衰退期间税收截然不同的特征。

日本政府的税收收入总额在经济泡沫顶峰期的1990年是60万亿日元。到2005年，日本的名义国内生产总值增长了13%，企业（不包括金融和保险业）经常性收益扩大了48%。在正常情况下，国内生产总值13%的增长必然导致相同规模的税收收入增长。然而2005年的政府税收收入却只有49万亿日元。这种反常现象正是资产负债表衰退的另一个特征。

资产价格下跌诱发的经济长期不景气促使企业开始偿债，从而降低了总需求，最终导致经济低迷。因此在资产负债表衰退期间的税收收入减少就要归结于两个因素：资产价格的下跌和经济活力的放缓。作为结果，税收收入的下降幅度自然要比只有经济活力放缓一个因素时大上许多。

图2-7表明了在资产负债表衰退和普通型衰退期间税收收入的差异。图上方的实线表示的是经济活力，中间与之大致平行的虚线表示的是普通型衰退期间的税收收入。如同图中最下面的实线所表示的那样，在一场资产负债表衰退期间，在经济活力放缓的同时也伴随着资产价格的下跌，这就使得税收收入下降的幅度远远大于经

济活力放缓这个单一因素所能造成的程度。

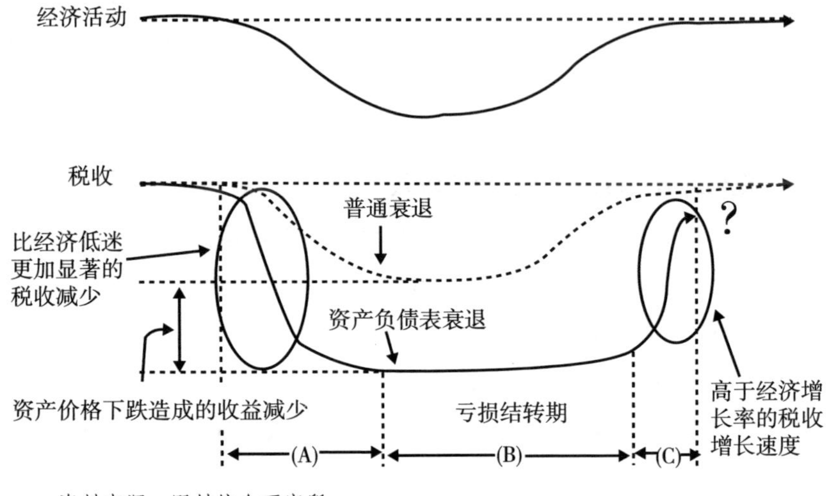

资料来源：野村综合研究所。

图 2–7　资产负债表衰退期间的税收收入变化

此外，在资产价格暴跌之际，日本政府做出了从 2001 财政年度的 3 月底开始采用按市值计价的会计方式（Mark–to–market Accounting）的错误决定。在此之前，企业的资产未实现损失（Unrealized Loss，企业持有资产在买入时的价格与当前市场价格差所造成的损失——译者注）并不被当做企业的实际亏损，但是新的会计制度却将这些未实现损失也计入企业亏损之内。于是企业自然会得出结论，在这种新的会计制度下，未实现损失与实际亏损毫无差别，从避税的角度来看，企业就应该立刻卖掉手中的资产，将这部分未实现损失变为企业实际亏损，从而抵消部分收益，减少纳税额。于是日本企业开始蜂拥抛售手中资产，最后实际变现的巨额亏损严重抵消了企业收益，进而导致政府税收收入大幅减少，这个实际结果与单纯根据国内生产总值数据做出的预测大相径庭（图 2–7 中的 A 区间）。

因为资产价格下跌造成的亏损异常严重，同时也因为企业将这一亏损递延，结果造成在整体经济和企业收益已经复苏之后（图2-7中的B区间），政府税收收入依然持续低迷了相当长一段时间。企业把过去积累下来的亏损用于抵消当前收益，这就使企业避免了这部分被抵消收益的应纳税额。一个最好的例子就是日本的银行系统，尽管拥有巨大的收益，但是它们缴纳的税额却相对要少得多。结果，按市值计价会计方式的最大受害者成了日本国库。

这种税收收入的持续羸弱必然又会导致提高税率的呼声出现。必须了解的是，日本税法允许企业进行最长为7年的亏损递延[1]，之后企业就必须按照实际收益全额纳税。如此一来，政府税收收入就会在亏损递延期限失效之后出现暴涨，导致税收收入的增长速度远远高于同期国内生产总值的增长速度。日本经济现在就正处于这样的阶段（图2-7）。

例如，在2003年，日本财政省在向财政制度审议会提交的中期预算报告中为2005财政年度规划的预算赤字是43万亿~44万亿日元。[2]但是2005财政年度的实际预算赤字只有31.3万亿日元，比最初预计的少了12万亿日元。之所以出现如此之大的差异，是因为财政省没有意识到日本正身陷资产负债表衰退，也就没有考虑到图2-7中C区间表示的那种情形出现的可能。财政省在预测未来税收收入时，是以2003年的税收收入额为基准，使用了传统的1.1的税收弹性系数（即税收收入与国内生产总值增长百分比之间的比率），根据预估的国内生产总值来推测税收收入（弹性系数为1.1，表示名义国内生产总值每增加1%，税收收入就会相应增加1.1%）。

但是由于资产价格下跌造成的税收收入下降只是一个暂时的调整过程，一旦这个过程完成，税收收入就会重新开始紧随经济活力的变化而变化。也就是说，在资产负债表衰退期间，处于调整时期的税收弹性系数的波动将会非常剧烈（如图 2-8 所示）。日本税收收入在 2005 年全年增长了 7.6%，而与此相比，同期国内生产总值却只增长了 1%，从而导致税收弹性系数高达 7.6，这就表明日本经济已经进入了图 2-7 中 C 代表的阶段。

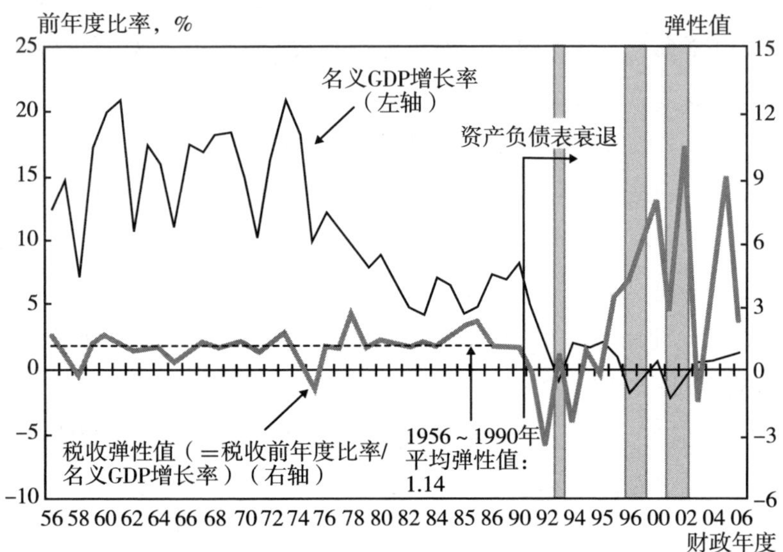

注：阴影部分表示因为税收前年度比率、名义 GDP 增长率都是负值，从而造成弹性正值的年份。

资料来源：野村综合研究所根据日本内阁府《国民经济计算年报》和日本财务省年度预算资料做成。

图 2-8　1990 年以前的税收弹性系数不再有效

正如先前所指出的，2005 年日本的国内生产总值比经济泡沫顶峰期的 1990 年增长了 13%，企业利润（不包括金融和保险业）增长了 48%。尽管如此，2005 财政年度的政府税收收入却只有 49 万亿日元，远低于 1990 年的 60 万亿日元。这也可以解释为日本政府的税收收入在未来有可能重新回升至 60 万亿日元。然而，考虑到其间也许会出台的各种减税措施，就很难确定税收收入是否将会回升至 1990 年的水平。不过由于自从 1990 年以来，企业利润和国内生产总值两者都有显著的增长，所以我们可以安心地断定，税收收入不会永远维持当前的水平。

在税收收入增长迅速、税收弹性系数波动剧烈的情况下，很难预测未来的税收收入走向。在这种情形下探讨财政改革，就应该首先明确如果税收收入回归正常水平，那么将会导致多大规模的预算赤字减少。

之所以需要这样，是因为必要的增税及其伴随的经济风险，将会因为预算赤字的规模是 43 万亿日元还是 31 万亿日元而截然不同。举例来说，假如财政改革主义者们在 2003 年以两年后的财政赤字为 43 万亿日元为前提制定财政改革计划，那么就必须加征足够的税收来平衡两年后预计将要升至 43 万亿日元的预算赤字。假如日本政府果真实施如此大胆的增税政策，以此终止政府作为唯一借贷方的局面，那么日本经济大概会陷入与 1997 年相同的，因为推行错误财政政策而引发的恶性通货紧缩。考虑到企业在 2003 年的净偿债额远高于 1997 年的水平，因为增税而造成的破坏估计还会更加严重。

不过，日本政府最终还是决定采纳借用个人储蓄以及企业已偿还贷款的财政政策，从而稳定了日本经济。从这一点来说，在过去数年间日本政府正确地选择了搁置财政改革计划，发挥政府财政支出作为经济自动调节器的功能，最终启动了日本经济的复苏，使得税收收入猛增。

有观点认为税收收入的正常化将遗留下 20 万亿日元的结构性赤字。但即使是这种情况，必要增税所需要消化的赤字数额也远低于 43 万亿日元，如果私营部门的借贷需求增加，那么日本经济就会变得强大起来，足以消化加征的税收收入，同时继续向前发展，而这正是预算赤字削减能否成功的关键。

让公众了解税收收入尚未恢复正常水平，自然会招致某些期望，尤其是对于政府财政如同泡沫经济时期（参见图 1-5 和图 1-6）一样转为盈余的期待。尽管这些期盼的原因可以理解，但现实却是冷酷的。在过去 15 年间，日本不但实行了包括减税在内的多项税制改革，并且人口老龄化也迫使社会保障成本以及相关费用稳步上升，在这些领域实施根本性的改革已经刻不容缓。

也就是说，改善政府支出的行动需要注重长期的结构性效果，譬如应该区别对待社会保障支出和由资产负债表衰退直接导致的、一度增加的赤字。除非政府能够确定私营部门的借贷需求已经恢复，政府税收收入也恢复了正常水平，否则任何削减赤字的行动都极可能再次引发 1997 年那种状况的出现。

亏损递延期限失效导致的税收收入增长是一个陷阱

在对资产负债表衰退缺乏深刻理解的前提下，以存在巨额预算赤字为由替增税辩护的论调不仅缺乏说服力而且极其危险。那些期待已久才出现的税收收入增长背后往往隐藏着巨大的风险。

许多读者也许会认为，因为税收收入增长而导致的预算赤字相应减少是可以接受的，并不需要过分担心。但是日本最近出现的税收收入增长却有一个与众不同的特征，即税收收入增长的源头不是经济的复苏。

在正常情况下，占国内生产总值 3% 的增长会创造略高于 3% 的税收收入增长。因为在这种情况下税收收入增长的动力直接来自于经济增长，所以不必担心此时的税收收入增长会妨碍经济增长。2005 年，日本的税收收入增长了 7.6%，而同期国内生产总值却只增长了 1%，也就是说，在 2005 年日本的税收收入增长中，只有约 1%

的部分是得益于经济增长，而其余的6.6%则要归功于那些利用亏损递延冲抵收益的企业在其亏损递延期限失效后所增加的纳税额，也就是说，这6.6%的税收收入增长应该归功于将亏损递延期限设定为七年的日本税法。

这种情况显示，那些利用了亏损递延的日本企业没有为它们的全部盈利缴纳税款，并通过这种方式获得高于正常水平的自由现金流量。因为这些企业不用为自己的盈利纳税，那么它们就可以有更多的现金流用来扩大其他支出，而这种多出来的企业支出又可以起到刺激经济发展的重要作用。

与此同时，如果政府税收收入在经济增长状况良好的情况下依然在减少，那么政府就不得不通过继续发行国债来填补亏空。所以亏损递延有助于政府和私营部分两方面同时发挥推动经济增长的作用。

亏损递延的终止意味着本来被企业用做设备投资或者其他支出的一部分资金不得不变成税款，这就压缩了私营部门的有效需求。与此同时，税收收入的增长使得政府借贷减少，但是就如早已指出的，正是日本政府的借贷（以及支出）支撑了其国内生产总值和货币供应量的增长。一旦税收收入的增长削弱了政府作为借贷方的作用，那么通货紧缩的缺口就会重新出现，再加上私营部门需求的减少，整体经济发展的动力势必将遭到削弱。

总之，在过去数年间，日本经济因为企业纳税额的非正常性减少而得以成长。但是，从现在开始，只要税收收入增长的速度高于国内生产总值的增长速度，那么相反的趋势就应该会出现。

持续增长依赖于私营部门资金需求的复苏

这种税收收入激增对于经济的不利影响不仅取决于其增长规模，

同时也取决于私营部门资金需求复苏的速度。

前面引用过日本银行总裁福井俊彦的发言：政府财政改革必须与私营部门资金需求的复苏相“配合”。他当时所指的不仅是新的财政整顿政策，同时也包括上面所说的税收收入的自然增长。如果这两者都偏离私营部门资金需求的增长速度而过于超前的话，那么日本经济就会再次面临通货紧缩的缺口。换个角度来看，只要私营部门的资金需求能够有相同比例的增长，那么对于政府税收收入的激增就无须过于担心。

现在假设一家企业的亏损递延期限已经到期失效。如果这家企业决定借入与增加的应纳税款数额相等的资金来维持其现有投资水平，那么私营部门借贷需求的增长就会与政府税收收入的增长保持一致，从而不会对经济产生任何影响。但是如果这家企业选择削减投资或者其他支出来抵消新增应纳税额，那么总需求就会降低，进而损害整体经济增长。

然而，当前日本私营部门资金需求的现状又如何呢？尽管企业借贷正在增加，但是如图 1-2 所显示的，企业部门作为一个整体仍然由于众多企业在忙于积累金融资产而呈现财政盈余状态。简单地说，它们在经济中是资金供给方而非需求方。这就意味着私营部门对资金的需求尚未显著回升，这也就是利率，尤其是长期利率依旧低迷的原因所在。在当前这种时机，对于亏损递延所造成的税收收入激增必须密切关注，因为其中隐藏了导致另一个通货紧缩缺口发生的潜在危险，如果这个危险尚未实际发生的话。

自由现金流的用途同样重要

通货紧缩缺口的产生同时还取决于企业如何运用因为亏损递延而产生的自由现金流。如果这些资金被企业用来还贷，那么对于增加有效需求就不会产生任何贡献，因此，即使将这部分企业所得的自由现金流转化为税收收入，也不会影响整体经济的总需求。但是如果这部分资金被用做投资或者以其他形式转化为总需求，那么对于这些资金的税收收入转化就会削弱经济的整体需求。

当税收收入的增长影响了经济发展时，政府就需要采取措施，以投资的形式返还这部分新增税收收入。尤其重要的是，这部分税收收入应该用于投资公共建设或者降低税负，而不能将这部分预算之外的税收收入都用来赎买国债。为此，刺激企业部门增加资金需求的措施（譬如已经实施的在今后 5 年将投资折旧期数减半的政策）尤为重要。如果不实行这类正确措施，那么经济就有可能再次出现问题。

在 2011 年实现基本财政盈余的目标没有经济合理性

考虑到围绕税收收入变化的诸多不确定因素，作为一个正在从资产负债表衰退中脱身的国家，现在日本政府计划在 2011 年实现基本财政盈余的目标显然不切实际。这不仅是因为日本政府实现这个目标的时间表缺少必要依据，还因为这个目标有可能阻碍日本政府针对实际状况做出恰当的反应，从而造成更大的经济悲剧。

假如日本以前曾经经历过数次资产负债表衰退，那么现在设定一个达到基本财政盈余的期限也并非不可。因为以前的经验和数据为通过数量分析方法预测未来经济走向提供了可能，比如可以预测在债务问题解决之后，企业的资金需求需要多少年才能恢复正常水平。但是因为日本从来没有遇到过现在这种类型的经济衰退，所以这种预测就需要经过反复的论证和修改。也就是说，没有任何必然证据支持将 2011 年设定为实现基本财政盈余目标的期限。如果私营部门的资金需求在这个期限之前就已经复苏，政府就应该开始着手推动财政改革；但是如果私营部门资金需求的复苏出现延迟，那么政府就需要推迟进行财政改革。假如日本政府无视实际情况，盲目地实施财政改革，那么我们就会看到 1997 年和 2001 年那种状况重现：经济低迷、税收收入减少、预算赤字不减反增。从这种意义上来说，安倍政府当初提出的“没有经济增长就没有财政改革（也就是说在私营部门的资金需求复苏之前，政府不削减支出也不增税）”的口号是完全正确的。

在资产负债表衰退期间，过多的财政刺激不足为虑

资产负债表衰退的一大特征就是与个人储蓄和企业净偿债额总和相当的通货紧缩缺口。虽然政府可以出面填补这个缺口，但是政府却很难预先推算为了达到这一目的需要借入和支出的资金规模。这是因为陷入困境的企业主管们不会愿意与外界谈论企业的财政窘境，从而使得外界难以明了这些企业面临的资产负债表问题的实际规模，以及它们的偿债速度。

此外，因为政府借贷不足而造成的通货紧缩缺口一旦出现，想要解决这个问题就势必需要付出极大的代价。比如 1997 年，在当时的桥本政府推行错误的财政改革政策之后，日本经济走向崩溃，国内生产总值连续五个季度持续下滑，使得政府预算赤字不仅没有减少，反而增加了 16 万亿日元。

这里的重点在于，当经济遭遇资产负债表衰退时，由于财政刺激不足而引发的问题的严重程度要远远超过财政刺激过多而引发的问题。如果说后者的风险相当于一个人在断腿康复后小心翼翼地拄着棍子走路，那么前者的风险就如同这个人不光没拄棍子，并且还拖着断腿飞奔。总之，经济一旦陷入资产负债表衰退，实施更多的财政刺激政策总比刺激不足要安全得多。

三、走出资产负债表衰退后的利率

税收增长减少了预算赤字，并导致长期利率低迷

一个国家在从资产负债表衰退中抽身时，伴随而来的税收收入猛增也是影响利率的一个重要因素。首先，税收收入的增长有助于抑制长期利率的上升，因为任何事情都是相辅相成的，高税收收入降低了政府对于借贷的需求，从而导致利率下降。如果市场人士关于政府的大型预算赤字将会持续的预测推动了长期利率上升的话，那么当实际预算赤字小于预期规模时，当初所预测的利率就需要修正下调。

正如前面已经提过的，日本财政省在 2003 年公布的中期预算报告中，推算日本在 2005 财政年度的赤字将为 43 万亿~44 万亿日元。但是 2005 年的实际预算赤字为 31.3 万亿日元，比预计的少了 12 万亿日元。而日本政府的税收收入则依旧保持增长。

那些依据 40 多万亿日元预算赤字的预测为日本政府所发行公债进行估价的债券市场人士因此就需要重新考虑最新的情况，调低他们对于利率的评估。因此，这些预期的改变也有助于利率的降低。

预算赤字的减少抵消了私营部门资金需求的增加，并促进长期利率的稳定

虽然当前日本经济持续复苏，城市不动产价格回升，日本央行也中止了零利率政策，日本的长期利率却依然维持 2% 的超低水平。

利率依旧低迷的一个原因是，尽管整体经济已经开始复苏，但是私营部门资金需求的增长仍然非常缓慢，与此同时，政府的借贷

需求也由于税收收入的增长而呈现下降趋势。经济的复苏同时也使得民众终于有了足够的收入可以存入银行，从而促进了个人储蓄的增加。对于众多在长达 15 年的资产负债表衰退期间不得不提取银行存款来维持日常收支平衡的民众来说，现在，他们的首要任务就是恢复他们缩水的储蓄。也就是说，这些民众所做的，与企业正在进行的增加金融资产的行为如出一辙。这也是个人收入和员工招聘的增长没有导致国内消费相应增长的一个原因。个人金融资产和负债情况请参考图 2-9。

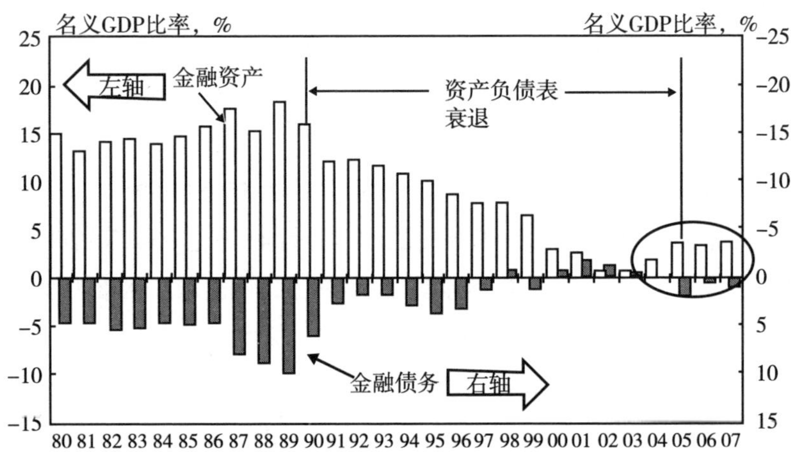

注：2007 财政年度的数值是根据至 2007 财政年度第二个季度为止，连续四个季度的平均值算出。

资料来源：日本银行，《资金循环统计》；日本内阁府，《国民经济计算》。

图 2-9　恢复中的日本个人储蓄

如果由于税收收入和私人储蓄的增加而使得私营部门资金需求的增长等于或低于政府预算赤字的减少幅度，那么从严格的供需关系角度来看，利率就没有上升的必要。总之，当前极低的国债利率显示政府借贷需求减少的规模要远远超过私营部门新增资金需求的规模，这对于整体经济来说绝不是一个好消息。

债务抵触综合征导致低利率

私营部门资金需求增长缓慢的原因在于，许多企业的主管都曾经在过去10年甚至更长的时间里为了偿还企业债务、修补受损的资产负债表而疲于奔命，这些企业主管们很自然地会对负债产生厌恶情绪。这种“债务抵触综合征”使得这些企业在它们的资产负债表问题得到解决，情况已经恢复正常之后，仍然会对增加新的负债持非常谨慎的态度。除此之外，对于这些企业来说，以前必须用于偿债的那部分资金现在可以自由支配，也使它们无须增加新的借贷就可以扩大投资。以上这些因素再加上企业的良好收益，最终使得私营部门的资金需求增长缓慢，而这又进一步阻碍了利率的上升。

如果企业不仅拒绝增加新的负债，并且还把以前用来偿债的那部分资金转做投资，那么就会导致在资金需求疲软的同时，总需求却仍然能够增加。在这种情况下，名义国内生产总值的增长速度就会超过长期利率的增长速度。利率和国内生产总值增长率之间的这种关系一般会持续到企业主管们的债务抵触综合征消除，重新开始借贷为止。

美国也曾经在一场资产价格泡沫破灭的过程中，出现过同样的现象，由于企业拒绝借贷而使利率受到压制。2000年在IT泡沫破灭之后，许多美国企业甚至在它们已经完成了资产负债表清理的情况下依然拒绝借贷。对此，时任美联储主席艾伦·格林斯潘在2004年公开表示了他的惊讶：为何企业不按照经济周期应有的规律行事而依然拒绝借贷。[3]自2003年起，企业对负债的抵触一直将美国的长期利率压制在极低水平，很多时候甚至要低于美国国内生产总值的增长速度。长期利率的低迷反过来又将美国的房地产泡沫期拉长了整整两年，为目前席卷全世界金融市场的次贷危机埋下了祸根。

国内生产总值增长速度超过长期利率的现象也在另外一次资产负债表衰退之后的美国出现过，那场史无前例的经济衰退就是美国大萧条。

比如，从 1946~1959 年，美国名义国内生产总值的平均增长速度是 6.7%，而同期的平均长期利率是 2.8%，短期利率甚至只有 1.8%（如图 2-10）。也就是说，前后花了 30 年的时间，直到 1959 年，美国的综合利率才回到大萧条前 20 世纪 20 年代的水平，也就是平均 4.1%（如图 2-11）。如果考虑到这 30 年跨越了罗斯福新政、第二次世界大战，以及朝鲜战争，而所有这些事件都催生了巨大的政府财政支出，那么这段时期所看到的低利率就突出显示了私营部门借贷需求的微弱。重点在于，在一场资产负债表衰退结束之后，需要等待极其漫长的时间，私营部门的借贷需求才可能得以恢复。

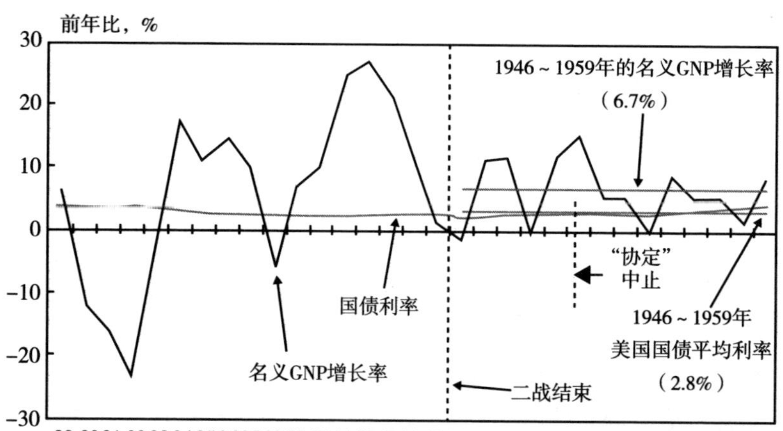

资料来源：美国人口普查局，(1975)，第 224 页；美联储（1976），第一期，第 468~471 页，第二期，第 720~727 页。

图 2-10　当美国走出资产负债表衰退时，名义国民生产总值增长速度超过长期利率

就如那些在大萧条中经历过债务炼狱的美国人，他们永远都不会再考虑借债。

在今天的日本，我们也许会担忧税收收入和个人储蓄的恢复速度将超过私营部门借贷需求的增长速度，进而延缓经济的发展。日本近期的超低长期利率和虚弱的国内需求或许可以表明，这种担忧已经成为现实。

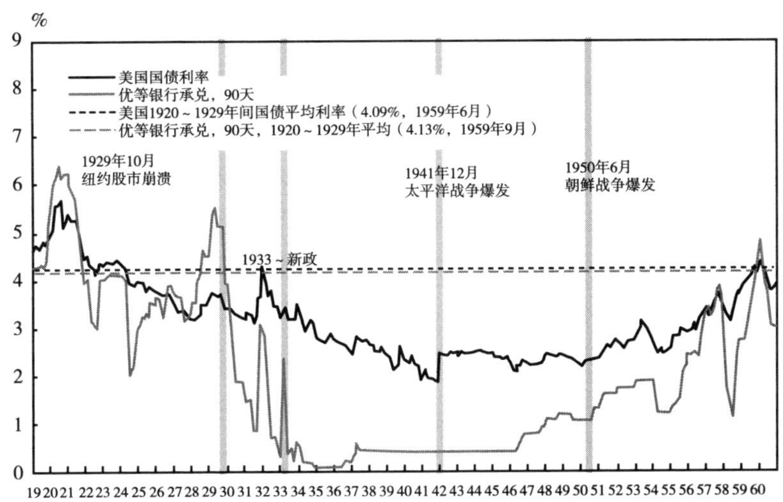

资料来源：美联储（1976），第一期，第450～451页和第468～471页，第二期，第674～676页和第720～727页。

图2-11　美国的利率经历了30年才恢复20世纪20年代的平均水平

利用消费税为社会保障提供资金的优点

前面已经提到过，日本的人口老龄化问题使得削减社会保障支出的政策不再具有任何可行性。关于这一点，日本前财政大臣谷垣祯一在2006年9月竞选自民党总裁时，曾经有过一项非常有意思的提议。他建议将现行的消费税改成专门用于社会保障支出的专用目的税。这项提议是建立在由日本众议院议员、谷垣祯一的选举顾问野田毅之前所提出的一项主张之上的。[4]尽管提议没有受到媒体的关注，但是它为这方面的改革提供了一个很好的思路。

日本的人口老龄化意味着未来社会保障支出的激增，因此对于社会保障制度进行改革就显得刻不容缓。政府把征收的消费税收入用于社会保障支出将有助于缓解公众对社会保障制度未来状况的担忧，这种担忧一旦被打消，消费者就会安心地增加支出、减少储蓄，这对于经济发展来说具有百分之百的正面效应。与此同时，消费税向专用目的税转变也使公众明了，消费税税率将决定社会保障服务的水平，从而有利于推动日本社会保障制度的革新进程。现有的社会保障体系在税收收入与服务水平之间的关系存在不透明性，而这只会助长不负责任的行为。因此上述的消费税改革将使日本的社会保障制度向前迈出一大步。总之，政治家们将这类必需的改革拖延得越久，最终被迫增加的消费税率也就会越高。

利用消费税来增加社会保障支出的另一个好处就是，这样能够解决由财政改革争论引发的两个问题。首先，这将迫使财政改革支持者阵营的人们将注意力集中到削减其他支出，而非社会保障支出上。其次，将消费税和社会保障支出单独建账也有助于终结关于提高消费税税率和削减支出哪一个应该优先实行的争论，使其他财政改革问题能够受到应有的重视。

在这里最需要担心的是，消费税作为专用目的税的性质是否能够贯彻始终。比如汽油税，它本来是几十年前作为道路建设和维护专项基金而设立的，但是现在汽油税的税收收入已经逐步归入一般税收账户之中。

如果日本拥有世界最好的公路系统，这一点倒还可以理解，但实际情况是，日本的许多道路，尤其是在大城市，永远都在承受着交通堵塞的困扰，日本的公路状况要比中国和其他亚洲国家的新建公路差很多，公路运输的高额成本也削弱了日本企业的全球竞争力。与此同时，中国和其他亚洲国家在公路建设投资上的热度依然不减，从而进一步拉大了与日本的竞争差距。

如果政治家们仍旧试图将现有的专业目的税转为一般税收收入的来源，从本质上来说，就是在攫取任何他们能够到手的税收收入，那么公众就会失去对专用目的税的信任，进而导致上述社会保障制度改革的绝大多数优点丧失殆尽。

媒体对于谷垣祯一的这项提议并没有做深入报道，在他本人的竞选手册上，关于这个问题也仅有一行。但这是一个极好的思路，值得深入探讨，尤其是对于日本这样一个人口正在迅速老龄化的国家。

四、要求执行宽松货币政策的呼声显示了对经济衰退本质的无知

定量宽松政策是21世纪最大的金融闹剧

第一章已经探讨了在资产负债表衰退期间货币政策的重要性。然而在过去的20年间，经济学领域完全被货币政策万能的观点所主导。造成这种状况的因素将在第三章中详细探讨。在这里，可以很确定地说，认为货币政策对解决日本所面临问题无能为力的主张，根本不可能被那些持货币政策万能论观点的学者们接受。从1999年前后开始，这些学者就强烈要求日本央行执行定量宽松的货币政策，即使在利率已经下降为零的情况下，依然主张，只要日本央行增加足够的流动性供给，日本经济就会复苏。因为经济状况毫无改善而

早已心存不满的政治家和媒体也加入了这个大合唱中。尽管日本央行费尽全力辩解，这样的做法毫无意义，但是却被当成了耳旁风。在 2001 年 3 月，日本银行总裁速水优终于决定执行定量宽松货币政策。

因此造成的流动性增长在图 1−9 的右上方部分得到了体现。从 2001 年 3 月~2006 年 4 月，日本央行向整个银行系统注入了 25 万亿日元的资金（相当于银行法定准备金的五倍）。然而就如图 1−8 显示的，最终货币供应量的增长只相当于同期政府借贷增长的额度。增加的可利用储备金完全与货币供应量的增长相背离，这是因为早在定量宽松政策实行之前，银行系统就已经保有了过剩的准备金。

在利率为零时央行实行定量宽松政策，就好比一个商贩在每天无法卖出 100 个以上单价为 100 日元的苹果时，决定在货架上摆上 1000 个苹果，当这仍然无效时，再加 1000 个苹果上去。可是只要价格不变，消费者的行为就没有改变的理由，所以即使这个商贩在货架上摆满了 3000 个苹果，这家苹果店的销售量仍然固定在 100 个。这个例子说明了定量宽松政策的本质，最终这项政策既没有带来经济的复苏，也没能阻止日本的资产价格在 2003 年跌入谷底。

有些观点认为，日本经济最近的复苏证明了定量宽松政策的功效。如果这种观点是正确的，那么我们应该看到如下现象：银行利用流动性增加的优势促进了贷款额的攀升，从而使货币供应量得到扩大，最终加速了国内生产总值的增长。但实际情况是，日本国内生产总值的增长是在贷款和货币供应量双双低迷的情况下实现的。日本国内生产总值的扩张一是归功于日本企业在完成资产负债表的修补之后，开始把它们曾经用于偿债的资金转而用于投资，再就是出口的增加。而这两个因素都与日本央行的流动性供给毫不相干。

尽管定量宽松政策没能实现预期的目标，但是对于货币政策的坚定信仰依然在日本和其他国家的经济学家们当中经久不衰。对于这些经济学家来说，定量宽松政策并没有失败，而是做得还不够。按照这种观点，如果将商业银行的超额准备金推高到 25 万亿日元还不能奏效的话，那么就应该继续增加到 50 万亿，甚至 100 万亿日元。

为了避免冗长的讨论，我们可以想象一个住院的患者，她正在按照医生所开的处方服药，但是却没有像她的医生所预期的那样产生作用。当病人将这个情况报告给医生时，这个医生让她把药量增加一倍。可是依然没有作用。于是医生就让她把药量增加到四倍、八倍，最后甚至 100 倍，但最终依旧是徒劳无功。这个时候，任何头脑正常的人都会得出结论，这个医生最初的诊断是错误的，患者患的是另外一种病症。同样，今天的宏观经济学理论假设私营企业在任何时候都追求利润最大化，也就是说，在利率足够低的情况下，企业都会愿意借贷来进行投资。因为企业战略永远都是前瞻性的，所以经济衰退只是由于货币供应在中央银行或者商业银行的某个环节出现问题所致。换句话说，所有经济衰退的根源都在于资金的供应方或者放贷方。

实际上，借贷方，而不是经济学家们所主张的放贷方，才是日本经济大衰退的主要根源。当借贷方多于放贷方时，日本央行作为资金的最终供应方自然可以有所作为。可是当借贷方根本就不存在时，日本央行的任何举措都会显得回天乏力。

凡是在日本金融机构工作过的人都能认识到日本遭遇的是借贷方不足的困境，这也是利率持续低迷如此之久的根本原因。但是学者们却没有多少机会能够“脚踏实地”地了解情况，因此也就难以理解日本经济的真实状况。而包括在世界货币基金组织工作的那些外国经济学家们更是远离日本金融市场，无法理解在日本经济中居然无法找到具有借贷意愿的借贷方。正是由于对实际状况的无知，世界货币基金组织才会劝说日本央行继续执行定量宽松政策。

在这里顺便提一下，就如同世界货币基金组织在 1997 年力主实行财政改革，结果将日本推向了经济崩溃的边缘一样，日本经济的真实状况与世界货币基金组织的专家的想象之间存在着巨大的落差。1996 年有一组世界货币基金组织的代表来访问我，他们就财政整顿问题和我进行了讨论。我当时明确地告诉他们，他们不应该劝说日本政府执行财政整顿政策，如果他们这样做了，而日本政府又听从了他们的建议，那么日本经济几乎肯定将会崩溃。尽管世界货币基金组织的这个团队倾听并记录了我的忠告，但他们还是建议日本政府推行财政改革。1997 年的经济混乱发生之后，这个团队再次来到了我的办公室，为他们的错误而道歉说："我们对日本大众感到抱歉。"[5]在此之前，我不记得世界货币基金组织曾经为它的政策失误进行过任何哪怕是私下的道歉。

然而不幸的是，世界货币基金组织负责日本事务的部门总是在不断地进行人员更迭，因而让这个部门最终又回到传统经济学派的影响之下。当然这也不足为奇，资产负债表衰退这个概念没有出现在任何一本经济学或者工商管理学教科书上。世界货币基金组织那些对日本没有亲身接触的新任专家们，只能运用他们在大学里学到的知识来试图理解日本的状况。结果，世界货币基金组织的每一次人事变动都将它对于日本经济的了解重新归零。

日本央行最终于 2006 年放弃了零利率和定量宽松政策。这个决定是因为从 2005 年后半期开始，由于出口增加以及日本企业资产负债表问题的解决，日本经济的真正复苏终于登上了舞台。如图 1-2 所显示的，私营部门净借贷需求上升到了正区域，这就表示日本经济终于回到了经济学教科书所描述的世界。日本央行在 2006 年 3 月结束了定量宽松政策，又在同年 7 月中止了零利率政策。尽管这些决定在学术界和媒体掀起了轩然大波，但是在私营部门借贷几乎不存在的情况下，对于整体经济并没有产生太大影响。总之，读到这里，读者就应该已经明了，定量宽松以及其他货币政策对于日本经济的复苏并没有产生过任何作用。

正是因为没有借贷需求才产生过剩准备金

如果这些货币政策并没有什么影响力，那么为何日本央行又要坚持立即放弃它们？之所以做出这样的决定，是因为私营部门又重新开始借贷。在这样的情况下，银行系统内泛滥的流动性导致日本央行承担着由商业银行支撑的信贷无限膨胀的风险。

正如我们已经指出的，银行必须留存一定比例的资金作为准备金。比如在法定准备金率为10%时，当一家银行收到100日元的存款后就必须留下10日元，然后才可以把其余的90日元借给其他客户。换句话说，10日元的准备金支撑着100日元的储蓄和90日元的贷款。

在执行定量宽松政策期间，大约有25万亿日元的超额准备金被注入整个银行系统。虽然银行可以依据这些储备金来发放贷款，但是对于支撑现有货币供应量和放贷量来说，只需要5万亿日元的法定准备金就足够了。理论上来说，追加的25万亿日元准备金可以支撑超过现状6倍的货币供应量。而货币供应量5倍的增加又会导致价格五倍的上涨。对于一个以控制通货膨胀为目标的中央银行来说，这种局面是必须避免的。因此，日本央行一旦确认了私营部门借贷的回升，就立即决定中止执行定量宽松政策。

只要没有借贷需求，再多的定量宽松也不会殃及经济发展。但是这项政策如果在借贷重新升温的情况下依然不变的话，那么就会导致危险的超高货币供应增长和通货膨胀。因此，日本央行一发现借贷额开始增加，就立即开始着手清除过剩的流动性，努力使其恢复正常状态。对于正常的中央银行来说，这样的反应恰如其分。

定量宽松政策的解除不等于金融紧缩政策

为了执行定量宽松政策，日本央行需要向市场提供流动性。这个过程是通过央行购买商业银行持有的国债，并将交易资金存入这些商业银行的经常性账户来实现的。这个过程不断重复，直到商业银行经常性账户中的总额达到 30 万亿日元。如果要中止这项政策，就必须将这个过程颠倒过来执行。理论上就是，央行通过向商业银行销售国债来吸收它们经常性账户中的过剩资金。

出售国债一般会造成其价格下跌，以及利率上升。然而在现实中，中止定量宽松政策的执行并不意味着一般意义上的货币紧缩政策。在一个标准的紧缩状态中，央行通过向商业银行发售国债来清除流动性，减少流通中货币的数量以应对经济过热。换个角度来说，商业银行的目标就是通过将所持有的流动性降低到法定最低规模，以便手中的资金能够最大限度地用于放贷和投资，从而实现收益的最大化。在这种前提下，商业银行手中不会有足够的资金用来从央行购买国债，所以它们的唯一选择就是通过出售其他资产来募集资金。在某些情况下，商业银行甚至可能会考虑借贷。因此当央行开始向商业银行发售国债时，就会促使这些银行出售其他金融工具，在整体上造成金融资产价格下降（并因此使得利率上升）。这个连锁反应具有一定的效果，可以用来冷却过热的经济。

但是在日本此次中止定量宽松政策时，日本央行打算清除的 25 万亿日元过剩资金就静静地沉睡在商业银行的经常性账户中，并且还没有任何利息。因为找不到借贷方，商业银行对于这笔过剩资金也无计可施。所以当日本央行要求这些银行购买 25 万亿日元国债时，对于这些商业银行来说，资金正好都是现成的。

因为商业银行无须另外募集资金来购买国债，所以这项行动就不会像其他金融紧缩政策一样具有负面效应，也不会造成利率的明显上升。日本的定量宽松政策——15 年经济衰退期间的一场大闹剧，最后就这样灰飞烟灭，了无痕迹。

紧缩不会影响金融市场

2006 年 7 月，日本央行结束了零利率政策，将短期利率调高到 0. 25%。2007 年 2 月，再次将政策性利率调升至 0. 5%。但是这些利率调整似乎并没有对日本经济产生太大的影响，这是因为私营部门的借贷需求与以前相比虽然有所增加，但是整体依然低迷。

政策性利率的调整主要是通过两个渠道来影响经济：已经借贷的方面和正打算借贷的方面。但是因为当前的现实是，这两方面的数量都极其有限，所以即使提高了利率，所产生的影响依旧是微乎其微。

不过，从金融市场的角度来说，中止零利率政策具有重要影响。因为一个零利率的世界与一个极低（但是依然为正值）利率的世界存在着显著的差异。

这种差异就如同两家性质不同的餐厅：一家是普通餐厅，另一家是自助餐厅。当食物的边际成本为零时，来进餐的顾客们当然会倾向于放开肚皮大吃一顿。可是一旦食物的边际成本为正值，那么不管这个数额有多小，对于大食客们来说依然存在着相对的风险。在金融世界里也是同样的道理。当资金的成本为零时，风险意识自然会变得松懈，机构主管们会募集在正常情况下绝对无法接受的资金额进行投资。但是一旦资金有了边际成本，那么他们就会避免进行同样的投资，资金流量也随之趋于正常。

在企业债券市场中，信用价差也紧随着 2006 年 7 月的利率攀升而被拉大。信用价差，简单来说就是不同信用评级债券之间的回报率差。比如，一只信用评级为“AAA”的企业债券的回报率为 2.5%，而另一只信用评级为“AA”的企业债券回报率为 3%，那么，这两者之间的信用价差就是 0.5%。在日本实行零利率政策期间，信用价差跌到了非常低的水平，也就是说，资金的零成本导致了异常宽松的借贷标准。当日本央行在 2006 年 7 月提高了政策性利率后，信用价差立刻随之扩大，这就表示市场开始按照风险程度来要求回报。

显然，2006 年 7 月的利率上调对于信用价差以及金融市场的其他方面所造成的影响要大于对实际经济造成的影响，但是这种调整对于经济正常化进程来说是不可或缺的一部分。唯一的问题是，日本的低利率持续了如此长的时期，致使许多市场人士——尤其是年纪较轻的人从来就没有经历过利率上升的时期，他们中的一些人甚至根本就没有考虑过这样的可能性。这种情况就为市场将来可能的混乱埋下了隐患，对此需要日本央行在推动利率正常化进程的同时，对这些问题也提出相应的对策。

整体物价稳定下的局部房地产价格上升

日本央行最近面临的一个问题是，在当前日本整体物价仍然徘徊于低迷状态的情况下，一些地区的房地产价格却已经开始出现了显著的回升。某些特定资产价格与整体物价背道而驰的现象，对于任何一家中央银行来说都是一个极大的难题，就如在 20 世纪 80 年代后期，平成泡沫期间凸显出来的问题一样。当时由于 1985 年 9 月 22 日日美《广场协议》的签订导致日元大规模的升值，从而造成了日本物价的整体下降，尽管如此，日本的资产价格却迅速飙升。对于这种现象应该采取的正确措施是：一方面按照整体物价的变化趋势进行利率调整；另一方面向银行派遣政府巡视员，督促私人银行认真严格地维持贷款价值比率，并且不要在有泡沫现象的领域涉入太深。比如，他们可以监督银行不要向位于东京的特定类型的房地产项目提供过多贷款。在必要的时候甚至进行严厉的劝诫也在所不惜。

简而言之，这种思路就是保证宏观层面的利率政策与整体经济的价格水平相适应，与此同时，对于局部发生的投机现象则由银行巡视员来具体问题具体解决。日本央行从 2005 年开始实施这样的政策。只有当这种方式不再能够防止大规模投机风潮的发生时，才应该开始执行利率调整政策。

如果这种措施是正确的，那么为什么平成泡沫还会发生？日本央行在 1980 年末期也的确派遣了巡视员去向银行主管们警告已经开始显现的问题，但是却收效甚微。因为作为放贷方的银行一口回绝了日本央行的警告，并且反过来质问为何它们不能向房地产——一种在过去 40 年里价格从未下跌过的资产提供贷款。日本央行的巡视员们自己也发现，面对这些无可否认的记录，他们也很难提出令人信服的证据予以反驳。一些巡视员或许可以辩解说，房地产价格持续上涨了 40 年并不意味着在第 41 年还会上涨。但是这个主张在当时那种弥漫着过度自信的氛围中根本没有说服力，银行依旧为不断升值的房地产提供贷款，直到最后局面完全失控。

然而到了今天，日本央行的声音已经因为过去这些年的教训而加重了分量。20 世纪 80 年代的苦涩回忆使得现在的银行巡视员们也更加积极主动。而作为放贷方的银行，因为刚刚度过受尽不良贷款煎熬的 10 年，所以也不会再对日本央行的警告装聋作哑。

小泉的改革对日本有益吗

一些人认为，不顾一切要在日本推进结构改革的小泉纯一郎前首相的离任，将使日本的改革脚步放慢，进而延缓日本经济的复苏。还有些人担忧，由于这场改革的旗手竹中平藏退出了政坛，这也将导致政府在改革进程中的倒退。

然而值得高度怀疑的是，小泉和竹中是否应该由于日本经济的复苏而受到感谢。如果像他们所主张的，日本经济的症结在于日本的银行系统，那么经济趋势的走向就应该是：在当前日本银行已经将不良贷款处理完毕之后，借贷就会随之增加，货币供应量也开始上升，从而最终启动经济的复苏。

但是实际情况却并非如此，日本经济的重振完全是在贷款和货币供应量的增长都极其缓慢的情况下达到的，这就说明经济形势的好转另有原因。日本经济复苏的首要原因就是企业终于清理完了它们的资产负债表，另一个原因则在于出口——尤其是向中国和东南亚市场出口的高速增长。

2002 年 9 月，在被任命为经济财政政策担当大臣之后，竹中平藏马上在银行部门发起了被称为“竹中冲击”的改革。当时的日本企业正忙于修复它们的资产负债表，全日本的企业年间需要清理的债务总额高达 30 万亿日元，根本没有余力再去寻求贷款。在私营部门的资金需求为负的现实条件下，完全没有理由急于进行银行改革。所谓的竹中冲击最终造成日本全国包括股票在内的资产价格全面下跌，进而阻碍了企业清理资产负债表的进程，而这才是日本经济衰退最重要的根源。

此外，在当时私营部门没有任何资金需求，只有政府部门在借贷的情况下，也没有必要急于将日本的邮政系统民营化。当时日本的经济和货币供应都是依靠政府部门的借贷和支出来支撑的。因此，在这种情况下，政府部门的职责就是以尽可能小的代价吸收私营部门的过剩储蓄，也就是将最终需要纳税人买单的各项经济刺激措施的成本压低。而日本的邮政系统正好一直扮演着这个角色。因此，政府应该等到企业资产负债表完全修复，私营企业重新开始借贷之后，再实行邮政系统民营化的改革也为时不晚。

总之，日本经济的复苏与竹中的努力完全无关。事实上，就如同他关于递延所得税资产的决策完全没有考虑到美日税法间关于不良贷款的差异，结果导致了大规模的混乱一样，竹中的许多政策其实对日本经济造成了严重的负面影响。[6]

来自结构改革进程的教训

关于结构改革这个宏大的论题，不管是日本还是外国媒体都在竭力宣称，改革进程一旦停滞，就会损害日本在外国投资者心目中的形象，引发抛售日本股票的风潮。但是对于这场改革的实质，我们需要进行更加深入的思考。比如，结构改革是在 1997 年，在桥本龙太郎首相宣布包括前面所提过的财政改革在内的“六大改革”宣言之后，才开始成为公众关注的焦点。日本和外国媒体很快就达成一致，为这一宣言大唱赞歌。但是最终结果却是外国投资者们用脚投票，从 1997 年年初开始抛售日本股票，掀起了从日本撤资的狂潮。

桥本首相在 1997 年 1 月宣布他的财政改革政策时，我正好去伦敦出差，当时英国投资者们对于日本股票的主流看法是：“日本经济是靠政府支出支撑的。现在政府宣布将减少财政支出作为财政整顿计划的一部分，这就再清楚不过了，日本经济将要走下坡路。所以你为什么还要让我去买日本股票?”当时从日本出逃的投资基金数额非常之大，以至于出现了一个新的词汇“Nihon Uri（抛售日本）”

来形容这种现象。正如这些投资者们所预料的，1997 年的消费税增加导致了经济灾难，日本经济连续五个季度持续倒退。改革本身没有办法让那些购买日本股票的投资者们信服，不管他们是外国人还是日本人。对于这些投资者来说，关键的问题是：日本经济能否保持在一个稳定发展的轨道上。[7]

与此同时，新闻工作者们又完全是另外一回事。他们中的许多人希望通过结构改革来改变旧有的经济构造。他们怀揣一种优越感，自以为无所不知，要为日本经济勾画一幅理想蓝图。这种喜欢扮演上帝，爱替政府的结构改革制定“正确规划”的倾向，在美国和英国的新闻工作者当中尤为明显。但是那些用自己的钱来投资的投资者们可没有工夫理会这些自大的家伙，他们必须时刻根据市场的实际情况来做出谨慎的投资决策。总之，这些投资者不会有兴趣在一个用不切实际的改革来动摇自身根基的国家进行投资。

注　释

1. 之前的五年亏损递延期限随着 2004 年的税法修正被延长到 7 年，适用于从 2001 年 4 月 1 日之后的财政年度

2. 财政省（2003）

3. 彭博社（2004）

4. 详细请查阅野田（2004）

5. 辜朝明（2001a），第 78 页

6. 关于这次不幸的混乱请参阅辜朝明（2003），第 174~178 页

7. 详细请参阅辜朝明，第 152~160 页

第三章

美国大萧条就是一场资产负债表衰退

一、经济学家们为何忽视资产负债表衰退

企业负债最小化：被长期遗忘的可能性

到这里，我们已经做好准备，要“深入虎穴”，去找寻失落的圣杯。在第一章开篇就已提到，迄今为止，所有关于日本以及美国大萧条的学术论述都建立在同一个绝对假设之上。它们假设那些导致经济脱离正常轨道的外部冲击的性质并不十分重要，因此认为，即便在受到外部冲击之后，受其影响的经济行为者的既定目标也不会改变。

而资产负债表衰退这一概念却主张：特定的外部冲击会从根本上改变企业或个人的行为目标。尤其是当一个国家整体资产价格出现下跌时，就会迫使企业将它们最优先的目标从利润最大化转变为负债最小化，以修复受损的资产负债表。而这种行为转变反过来又会导致比一般经济衰退更加严重的后果。这一章将要阐明，在美国大萧条时代所发生的通货紧缩和流动性陷阱，都是由于 1929 年股市崩溃之后企业目标的转变所致。第四章和第五章则将继续阐明，企业的负债最小化目标及其对总需求和货币供应量的影响是长期被忽视的，能够将宏观经济学自 20 世纪 30 年代末期以来出现的各类理论统一起来的关键。

传统经济学和商科教科书都很少提到企业大规模地追求负债最小化，而非利润最大化的可能性。即便是叛离了新古典主义经济学阵营，提出总需求这个概念，试图通过资本边际效应的转移来解释企业行为的凯恩斯（1936），为了让自己的观点站得住脚，也不得不假设企业的目标就是为了追求利润最大化，最终又回到了新古典主

义经济学思维的窠臼。[1]欧文·费雪（Irving Fisher，1933）在一篇发表在《计量经济学》杂志上、关于债务通货紧缩的著名论文中，用大量篇幅探讨了负债累累的企业偿债的现象。但是他没有意识到偿债对于降低总需求所产生的直接作用。他认为企业为降低负债采取的廉价抛售行为加剧了通货紧缩，而这将导致实际（去除了通货膨胀的影响之后）负债的持续上升。费雪没有考虑到企业在零通胀和零利率下依旧坚持偿债的情况。关于资产负债表衰退与费雪的债务通货紧缩之间的区别，本书将在第五章的最后部分进行更深入的探讨。

本·伯南克（1983）在他提出的"金融加速器"理论中曾提到资产负债表问题，按照他的说法，在经济衰退期间，资产价格的下跌将损害银行判断企业资产负债表状况的能力。这就使得银行不愿放贷，进而加剧经济困境。但是他的这一理论将焦点聚集在了放贷方，而非借贷方身上。

作为借贷方现象的流动性陷阱

在一场资产负债表衰退中，企业将工作重心放在负债最小化，而非利润最大化上，以应对资产价格的急剧下跌。这就改变了经济对于作为标准工具的财政和货币政策的回应。尤其是在私营部门借贷不足的情况下，货币政策的效用将大打折扣。更准确地说，在私营部门没有借贷意愿时，利率就失去了其作为将个人储蓄导入企业投资的沟通渠道的传统作用，最终导致这部分资金被闲置。总之，身负巨额债务的企业不管利率多低都不会有兴趣再增加负债。

这个结论与经济学界的主流共识产生了尖锐的抵触，主流经济学理论认为，在应付经济波动上，货币政策要比财政政策更加有效。这个共识建立在1945年之后全球经济的实践经验以及对政策传导理论的认识之上。就如多数先进国家曾经实行的，从 20 世纪 40 年代~70年代，凯恩斯主义者们试图运用财政政策来调控这些国家的经济变化。这场全球范围的实验开始于20 世纪40 年代末期，当时的经济学家们亲眼见证了从美国大萧条到第二次世界大战结束的这段时期财政刺激政策的惊人力量，因此他们坚信，正确的财政政策可以扭转任何形式的经济衰退。

但最终结局却是，尽管这些经济学家和政策制定者们付出了最大的努力，他们的财政政策却只导致了通货膨胀、高利率、私营部门投资挤出以及资源的不当分配。20 世纪 70 年代由于财政政策不当造成的通货膨胀加上两次石油危机的爆发，促使经济学家们开始重新探讨货币政策的重要性。随后在美国和英国进行的供给改革致力于建立一个尽量减少市场干预的小政府，这也加速了对财政政策的摒弃，因为财政政策本身需要一个强有力的政府做后盾。此外，在通货膨胀形势下，对经济行为者行动和愿望进行分析的需要也推动了理论界向新古典主义分析体系的回归。

货币政策再次受到关注，加上从 1945 年到 20 世纪 70 年代期间财政政策的不良记录，促使学术界在过去 20 年中对美国大萧条进行了重新检验。受 1945~1970 年财政政策拙劣表现的影响，学术界逐渐开始认为，财政刺激政策对于帮助美国走出大萧条阴影的作用被夸大了。总而言之，是美国大萧条本身推动了整个经济学界向凯恩斯主义财政政策的转变。

作为这场再检验的结果，许多经济学家得出结论，认为 20 世纪 30 年代的大萧条完全可以通过正确的货币政策加以避免，尤其是如果这些货币政策能够在危机初期就得到执行的话。并且，与 20 世纪 40~70 年代在课堂上所宣讲的完全相反，现在的主流经济学家相信，让美国经济从大萧条中复苏的，是货币政策，至于罗斯福新政中的许多财政刺激措施则根本没起到多大作用。

但是在一场资产负债表衰退中，企业会在外界分析人士发觉其资产负债表问题之前，迫不及待地尽快将自己的负债降低到可以接受的水平。对于这些企业来说，不到走投无路的地步是不会想到再去借贷的。因此，企业不再对诸如降低利率之类的金融措施做出反应。此外，企业还将停止将利润投入再生产，也不再从个人储蓄部分借贷。企业的这一系列举动最终导致总需求降低，整体经济被削弱。

当总需求的降低造成经济滑坡时，中央银行通常会通过降低利率来实行宽松的货币政策。但是在发生资产负债表衰退时，由于企业此时的焦点都集中于负债最小化，因此整体经济对于央行的这些举措就会无动于衷。在持续推出的金融措施依然无法扭转经济颓势后，中央银行就开始惊慌失措，最后将利率调低到近乎于零的程度。可是即便如此仍然毫无效果，经济陷入了经济学家们所谓的流动性陷阱。

经济学理论将流动性陷阱描述为这样一种状态：利率降低至债券完全等同于货币（现金）的程度。此时，资金供应方会因为利率过低而选择继续持有货币，而不是以购买债券的形式将手中的货币借给企业。由于这些资金不再被用于投资，所以接下来不管怎样降息都无法刺激投资和经济的增长。在传统经济学领域，将这种由于利率过低而造成的对于货币的喜好称为“投机性货币需求”（Speculative Demand For Money）或者也可以叫做“流动性偏好”（Liquidity Preference）。换句话说，流动性陷阱是导致部分借贷方行为转变的根源。正是因为相信日本陷入了这样一种流动性陷阱，所以斯文森（Svensson，2003）才会发表论文，主张日本央行应该通过提供资金来阻止货币（现金）替代债券。

这种以放贷方为中心的观点的一大缺陷是，它无法令人信服地解释清楚为什么在利率降至如此之低的情况下，整体经济却毫无反应。要知道从1991~1995年，日本的短期利率下调了800个基点而经济却没有任何显著的改变。还有一个问题是，为什么日本经济和资产价格在20世纪80年代末期对低利率反应强烈，而仅仅在数年之后，面对同样低的利率时却无动于衷？

然而，只要我们换个视角，将流动性陷阱看做借贷方行为转变的结果，一切问题都将迎刃而解。日本经济在泡沫期之前和泡沫期之后的关键区别就在于企业资产负债表实际状况的改变。在泡沫期之前，日本企业拥有状态良好的资产负债表，以及为全世界所羡慕的信用等级。那时的企业领导者们目光超前，对于日本央行的利率调整反应迅速。然而在经济泡沫破灭之后，千疮百孔的资产负债表和大幅贬值的企业资产迫使他们变得保守和小心谨慎，并且开始将企业的首要任务定为削减债务。在这种大环境下，任凭日本央行实行怎样规模的货币宽松政策，都无法说服企业增加借贷。所以，造成流动性陷阱的真正原因在于借贷方行为的改变，而非放贷方。

当企业在为负债最小化而奋斗时，它们不仅会将利润用来偿债，而且还会停止从个人储蓄部分借入资金用于再生产。这就进而造成了通货紧缩缺口。经济一旦开始低迷，中央银行就会下调利率，但是由于负债沉重的企业已经对扩大投资失去兴趣，因此，整体经济对央行的举措毫无反应。最终，惊恐万分的央行将利率下调到最低点，但是依然没有任何效果，于是媒体开始报道经济陷入了流动性陷阱。其实这个陷阱早在企业开始追求负债最小化时就已经形成了。

现在我们就能够了解，利率水平和流动性陷阱之间毫无关联。实际上，这个陷阱在企业将其目标从利润最大化转移到负债最小化的那一刻就已经出现。并且，企业的这种行为转变可以在任何利率水平时产生。比如在 1993 年前后，当日本企业开始将它们的首要目标转移到负债最小化时，当时日本的短期利率高于 3%，长期利率高于 4%，这使得日本央行拥有足够的空间来进行利率下调。然而，日本央行施行的金融措施却无法发挥作用，因为许多日本企业早在此之前就已经开始清理负债，从而使得企业借贷额急转直下。这就解释了，为什么日本经济在利率从 8% 下调至 0.5% 的四年间毫无作为。

日本央行于 2001 年开始实施的积极定量宽松政策让短期利率下降为零，并使得 2003 年的 10 年期国债利率跌至有史以来最低的 0.4%。但是即便如此，也没有出现如投机性货币需求或者流动性偏好理论所预测的，资金从债券向现金转移的现象。这个例子说明，流动性陷阱与现金投机需求或者债券现金完全替代性之间毫无关系。可以说，流动性陷阱完全是由于借贷方，而非放贷方行为的转变所致。[2]这一发现也证明了，传统经济学教科书中关于流动性陷阱的所有解释都是错误的。

独立货币政策的消亡

货币政策的有效性需要建立在与货币流通总量关系稳定的基础之上。但是一旦作为借贷方的企业转向追求负债最小化，那么这种稳定关系就会如图 1-9 所指出的那样完全破裂。在一个经济体中，当所有人都从银行账户中取钱还债时，货币创造乘数最终将变为负值，这是因为储蓄的下降就意味着货币供应量的下降。如图 1-8 所指出的，如果不是因为政府借贷的增加抵消了私营部门的偿债，那么日本的货币供应量早就已经缩小了。

同样的结论也表现在图 3-1 中，这张图将日本银行系统 1998 年 7 月的资产负债表和 2006 年 7 月的做了比较。由储蓄代表的货币供应量对于银行来说就表示负债。当货币供应量增加时，银行的资产也必然会同时增加。从这两点上对银行资产进行的观察表明，政府借贷的扩大阻止了货币供应量的减少，即使当私营部门贷款下降时也是如此。在私营部门集中精力偿债时，只有公共部门的借贷和支出才能阻止经济活力和货币供应量的同时萎缩。

图 1-9 显示，假如日本政府当初没有扩大借贷和支出，货币供应量将会缩小 37%。图 3-1 进而清楚地表明，如果日本政府不采取扩张性的财政政策，任凭货币供应量由私营部门单独决定，那么在 1998 年 7 月~2006 年 7 月，日本的货币供应量将减少大约 100 万亿日元，假如再加上由于这种收缩而造成的累积通货紧缩的影响，那么减少的货币供应量总量还要远远超过 100 万亿日元。

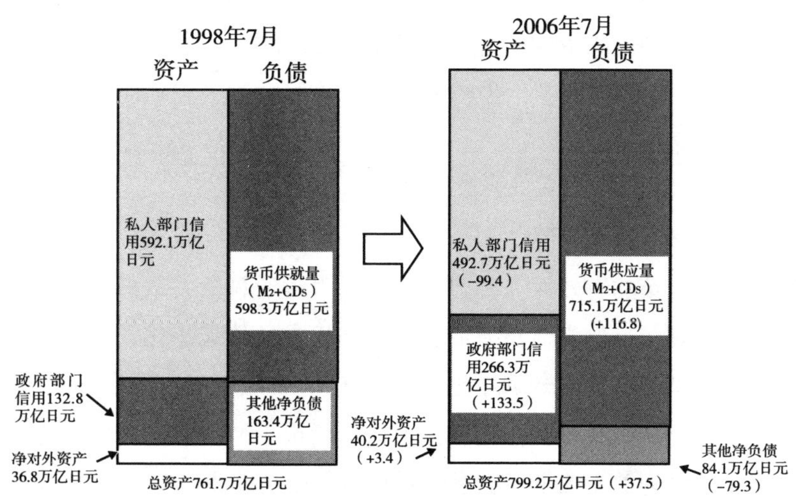

注：(M_2+CD_S) 包括现金、活期储蓄、定期储蓄、存款证等的总额；
私人部门信用包括私人部门借贷、公司债券和股票；
政府部门信用包括中央和地方政府发行债券；
银行包括日本银行、日本国内银行、外资银行在日支行、信用金库、农林中央金库、商工中金、信金中央金库等。
资料来源：日本银行,《货币供应》。

图 3-1　日本银行的资产负债表

简而言之，当私营部门没有资金需求，经济处于资产负债表衰退期时，单独的货币政策将会失去作用。因为在这种经济状况下，不管中央银行注入多少流动性，货币供应量都只会随着财政政策的扩张而增加，随着财政政策的收缩而减少。因此，在企业为了偿债而疲于奔命时，政府就必须修改财政政策来阻止货币供应量的收缩。

政府对私营部门投资的挤出效应是财政政策最大的副作用，但是这种现象并不会在上述情况下发生，因为此时的私营企业都在集中精力偿债。大量的公共支出也并不会导致无效的资源分配，因为没有被政府部门利用的资源最终也会被束之高阁，而对于资源分配来说，这才是最坏的结果。

恶性循环通货紧缩的原理

作为经济学的一个传统理念，企业都以利润最大化为目标这一假定默认这些企业全都拥有健康的资产负债表。利润最大化设定企业：

$$\text{资产} - \text{负债} > 0 \tag{1}$$

然而在现实世界中，这个不容置疑的设定却经常在全国性的资产泡沫破灭之后被推翻。这时，企业的资产负债表显示：

$$\text{资产} - \text{负债} < 0 \tag{2}$$

这时，企业的首要目标就将转变成负债最小化。一旦这种转变出现，企业就不再从个人储蓄和企业的净偿债额中继续借贷。作为结果，整体经济每年将丧失与个人储蓄和企业净偿债额总和相当的需求。总需求的持续降低，最终会将经济推入恶性循环通货紧缩的旋涡。

假如不加以制止，这种紧缩过程就会持续下去，直到私营部门收入减少到无钱可存的窘境。就如第一章举过的例子，收入会从1000日元到900日元，再到810日元，729日元这样一直递减下去，整体经济最后将到达一个点，在这个点上，私营部门已经没有收入可以用于储蓄。假设这个点为500日元，那么所有这500日元收入都将用于支出，没有一分存入银行，于是经济最终陷入一种紧缩均衡状态，也就是通常所说的经济萧条。

一个国家陷入恶性循环通货膨胀的原理可以表示为：

$$GDP_t = GDP_{t=1}\ (1-S-R)^t \quad (3)$$

在这里 GDPt=1 是最初或者泡沫顶峰期的国内生产总值，S 是个人储蓄，R 代表的是企业净偿债额。S 和 R 都以相对于国内生产总值的百分比来表示。在普通经济学著作中，R 一般以负值的字母 I 来代替，I 代表的是投资。在这里之所以用字母 R 表示，是为了强调其代表的是偿债。第一章所列出的，经济从1000日元到900日元，再到810日元不断萎缩的例子，可以在将 GDPt=1 设为1000日元，R 为0，S 为0.1的情况下，通过公式（3）来加以证明。

在通常环境下，企业都是以利润最大化为目标，R 将由对利率敏感的正 I 来代替，并且金融机构会通过利率调节来确保所有个人储蓄 S 都被企业借走并用于投资。金融机构的职能就是防止经济陷入公式（3）表示的那种恶性循环通货膨胀。然而，当企业以负债最小化为目标时，R 就不再对利率做出反应，于是利率调整也就无法再发挥确保储蓄等于投资的作用。

事实上，S 和 R 都会随着时间的改变而改变。例如，当经济处于紧缩均衡状态时，个人不再有任何余钱可用于储蓄（S=0），企业也没有利润来偿债（R=0）。这时，紧缩就会结束，经济状况也归于稳定，虽然此时的经济活力异常消沉。

因为S和R都容易产生变化，而政府和外部因素同样能够在这种类型的衰退中发挥重要作用，因此，对于恶性循环通货膨胀的更精确的表述就可以表示如下：

$$GDP_t = GDP_{t=1}\Pi\left(1 - S_i - R_i + G_i + EX_i\right) \quad (4)$$

这里G代表政府支出（净税收收入），EX是净出口，都以相对于国内生产总值的百分比来表示。公式（4）表明，当外部因素平衡时（比如EX=0），为了稳定经济，政府借贷和支出G的规模必须足以抵消S和R。这也正是福井总裁在表2-1的对话中试图向本间教授解释的内容。

伴随着全国性资产价格泡沫的资产负债表衰退并不经常发生。然而它一旦出现，传统经济政策的应对方法就会变得无能为力，甚至帮倒忙。这意味着现有经济学理论体系中的某些关键部分必须改变，以适应这种现象。尤其是在一场资产负债表衰退中，亚当·斯密所谓的“看不见的手”完全是从相反的方向将经济推入紧缩均衡之中。

在1990年，平成泡沫的最顶峰，日本的企业部门借入并支出了相当于国内生产总值9%，也就是41万亿日元的债务（图1-5）。但是在1998年，企业已经变成了净储蓄者，等到了2003年，企业的净偿债额已经达到相当于国内生产总值9%的44万亿日元。换句话说，在这段期间，全部转换金额高达85万亿日元，也就是18%的国内生产总值。相当于国内生产总值18%的总需求的丧失，足以把任何国家推入衰退状态，即使没有演化成彻底的经济萧条。

然而，即便企业正在进行负债最小化的过程中，企业主管们也不会主动向外界提供这类消息，尤其是在企业的净资产值为负或基本为负的时候。对于将钱借给这些企业的银行来说也是相同的心态。与此同时，标准的金融和财政政策在推动经济复苏上的明显失败也使得一般公众，包括许多经济学家都得出结论，认为根源出在结构问题上。这种错误的结论造成了过去这些年中，在日本和德国出现的对于徒劳政策的广泛争论。

但是现在日本和德国的经济已经开始复苏。假以时日，企业创造的利润终将会修复它们的资产负债表，重新回到教科书所教授的利润最大化的模式上来。因此这只是时间问题，而非结构问题。同时，企业依旧会保持低调，尽可能迅速和隐秘地偿还债务，以避免引起外界对它们的资产负债表的注意。这就是自从 1990 年资产价格泡沫破灭以来，日本企业一直所处的状态。同时，这也是自 2000 年 IT 泡沫破灭以来，全世界许多企业的状态。

二、作为资产负债表衰退的美国大萧条

关于美国大萧条的最新研究发现

在流动性陷阱和恶性循环通货膨胀的真正原因已经解明的前提下，我们就可以开始探讨它们与美国大萧条的关联。在遭遇资产负债表衰退时，单独的货币政策将失去效力，甚至连货币供应量规模都将由财政政策左右的这种观点，与经济学家们过去 20 年中关于美国大萧条的研究互相抵触，这项研究使得当今的经济学家们都认为货币政策具有无与伦比的威力。要跨越这两种观点之间的鸿沟，只有两个办法，要么证明过去 15 年中货币政策在日本确实发挥了效力，要么证明美国大萧条也是一场资产负债表衰退。对于第一个问题的答案，我们已经明确，并且证明了货币供应量的规模是由政府

借贷所决定。因此真正的挑战是按照我们的理解来回答第二个问题。如果我们能够证明美国大萧条是一场资产负债表衰退，那么就可以得出货币政策对付不了这场经济灾难的结论。

一些读者也许会感到怀疑，为什么一个关于21世纪经济挑战的讨论要绕回到70年前发生的事件上去。然而我们必须回顾过去，因为：第一，正是大萧条导致了宏观经济学作为一门独立学科的诞生；第二，许多日本国内外经济学家们为日本经济开出的处方（包括通货膨胀目标政策和定量宽松政策）都极其依赖于近年来这个领域的研究成果。就如前面已经指出的，这项研究使“大萧条本来可以通过美联储更有技巧的货币政策得以避免”的观点逐渐成为当今经济学界的一个共识。与此同时，作为对他们这个理论的测试，许多学者力主应该在20世纪90年代的日本实施他们的建议，当时日本已经掉进了与20世纪30年代的美国相同的流动性陷阱。假如货币政策能够成功复苏日本的经济，那么就能够有把握得出结论：货币政策同样能够在美国大萧条时发挥作用。因此，这些经济学家们聚集在日本央行周围，要求进行更大规模的金融调节。按照他们的这些要求，就有必要从大萧条也是一场资产负债表衰退的角度来重新验证剖析大萧条中的各种现象，以及当前学术界对这些现象的解释。

现今学术界的主流意见认为，是1929年10月的股市崩盘引发了经济衰退，因为美联储没有即时向美国的银行系统注入足够的流动性，从而进一步导致衰退演化成了大萧条。研究者们认为，假如当时美联储注入足够的流动性，那么大萧条和银行恐慌都可以避免。现任美联储主席，同时也是因为对大萧条的研究而闻名的伯南克在米尔顿·弗里德曼（他第一个将大萧条的责任归罪于美联储的失误）90岁的生日聚会上宣读的发言中，公开承认了，美国的中央银行应该为此受到谴责。

然而，传统经济学的理论体系中却从来没有资产负债表衰退这个概念。所以，几乎所有关于大萧条的研究都立足于将问题归咎于资金供给方或者放贷方这一前提。例如伯南克（2000）曾明确宣称，正是因为美联储没能注入足够的流动性造成的金融冲击导致现实经济中的各种问题进一步恶化。[3]但是，如果我们的假设前提是借贷方行为转变导致了大萧条发生的话，那么我们就会得到一个完全不同的结论。[4]

银行危机本身无法解释储蓄的减少

在第一章中曾经提到，假如没有日本政府所实行的广泛财政刺激政策，日本的货币供应量或许已经减少了 37% 以上。一些读者也许会回忆起，在 1929~1933 年，美国的货币供应量减少了 33%。因此可以说，日本过去 15 年的货币变化与美国 70 年前所发生过的情形惊人相似。

到底是什么原因导致了美国的货币供应量减少 33%？作为货币供应量关键构成部分的银行储蓄在大萧条的最初四年间减少了 30%，也就是 177 亿美元。[5]弗里德曼和施瓦茨（Anna Schwartz，1963）将银行储蓄减少的原因归咎于银行挤兑及银行倒闭导致无数美国人的存款被一扫而光。如果考虑到在那 4 年间，有将近 1 万家美国银行关门倒闭，那么他们的这种观点成为这个问题的标准答案就不足为奇了。[6]

果真如此的话，就可以下结论说：假如当时美联储能够提供更多的流动性，那么造成货币供应量下降的这场银行危机，甚至整个大萧条都完全能够得以避免。换句话说，最大的问题就在于：在此期间，尤其是从 1929~1931 年，美联储向美国金融系统供给的准备金几乎没有任何增加。但是，如果从资产负债表衰退的角度仔细研究当时的数据，那么，对于美国的货币供给为何减少这个问题就将找到完全不同的解释。

首先，美国联邦储备委员会理事会 1976 年推测：在整个大萧条期间，由于银行倒闭造成的个人存款实际损失只有 14 亿美元。[7]此外，在 1929 年 12 月~1933 年 12 月，由于对银行状况不断恶化的担忧而囤积在个人手中的货币仅为 12 亿美元（图 3−2 中 C 线）。[8]而这两笔金额的总和——26 亿美元只能解释这段期间 177 亿美元储蓄减少总额的 15%，其余 85% 的储蓄减少额必然另有原因，而非来自银行倒闭和货币的民间囤积。

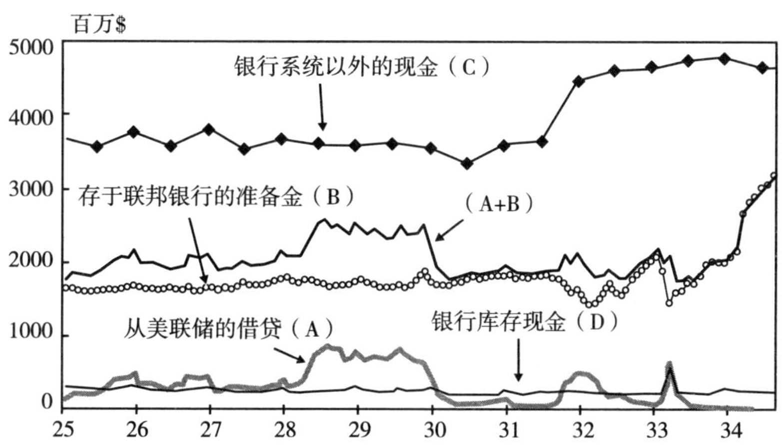

资料来源：美国联邦储备银行理事会（1976）Vol. 1，第 18 页、138~147 页。

图 3−2　1929 年之后美联储贷款减少
（101 个主要城市的会员银行的资产和负债）

当然，如果是银行系统以外现金的增加导致了银行准备金的相应减少，那么货币创造乘数也会随之产生相反作用，造成银行放贷和储蓄按照前面提到的 12 亿美元的相应乘数而减少。数据表明，在

1931 年下半年期间，当美国历史上最具毁灭性的银行挤兑风潮爆发，美国遭遇空前的银行储蓄减少和银行外部现金增加时，美国银行保有的准备金实际减少了 4 亿美元（图 3-2 中 B 线）。然而与此同时，商业银行从美联储借贷额（图 3-2 中 A 线）也在 1931 年下半年增加了 5 亿美元。因此，银行的总准备金（图 3-2 中 A+B 线）其实并没有减少，并且银行的库存现金（图 3-2 中 D 线）也同样维持不变。所以尽管 1931 年下半年的银行挤兑风潮使得前面提及的 12 亿美元中的 9.7 亿以现金的形式流出了银行系统，但是银行准备金（包括从美联储借入的部分）却没有任何改变。也就是说，由于美联储采取措施冲抵了银行外流的准备金，所以，没有造成货币创造乘数产生逆向效应，以及银行准备金的减少。尽管有人认为，对于一般银行来说，它们宁可保持自有准备金也不愿意从美联储借贷，但实际情况是，在 1928~1929 年这段经济景气时期，美国银行从美联储借的资金要远远多于 1931 年下半年。当时银行系统总准备金（图 3-2 中 A+B 线）的几乎 1/3 都是借自美联储。

同时，美联储也将现金供应从 1929 年 10 月股市崩盘时的 45 亿美元增加到了 1933 年 3 月全美银行同时停业整顿时的 60 亿美元，在此期间，最大规模的现金供应增加发生在 1931 年下半年和 1933 年最初几个月，当时银行系统的处境最为艰难。尽管无可否认，在少数孤立的案例中，银行挤兑可以触发货币创造乘数产生逆向效应，但是在大萧条期间，美联储通过增加对银行的现金和准备金供应冲抵了银行准备金的流失。

“信贷紧缩”本身无法解释银行放贷的减少

同样是从 1929~1933 年，银行对私营部门的放贷减少了 47%，也就是 198 亿美元。[9]迄今为止对此的解释都是，银行为了应付自身准备金减少的问题，开始强行回收贷款。但是正如我们已经看到的，在此期间，由于美联储对银行发放的贷款，银行的准备金实际上并没有减少。

此外，根据全美工业会议于1932年代表美国联邦政府针对3438家制造企业进行的一项调查表明：只有占调查企业总数13.6%，也就是466家企业在与银行打交道时遇到了问题，而这些企业绝大多数都属于中小企业。在其余86.4%的企业当中，1322家企业没有借贷需求，另外1650家企业则在申请贷款时没有遇到任何困难。这项调查结果与当时美国新闻媒体所描述的企业正陷于信贷紧缩困境的图景是如此不同，以至于连这些调查者本人都感到非常意外。[10]

只有13.6%的企业在贷款问题上遇到了困难，而且这些企业几乎都是小型企业，影响甚小，这就清楚地说明，即使是在1932年，企业部门借贷的减少并非当时银行放贷总量减少47%的根本原因。

现在我们可以明确，银行倒闭和公众的货币囤积只能解释储蓄减少总量的15%，银行对于放贷的谨慎态度（也就是信贷紧缩）只造成了放贷下降总额的13.6%。换句话说，减少的银行储蓄中，有85%与银行倒闭或货币囤积无关，而几乎同样规模的银行放贷减少也与银行破产或者信贷紧缩没有任何关系。

那么，到底是什么导致了其余85%储蓄和放贷的减少呢？答案只能有一个，那就是：企业正在自发地削减债务。企业之所以全力削减债务，是因为在经济泡沫时期企业通过借贷购买的资产价格在美国股市崩盘之后一落千丈，导致企业最终负债累累。换句话说，这些美国企业遇到了20世纪90年代日本企业所面临的同样问题。

这时，只要企业偿债的步伐能够快于银行回收贷款的步伐，那么这些企业跟银行之间就不会产生任何矛盾。这一点在前面提到的全美工业会议的调查报告中已经得到了印证。此外，由于企业是在动用自身储蓄来偿还债务，这也就很好地解释了同期银行储蓄急剧减少的原因。

就如佩尔森（Charles E. Persons，1930）所指出的，这种债务偿还的激增并不令人意外，因为到 1929 年股市崩盘之前，不管是美国企业还是个人的借贷额都已经飙升至历史最高纪录。之所以出现如此惊人的负债增加，在很大程度上是由于 20 世纪 20 年代许多新型金融产品的出现。其中一个就是按月分期付款方式，这使得数以百万计曾经没有资格借贷的美国人从此也有了借贷的渠道。最终，美国普通消费者的借贷额在 20 世纪 20 年代的 8 年间激增了 3 倍以上，从最初的 25 亿美元增至 80 亿美元。[11]因此而产生的消费增长使得美国企业销售额上升，从而推动了生产力爆发性的扩大。例如，美国收音机产业的产能在 1929 年一年间就增长了 3 倍。[12]当然，企业为扩大产能所需投资中的很大一部分资金也是来自于借贷。一些现在已经臭名昭著的投资信托基金和控股公司在当年也最大限度地利用了各种借贷。[13]

那些为了扩大规模而大量借贷的企业当然也会留意到自身负债相对于资产的猛增。但是只要经济能保持繁荣，高负债也就同时意味着企业股票价格上涨而带来的高回报。[14]实际上，从 1925~1929 年，美国资本市场的股票价值总额从 25 亿美元增长至 87 亿美元。[15]个人和企业所持资产价格的上升又进一步促进了借贷的增长。

这种高负债与高成长相伴的场景也同样出现在 20 世纪 50~80 年代经济快速增长时期的日本（图 2-2）。只要资产价格不断上涨，收益增长保持旺盛，负债规模即使扩大也不会被认为是个值得关注的问题，实际上，许多这样的日本企业还被日本和海外的信用评级机构给予了很高的信用评级。

然而，一旦经济形势开始低迷，企业利润开始下降，负债过多的企业就会面临因无法清偿债务而突然破产的危险。对于那些曾目睹 1929 年 10 月股市崩盘，意识到自身资产负债表问题在经济衰退情况下的严重性的企业来说，开始忙于偿还债务就是很自然的选择。这股偿还债务的风潮造成了货币供应量和总需求的双双下降，从而将美国经济带入了资产负债表衰退。经济景气的衰退进一步压低了股票和其他资产的价格，最终引发了如公式（3）和公式（4）表现的那种恶性萧条的循环之中。此外，当时在美国有大约 60 万股票投资者利用押金购买的方式（也就是用借来的资金）投机股票，当美国股市崩盘，股价暴跌时，他们被迫立即套现以偿还追加保证金。[16]这也就让这些证券投资者在事实上开始忙于债务偿还。

弗里德曼和施瓦茨主张，在 1929 年 10 月之后，货币存量没有跟随高能货币供应量的增加而相应增加的根源在于银行危机。[17]但是由于美联储已经投入 15 亿美元货币来阻止银行系统准备金（图 3-2 中 A+B）和库存金（图 3-2 中 C）的减少，因此除了那些因为银行倒闭而损失的储蓄（14 亿美元）以外，银行挤兑和公众的货币囤积（12 亿美元）就不能成为货币供应量减少的根本原因。美联储的这些冲抵措施使得银行挤兑风潮只是将货币供应量的构成从储蓄为主、现金为辅转变成了现金为主、储蓄为辅而已。换句话说，在私营部门都忙于债务偿还的情况下，不管美联储向银行系统注入多少高能货币，货币存量依然会持续下降。

就如同它们 70 年后的日本同行，当时的美国私营部门将负债最小化作为根本目标。但是这就催生了恶性循环通货紧缩的出现，造成总需求、货币供应量，以及资产价格的整体萎缩，最终严重地伤害了美国经济和银行系统。

尽管没有任何文献曾提及企业都在自发偿债的可能性，但是平均贷款利率从 1929 年的 5.8% 到 1933 年的 4.3% 的下降[18]，以及作为最接近银行贷款替代品的企业债券总额从 1929 年的 21 亿美元到 1933 年的 4000 万美元的骤跌[19]都显示了这种可能性。与此同时，商业银行从联邦储蓄银行的借贷也较 20 世纪 20 年代后期显著减少。在经济形势繁荣的 1928 年中至 1929 年之间，商业银行平均要从联邦银行借入 7 亿美元以满足私营部门的资金需求。但是等到了 1930 年的初春，这个数额跌落到了 5000 万美元，仅有高峰期的 7% （图 3-2，A 线），这也显示了私营部门资金需求的急剧降低。

但是，当时美国的企业债券回报率和银行贷款利率的下降程度却没有 70 年后的日本那样显著，这或许是因为在大萧条期间，美国经济倒退的严重程度使企业的债务偿还能力受到的质疑要超过它们 70 年后的日本同行。反过来说就是，日本在大衰退时期依然高于经济泡沫顶峰期的国内生产总值支撑了日本企业的债务偿还能力。

伯南克 （2000）[20]主张美联储本应在 1929~1931 年注入准备金，因为在此期间银行可以有效地运用这些追加准备金。但实际情况是，当时的美国银行甚至连它们在 1929 年以前从美联储借的七亿美元都无法有效利用，正在向美联储归还准备金。当银行由于缺少来自私营部门的资金需求因此转而向美联储归还所欠债务时，美联储增加银行系统内部准备金的做法就完全是无的放矢。这种情况一直持续到 1931 年。尽管美联储的放贷在 1931 年后期爆发的银行危机，以及 1933 年初全美银行停业整顿期间有所增加，但这两次贷款回升都只是暂时性的，在长期走向上依然保持着下跌趋势。所有这些事实都表明，自 1929 年起，美国私营部门资金需求在急剧降低。

尽管伯南克 （1983） 和其他学者也触及过诸如无力偿还债务和负债过高等与债务人有关的问题，但是大多是从它们对放贷机构的影响这个角度来展开的，例如债务人的困境如何引发了银行危机，或者增加了债务仲裁成本等。这些学者从未考虑过债务偿还本身的破坏力，也没有意识到全国性的偿债风潮能够在无须放贷机构做出任何改变的情况下，显著降低总需求和货币供应量。每当一个无力偿还债务的借贷方遭到银行清算，就会有千百个借贷方更加努力地偿还债务，以避免那种可悲的下场。也正是这些借贷方偿还的债务，最终摧毁了美国的经济和货币供应量。

特敏（1976）注意到了个人部门的去债务化（Deleveraging）现象，但却以“数据中一些微不足道的痕迹”[21]否认了它的影响。而事实是银行储蓄已经减少了 33%，银行贷款减少了 47%。米什金（Frederic Mishkin，1978）通过考察个人资产负债表得出结论，认为消费的下降是由于负债导致个人资产减少所致，他的观点只留意了资产价格下跌造成的负财富效应，而没有考虑到个人债务的偿还对于消费和货币供应量的负面作用。放眼 1929 年以前美国个人债务惊人的急速扩张，也就毫不奇怪为何个人也像企业一样忙于偿还债务了。

同样的，伯南克和米霍夫（2000）同艾森格林（2004）在探讨货币创造乘数效应减弱的原因时，他们也都将责任完全归咎于公众对于货币囤积需求的增加。[22]他们从来就没有考虑过因为借贷方开始偿债而造成货币创造乘数效应减弱的可能性。事实上，导致货币供应量减少的债务偿还才是削弱货币创造乘数的最重要因素。因此，对于伯南克和米霍夫“为什么货币存量的变化如此反常（从1928~1931年）”[23]的疑问，回答就是：因为企业和个人都在偿债。

尽管公众囤积货币倾向的上升总是和银行挤兑的发生相辅相成，但是这种倾向仅仅导致了货币创造乘数效应最多 15% 的减弱，其余的 85% 则是由于公众减少负债倾向的上升。以上提及的这些学者之所以很少考虑到这种可能性的原因就在于，他们最基本的假定就是：企业永远都在追求利润最大化并寻求资金。

当企业开始动用银行储蓄来偿还债务时，就对货币供应量和经济发展两个方面造成了损害，进而导致了通货紧缩和银行危机的发生。虽然艾森格林（2004）认识到了借贷方对于通货紧缩的预计使他们停止继续借贷，但实际情况是，资产价格下跌引发的经济低迷以及随之而来的通货紧缩导致这些借贷方不仅停止借贷，而且还开始积极地偿还债务。

对于弗里德曼的批判

有意思的是，在米尔顿·弗里德曼和安娜·施瓦茨闻名于世的著作《美国货币史，1867~1960》中，有许多篇幅的内容实际上支持了在大萧条期间美国承受的是贷款需求不足的观点。比如弗里德曼和施瓦茨讲述了当时的纽约联邦储蓄银行行长乔治·哈里逊（George L. Harrison）如何给其他地区联邦银行行长们写信，企图说服他们在1930年6月增加更多的流动性。但是结果只有亚特兰大和里士满的两名联邦银行行长支持他的建议，另外九名行长则大多毫不犹豫地拒绝了他的请求。

比如当时的芝加哥（美国的第二金融中心）联邦储蓄银行行长詹姆斯·莫杜格（James B. McDougal）反驳道："市场内部已经存在着大量的资金，在这种情况下，就应该谨慎行事……作为联邦储蓄委员会应该采取更明确的姿态，只有在资金需求上升时予以支持，而不是在市场并不需要的时候注入更多的准备金。"[24]同样的反驳也出现在旧金山联邦银行行长约翰·科钦斯（John U. Calkins）的回信当中："在贷款利率低迷，资金数额庞大的情况下，我们不认为更低的贷款利率、更庞大的资金数额会有助于加速经济的复苏。"[25]实际上，反映当时美国金融市场供求状况的短期利率从股价顶峰期的5%滑落到了哈里逊寄出这封信时的2%，而等到12个月以后，已经跌至1%

以下。利率的这种急剧下滑也说明了当时资金需求的大幅度降低。

弗里德曼引用其他地区联邦银行行长们的反驳显然是为了表明，纽约联邦银行与其他地区联邦银行之间对于金融知识的理解存在巨大落差。[26]总之，弗里德曼认为，除了与自己意见一致的纽约联邦银行行长以外，其他人都不称职。我之所以怀疑弗里德曼持有这种想法，是因为他从来都不认为资金需求会发生逆转；他的研究都是建立在借贷方永远存在的前提下，通过调查储蓄/准备金比率和储蓄/货币比率来解释经济的增长。

正如弗里德曼指出的，不仅是各地区联邦银行行长们不支持纽约联邦银行的看法，就连由全美主要银行代表组成的联邦顾问委员会也持有同样的观点，反对注入流动性。[27]也就是说，不管是政府还是私营部门，那些活跃于金融市场第一线的人们都已经觉察到了1930年私营部门资金需求的大幅下降。他们意识到，在企业正忙于削减债务时，中央银行注入流动性的举措不会产生任何效果。哈里逊于1930年6月寄出的这封信显示自股市崩盘的8个月间，美国私营部门资金需求已经急转直下。如果考虑到当时银行危机尚未发生，这就更加证实了美国企业是如何迅速且自发地将它们的工作重心从利润最大化转移到了负债最小化上。与此不同的是，日本银行在20世纪90年代的贷款额一直等到经济泡沫破灭整整6年之后才开始出现下降。

甚至连身为纽约联邦储蓄银行行长的哈里逊本人也承认，当时的美国经济短期资金需求匮乏，即使通过市场操作注入流动性，也没有确凿证据可以证明经济状况将因此好转。不过这显然并没有阻碍他宣扬注入流动性的主张，他说：“我们看不出执行这一政策会有什么危害性，况且当前的经济形势如此严峻，我们必须采取任何必要的措施来扭转局势。”[28]但是与那些70年后主张日本实行定量宽松政策的人士一样，哈里逊同样无法提出令人信服的理论依据来证明这一政策的可行性。

当企业动用银行储蓄来偿还债务时，银行储蓄和贷款都会随之减少。虽然一部分银行出于对发生银行挤兑的担忧开始考虑回收贷款，但是只要企业能够及时还贷，银行最终将会发现没有立即回收贷款的必要。如果银行没有进行贷款回收，那么企业也就不可能遭遇信贷紧缩的难题。这就是 86. 4% 的受访企业在接受全美工业协会的调查时表示它们和银行打交道时没有遇到任何困难的原因所在。

流动性本身无法阻止银行危机和企业偿债

弗里德曼关于银行危机造成了货币供应量减少的观点只能解释货币供应总量 15% 的减少，企业的债务偿还才是造成另外 85% 货币供应量减少的真正原因。即便我们承认是银行危机导致了货币供应量的减少，弗里德曼认为美联储本来能够阻止危机产生的观点仍然存在两个误区。其中第一个是，这样大规模的银行危机不可能自发地产生。只有当众人相信银行的贷款已经成为坏账时，这种现象才有可能出现。但是如果有那么多贷款成为坏账，那么经济形势就要远比放贷方和借贷方所认为的严重得多。1931 年下半年，当第一波银行危机袭来之时，美国已经在大萧条的旋涡中度过了两年，名义国民生产总值下跌了 20%，从 1929～1030 亿美元减少到 1931 年的 760 亿美元。经济活动剧烈萎缩，导致那些曾经对美国经济的繁荣做出过重要贡献的高负债企业和个人的收入剧减，再也无力偿还债务。这些个人和企业的破产进而引发了银行危机。也就是说，银行危机是经济萧条的一个结果，而非原因。

弗里德曼的观点还有另外一个误区，由于银行借贷人破产而引发的银行危机其实是因为银行自身资不抵债而造成的，与流动性不足并没有关系。假如银行危机真的是由于银行系统内部流动性不足所引起，那么就会像弗里德曼所认为的，只要美联储注入流动性就可以解决这个问题。但是如果银行本身已经陷入了资不抵债的困境，那么中央银行即便注入再多流动性也于事无补。此外，如果美国大萧条时期银行问题的症结在于流动性不足的话，那么理应出现资金不足的银行从美联储借贷大量增加的现象。但是正如已经指出的，从 1929 年到 1931 年，这个数字降低了 93%。只有到 1931 年下半年以后，当银行挤兑风潮变得更加普遍时，商业银行才开始从美联储增加借贷以避免准备金减少。但是这些银行所借的资金也仅有 1928~1929 年的一半，并且都是暂时性的行为。即便如此，仍然有 10000 家银行最终倒闭，这就说明，当时银行部门问题的根源是由于借贷方破产而导致的银行资不抵债，而非流动性不足。

退一万步说，就算我们承认银行问题都是由于流动性不足所致，那么通过美联储注资能挽救的也只是那 13. 6% 存在借贷困难的企业，对于其余那些正在忙于削减债务的 86. 4% 的企业来说毫无意义。这就和日本央行从 2001 年起执行的定量宽松政策没能阻止企业继续偿债的事实如出一辙。但是只要这 86. 4% 的企业不停止偿还债务，整体经济就无法从恶性循环通货紧缩的泥沼中脱身。所以我们可以得出结论认为，即便当时纽约联邦储蓄银行的哈里逊行长向银行系统注入更多的追加流动性，也依然无法扭转经济下滑的整体趋势。

总而言之，只要我们接受全美工业协会的调查结果，那么我们就必须承认，美国大萧条根源的 13. 6% 是由于信贷供应的问题，而另外 86. 4% 则是信贷需求的问题。

将金本位当做罪魁祸首的观点同样也是误导

弗里德曼指责美联储对银行系统的问题袖手旁观。特敏（1994）认为是由于决策者对金本位制度的执著妨碍了美联储实行金融宽松政策，从而加深了经济萧条的程度。[29]伯南克（2002b）更是进一步断言，美联储为了抵消1931年以前流入美国的黄金所产生的效应，事实上采取了更加严格的货币政策。[30]

但是正如艾森格林和特敏（2000）本人早已指出的，在此期间"金本位问题根本就很少被提及"[31]。这一点也并不奇怪，因为只有在准备金需求上升，而支持这些新增准备金的黄金储备不足时，黄金才会成为一个问题。当时的决策者们之所以没有提及金本位制度，或许是因为资金需求的下降速度要快于供给，因此美联储和银行主管们都没有察觉到增加准备金的必要性。当时商业银行对于美联储注入更多准备金的反对，以及1929～1931年银行从美联储借贷的急速下滑都印证了以上这一假设。

此外，纽约联邦储蓄银行行长哈里逊的请求之所以被其他联邦银行行长和联邦顾问委员会不约而同地拒绝，原因不在于他们担忧金本位，而是他们看不出市场对准备金产生了更大的需求。在股市崩盘后的仅仅两年内，美国的短期利率就从5%跌落至1%以下，这表明准备金事实上完全足够。假如当时美国的决策者们如艾森格林（2004）所认为的那样在担心金本位问题，那么哈里逊就根本不会提出那样的请求。即使他提出了，这个请求也必然会由于对金本位问题的担心而被拒绝。

在资金需求急速萎缩的情况下，黄金的流入或者流出基本上不会产生任何影响，因为问题的关键不在这个方面。美联储在1929～1931年期间没有增加准备金不是因为金本位制度的制约，而是因为根本就不存在对于准备金的需求。

这就向当今学术界流行的，美国大萧条可以通过更有技巧的货币政策加以避免这一共识提出了一个重要的疑问。在当时那种由于借贷方缺乏而造成的私营部门资金需求急剧下降的情况下，央行注入的流动性将找不到任何理由进入经济活动之中。这一点也经由日本央行在2001~2006年，试图通过实行定量宽松政策增加货币供应量的最终失败而得到了证明。也就是说，在美国大萧条和日本最近发生的大衰退期间实行的金融宽松政策都是经济学中所谓“推绳子”的经典范例（推绳子：泛指货币政策效应的不对称性，货币政策对于通货膨胀效果明显，但是对于通货紧缩却效果不彰——译者注）。

至此就已经可以明确，美国大萧条的最大祸首就是私营部门的偿债摧毁了整个经济的货币供应量和总需求。作为其后果的恶性循环通货紧缩对于金融宽松政策无动于衷，因为此时负债累累的私营部门都在为了减少负债而疲于奔命。对于美国大萧条的这种解释也得到了当时金融管理机构那些被伯南克称为“货币供应量的反常举措”的印证。

伯南克（1995）曾经这样写道：“找出20世纪30年代席卷世界的那场经济崩溃的原因，依旧是一项令人着魔的智慧挑战。”现在，我们已经找到了关于美国这部分的答案，那就是：大萧条是一场罕见的资产负债表衰退。

政府借贷促成了1933年以后美国经济的复苏

在大萧条之后的30年中，经济学家们普遍认识到了货币政策的局限性。但是他们的这种认识是建立在一种对于实际情况非常错误的理解之上的，那些经济学家们误以为流动性陷阱是一个放贷方现象，但事实上它是一个借贷方现象。不过至少他们承认了货币政策并非万能的灵丹妙药。

20 世纪 70 年代的通货膨胀和对于"小政府"的认同导致了以货币政策为根本的货币主义，以及重视单独经济行为者行动的新古典主义分析方法的复兴。此外，特敏（1989，1994）和罗默（Romer，1991）的研究成果对曾经是主流意见的凯恩斯主义的财政刺激政策使美国得以从大萧条脱身的观点提出了质疑。他们力主是货币政策对美国经济的复苏发挥了关键作用，驳斥了一直以来认为货币政策作用有限的共识。譬如，罗默认为 1934～1941 年，美国货币供应量的快速增长对引导美国经济走出大萧条的泥沼发挥了决定性的作用。她辩称，金融扩张（缓和）加速了私营部门的投资，从而诱发了经济的复苏。[32]

特敏进一步主张，由于在 1933 年之后，美国政府预算赤字与国民生产总值的比率没有上升，这就证明财政政策对于 1933 年之后美国经济的复苏贡献甚微。[33]比如，他写道："（对于 1933～1937 年美国经济的迅猛增长）财政政策没有任何贡献……政府赤字没有增加，因此也就无法对促进经济成长起到相应的作用。"[34]他进而补充道，正是由于美联储容忍来自欧洲的黄金进入美国，从而扩大了银行的准备金，最终才造成了 1933～1938 年货币供应量的扩大。他们这些说法无异于在重新改写历史。

如果将特敏和罗默在试图解释大萧条时所使用的证据从资产负债表衰退的角度重新进行验证的话，就会得到完全不同的答案。他们的观点存在两个根本性的问题。首先，黄金的流入并非导致货币供应量增加的真正原因。就如在第一章已经解释过的，当银行储蓄增加时，必然会有人借入并花费这笔资金。并且这个借贷人同样会将这笔资金存入另外一家银行，于是同一笔资金又会被新的银行再次贷出。在这个过程的不断重复之中，银行的储蓄（也就是货币供应量）和贷款得到了增加。1933 年之后，美国银行的准备金由于来自欧洲的黄金流入而急剧增加，但是同期美国银行对私营部门的贷款增长却是微乎其微（图 3-3）。就如已经指出的，美国银行向私营部门发放的贷款持续减少到 1935 年，其后的回升也是异常缓慢。也就是说，美国银行增加的绝大部分准备金最终都成为过剩准备金滞留在了银行系统内部。

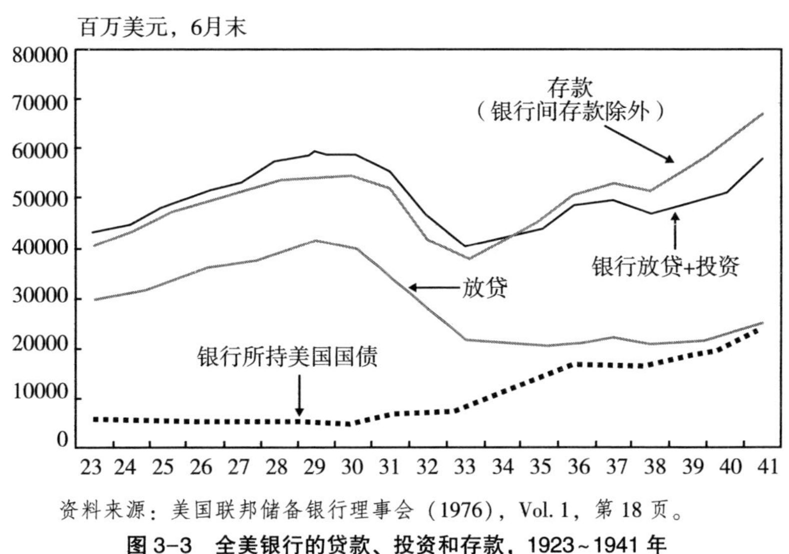

资料来源：美国联邦储备银行理事会（1976），Vol. 1，第 18 页。

图 3-3　全美银行的贷款、投资和存款，1923~1941 年

这就产生了一个问题：那么到底是哪一方的借贷导致了罗默所指出的，1933 年以后美国货币供应量的增加呢？答案很简单，这些新增借贷基本上都来自政府，也就是说，是美国政府的借贷导致了银行资产的增加。图 3-4 和图 3-5 显示银行对私营部门放贷的减少导致了 1929~1933 年货币供应量的萎缩，而对政府放贷的增加则导致了其后货币供应量的扩大。换句话说，在 1933 年以前，由于私人储蓄和企业的债务偿还而流入银行系统的资金因为借贷不足而被迫滞留在了银行内部。1933 年以后，由于罗斯福新政的实施，这笔资金得以被政府借入并支出，从而离开了银行，重新进入经济循环之中。图 3-3 和图 3-4 清楚地表明了，自 1934 年以后，在对私营部门放贷依旧低迷的同时，对政府放贷的增加最终导致了银行储蓄的增加。

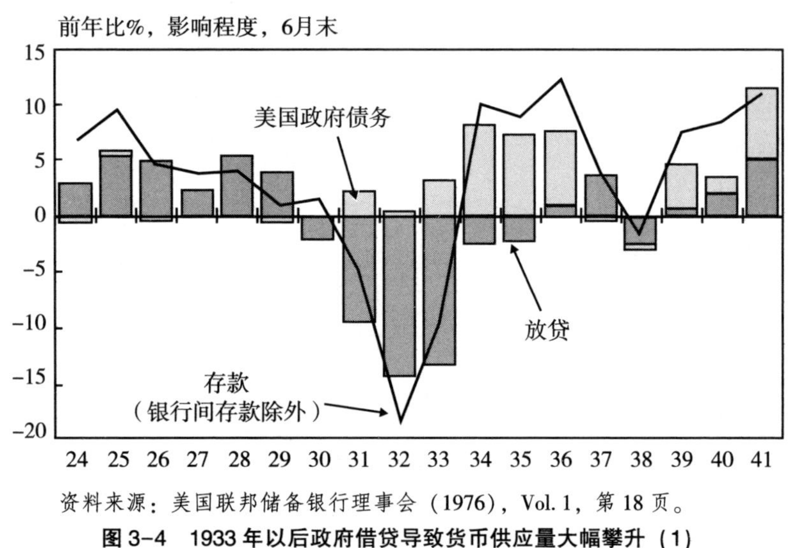

资料来源：美国联邦储备银行理事会（1976），Vol. 1，第 18 页。

图 3-4　1933 年以后政府借贷导致货币供应量大幅攀升（1）

图 3-3 还显示出，对私营部门放贷的低迷甚至持续了更长一段时间。即使到了 1941 年，银行发放给私营部门的贷款也仅有 253 亿美元，比 1929 年的 416 亿美元减少了 39%，较之 1933 年的 222 亿美元也不过增加了 14%。这就动摇了罗默关于私营部门可利用资金的增加导致了经济复苏的说法。1934 年以后美国货币供应量的增长基本上都要归功于政府借贷和支出的增加。

美联储全体加盟银行的总资产负债表

（1）1929～1933年

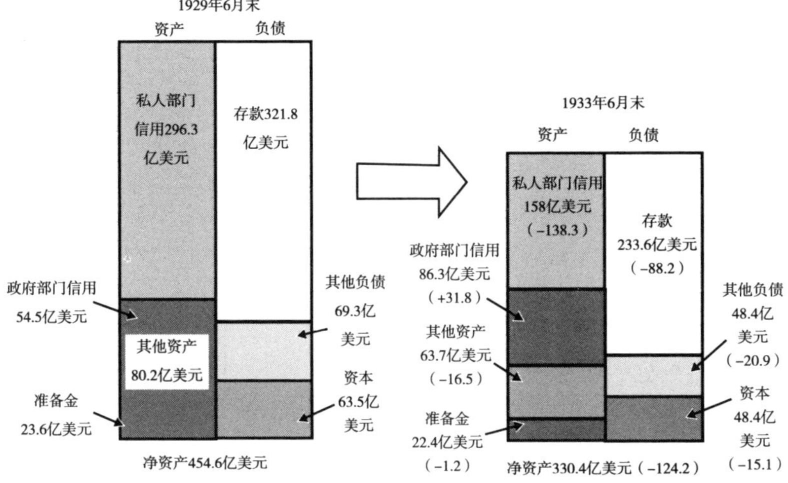

（2）1933～1936年

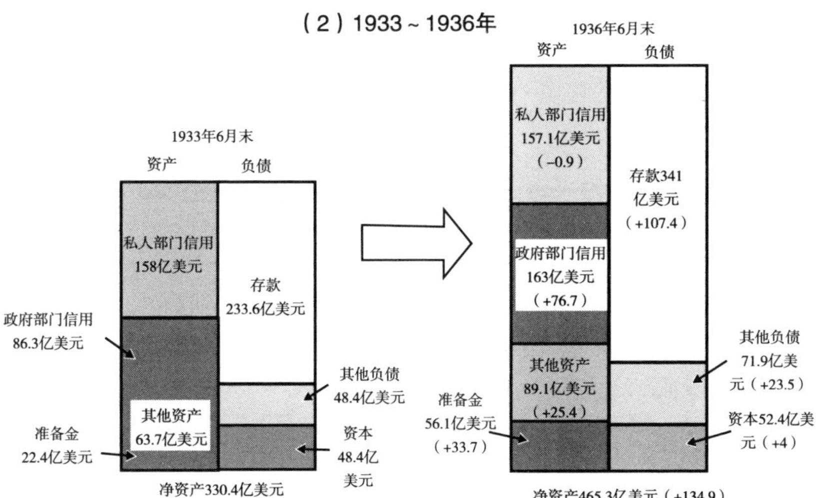

资料来源：野村综合研究所根据美国联邦储备银行理事会，(1976) Vol. 1，第72～79页做成。

图3-5　1933年以后政府借贷导致货币供应量大幅攀升（2）

私营部门的借贷一直徘徊不前，就如全美工业协会的调查报告中所提到的，即便与银行关系良好的企业对于借贷也是极其谨慎。这些私营部门之所以竭力避免借贷，大概是由于在偿还债务期间的痛苦经历使得它们都不愿再增加新的负债。

这个场景在70年后的日本又重新上演。在日本企业自1998年起成为净储蓄者之后，完全是由于日本政府的借贷才有效防止了货币供应量的萎缩。图3-6显示了1929年之后的美国与1997年之后的日本在货币总量上的相同变化。

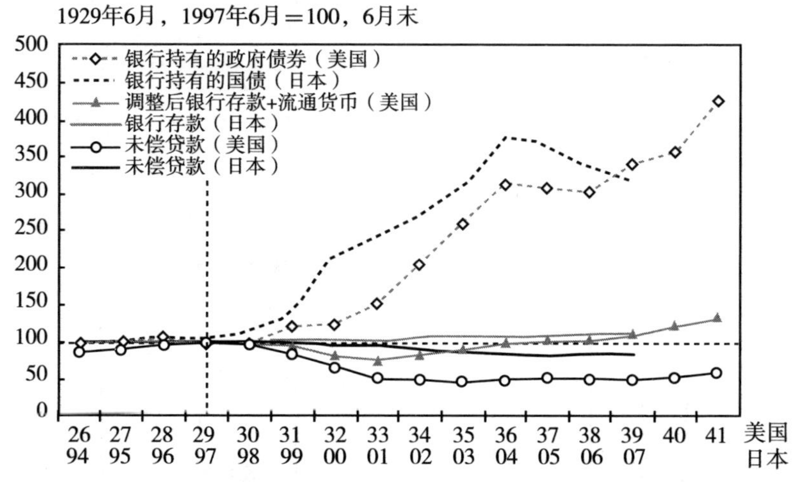

资料来源：日本银行，《国内银行的资产、负债（银行账户）》；美国联邦储备银行理事会，(1976) Vol. 1，第18、34页。

图3-6　1929年后的美国与1997年后的日本货币关联指标的相似性

不仅是预算赤字，支出与税收也应该加以考虑

第二个问题是，特敏使用了预算赤字作为衡量财政政策对国民生产总值影响程度的工具。但是当经济处于萧条期时，这是一个非常不适当的衡量工具，因为在这种经济形势下，实行大规模财政刺

激政策将启动经济成长，导致税收收入快速增加，最终造成远低于预期的预算赤字。从开始实行罗斯福新政的1933年一直到1936年为止，美国政府的财政支出增加了125%，国民生产总值增长了48%[35]，政府税收收入增长了100%（图3-7）。也就是说，税收收入增长要比经济增长快了大约两倍。虽然在此期间，罗斯福总统数次调高了税率，但是，经济活动能够从1933年的低迷状态中复苏，才是政府税收收入迅速增长的最主要原因。

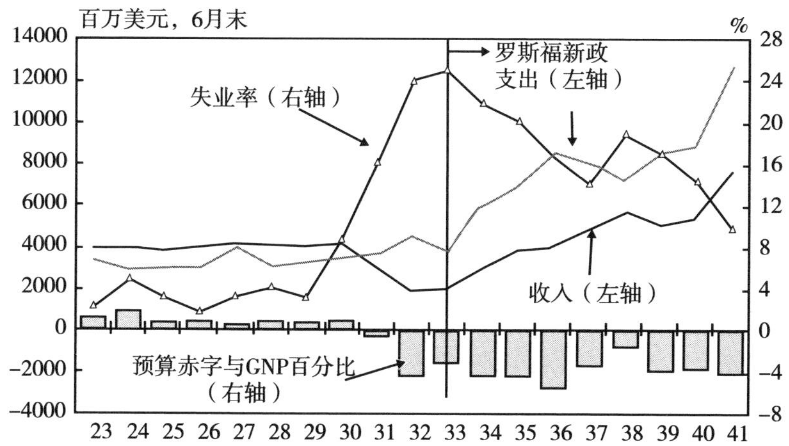

资料来源：美国联邦储备银行理事会，(1976) Vol. 1，第513页；美国人口普查局（1975），第229页。

图3-7　罗斯福新政在没有增加财政赤字的情况下将财政支出扩大了两倍

从1932年起，美国所有年收入超过2500美元的已婚夫妇，以及年收入超过1000美元的单身人士必须申报个人所得税。从1933~1939年，由于经济增长，导致更多个人的收入超过了最低申报额，使得个人所得税申报人从389万上升到772万，增加了约一倍。同期个人所得税收入也从3.7亿美元增长到9.3亿美元，增长了150%（图3-8）[36]，而年均物价上升率仅为1.2%[37]，这显示了实际收入的增长和低通胀。美国政府实行的经济刺激政策促进了经济的复苏，以及随之而来的个人收入增长。政府税收收入也因此水涨船高，并得以进一步将预算赤字控制在一个稳定的范围之内（图3-7）。

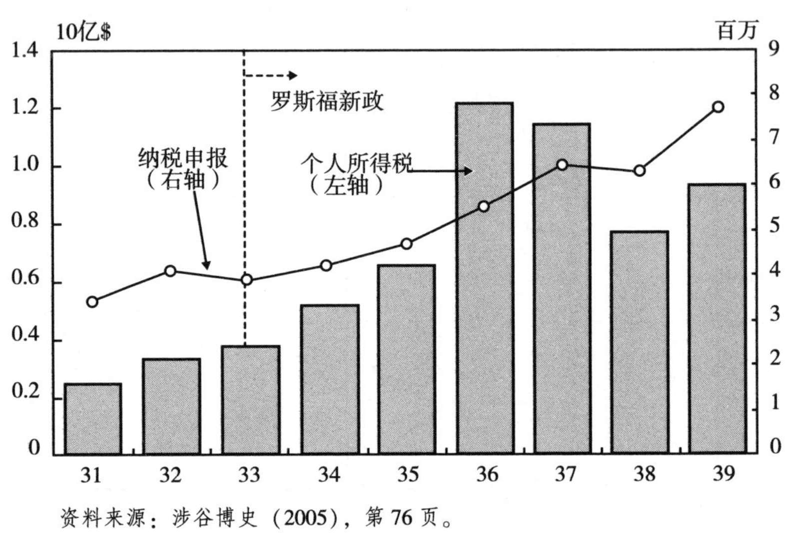

资料来源：涉谷博史（2005），第76页。

图3-8　个人所得税申报额在罗斯福新政时期出现激增

尽管特敏贬低了财政刺激政策对于1933年之后美国经济复苏的贡献，但是如果不是由于政府支出增加了125%，很难想象同期美国国民生产总值能够扩大48%。到1936年，美国的政府税收收入和实际国民生产总值终于恢复到了1929年的水平，但是这也使得1936年的政府支出规模比1929年增长了2.6倍。但从另一方面来看，银行在1936年对私营部门的放贷额依旧只有1929年的51%。从1933年到1936年，美国政府支出与国民生产总值的比率从6.9%增至10.5%，上升了52%。尽管同期政府预算赤字与国民生产总值的比率保持稳定，但是政府支出在美国经济中所占份额52%的增长显然意味着，政府在 1936 年间对美国经济的支持要大于 1933 年，更不用说 1929 年了。

事实上，充分就业赤字（Full-employment Deficit）这个概念应该已经提醒了特敏和罗默，当经济处于急速复苏阶段时，稳定的预算赤字（相对于国民生产总值的比率）并不能说明财政政策的无效。充分就业赤字的前提就是当经济向着充分就业状态恢复时，税收收入将会增加，而预算赤字则会缩小，经济状况越接近充分就业，预算赤字就越小。

但是尽管税收收入由于经济的迅速复苏而增长了 100%，美国的预算赤字却依然没有缩小。这并不表示财政刺激政策没有产生效果，而是说明经济复苏本身是主要依靠财政刺激政策才得以实现的。在此期间，美国联邦支出占国民生产总值的份额增长了 52% 就足以说明问题。1937 年美国政府削减经费，结果造成经济整体滑坡，也再次印证了 1933 年以后美国经济的复苏对政府财政支出的依赖性。

在这段时间里，政府财政支出共在全美各地协助修建了 651087 英里公路、124031 座桥梁、125100 栋公共建筑、8182 个公园以及 852 个飞机场。此外还在公共场所新增了 2400 幅壁画、108000 幅绘画和 18000 座雕塑。并且还种植了 30 多万亿棵树木，开垦了 8440 万英亩良田。仅美国公共工程署（Public Works Administration，PWA）就动用 40 亿美元资金修建了诸如华盛顿州的大库利水库、纽约市的林肯隧道和三区大桥这样的大型工程，美国工作进步总署（Works Progress Administration，WPA）则直接雇用了 800 万人参加公共工程建设。据最终推算，所有这些公共建设一共提供了 2500 万个直接或间接的工作机会。[38]那些认为这些支出对于美国国民生产总值毫无影响的观点显然是荒谬透顶的。

因此，对于当时美国经济状况的正确解释应该是，政府支出125%的扩大导致了国民生产总值48%的增长，从而使得曾经极其低落的税收收入翻了一番。这就是预算赤字相对于国民生产总值的比率没有出现显著上升的原因所在。

特敏（1994）和若田部（若田部昌澄，日本经济学家、早稻田大学教授——译者注）都引用美国预算赤字相对于国民生产总值比率增长缓慢的实例，来支持他们关于政府支出对经济复苏贡献不彰的论点。实际上，他们是想说，即使政府无所作为，经济照样能够按照同样的速度增长下去。假如事实果真如此，那么美国税收收入在没有政府经济刺激措施的情况下依然能够翻番，美国政府理应在1936年就拥有高额财政盈余。如果按照他们的主张进行推理，那么就将得出结论，即使美国政府实行严格的财政紧缩政策，经济增长依然不会受影响。

预算赤字比率之所以没有增长只有两种可能。要么是政府支出和税收收入都没有发生大幅变化，要么是二者的变化同步。前一种情况是收入和税收没有明显变化，也就是说政府对于经济的增长影响甚微。而后一种情况则显示，由于巨额财政支出推动税收收入和国民生产总值同时显著增长，使得政府财政支出与这二者相比显得变化不大。20世纪30年代税收收入和国民生产总值的大幅上升显示，当时的美国经济正是后一种情况。

国民生产总值和税收收入的持续增长，同时也表现出财政刺激政策强大的乘数效应。事实表明，罗斯福政府似乎偏好将大型工程作为新政的一部分，这是因为政府官员们注意到了，最初的财政刺激可以诱发经济剧烈的上升和税收收入急速的增长。随着政府支出的不断扩大，经济复苏的潮流最终也就变得势不可当。

过早的财政整顿导致了高失业率的持续

在 20 世纪 30 年代，美国的失业率一直都高于 14%，一些人将这作为罗斯福新政没能带来经济复苏的证据。[39]但是持续的高失业率应该归咎于 1937 年实行的财政整顿，它将在那之前一直在持续好转的失业率重又拖回谷底（图 3-7）。1937 年政府削减财政支出的举措导致了经济的再次低迷，工业生产总值下滑了 33%，股价暴跌了几乎 50%，这就再次证明美国经济依旧处于资产负债表衰退之中，经济增长完全是由政府的财政刺激来支撑。

通过与同期德国经济的比较，美国政府在 1937 年财政政策改变的草率更加凸显。从 1933～1938 年，德国稳步扩大的财政支出将失业率从 26. 3%降低到了 2. 1% （图 3-9），同期工业生产总值增长 89%，实际国民生产总值增长 58%。虽然政府预算赤字也升至国民生产总值的 10%，但是当失业率降至 2. 1%时，很少有人会为此感到

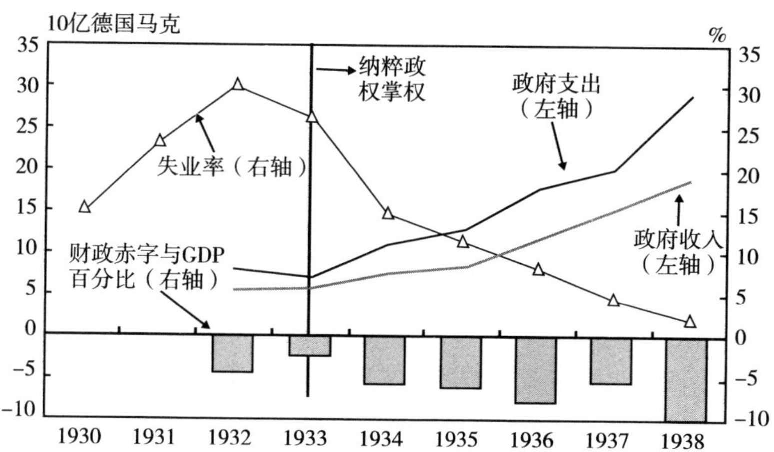

资料来源：Mitchell（1975），第 170 页；Flora et al. （1987），第 350 页；德意志联邦银行（1976）。

图 3-9　德国的财政政策极大降低了失业率

不满。图 3-7 和图 3-9 的对比显示，假如不是因为美国政府在 1937 年和 1938 年间削减了财政支出，美国的失业率本来也有可能在 20 世纪 30 年代末期降低到一位数以下。

财政刺激政策结束了经济衰退，化解了银行危机

特敏和罗默都忽略了，实际上正是美国政府的借贷支持了 1933 年之后货币供应量的增长。他们的注意力只集中在净预算赤字，而不是政府支出和税收收入上，因此也就忽略了政府借贷所造成的大规模财政支出的影响力。

因此我们或许可以大胆地说，刨除公式（4）所表示的，政府行为对于通货紧缩循环的阻碍，美国大萧条不仅是一场资产负债表衰退，而且还是这种衰退最纯粹的形式。经济泡沫时期积累了巨额债务的私营企业，在 1929 年 10 月之后同时开始进行债务偿还，这就造成了货币政策效力的弱化，最终将经济送入恶性循环通货紧缩之中。这也就解释了美联储在 1929~1933 年为何“无所作为”，答案并不是美联储不作为，而是在私营部门资金需求大幅缩减的情况下，美联储的选择有限。

今天的经济学家们认为，大萧条时美国货币供应和经济活动双双萎缩的根源在于银行系统流动性不足导致的资金匮乏。

但是正如我们已经看到的，只有 13.6% 的企业存在资金不足的问题，而且这些企业中的大多数有可能正陷于经营不善的困境。换句话说，即便美联储注入足够的流动性，这些企业也会因为收益不佳、财务状况恶劣等原因而很难从银行获得资金。

从弗里德曼一直延续到伯南克的主张，也就是认为美国大萧条本来可以通过更有技巧的货币政策得以避免。这种观点或许只适用于身处恶性循环通货紧缩泥沼中的美国经济的一小部分。而对于另

外86.4%的美国经济来说，任何货币政策都难以奏效。

当经济陷入资产负债表衰退的困境，将众多借贷方（以及它们的放贷方）推至破产的边缘时，只有两种应对政策可以产生作用。一种是政府向这些濒临破产的企业和银行注入资金，将它们拖出负资产的困境，这同时也就意味着私营企业的国有化。另一种就是由政府出面向这些企业发放大量订单，以改善这些企业的收益状况，使它们能够通过自己的力量来偿还债务。

美国政府于1933年开始实行的新政同时包括了以上这两种政策。首先，政府以通过复兴银行公司（the Reconstruction Finance Corporation）收购银行股票的方式向银行系统注资超过10亿美元。此外，政府进行了前面提到过的大规模公共工程建设。相当于当时美国所有银行自有资本总和1/3的10亿美元政府注资[40]改善了银行的资产负债表，增强了它们应对风险的能力。大规模的公共工程建设增加了企业收益，为数以百万计的人提供了就业机会，进而刺激了经济的增长。

这两项政策最终制伏了大萧条所产生的恶性循环通货紧缩，为经济的最终复苏铺平了道路。并且，这两项政策都是与政府支出直接相关的财政政策，同弗里德曼和伯南克主张的注入流动性的货币政策性质完全不同。

因此我们也就可以看到，是财政政策而非货币政策帮助美国和德国从20世纪30年代的大萧条之中摆脱出来。并且，对于私营部门的偿债风潮，货币政策能够起到的作用有限，这一点在70年后的日本得到了再现。

三、经济衰退的类型不止一种

两种类型的经济衰退

迄今为止，经济学家们都认为经济衰退的类型只有一种，美国大萧条则是这种类型经济衰退的一个极端表现。并且这种衰退是由于资金供应方受到冲击，从而使得企业融资发生困难而导致的。因为这些经济学家假定所有企业都以利润最大化为目标，所以他们相信只有在企业无法募集到所需资金时才会发生经济衰退。但是本章已经证明，经济衰退至少有两种不同的形式：由于经济周期造成的衰退和由于企业资产负债表问题造成的衰退。对于前一种衰退，就如众多研究已经表明的，身陷其中的企业基本上还是以利润最大化为目标，货币政策正是应对此类衰退的最佳工具。但是当发生后一类衰退时，企业的首要目标已经从利润最大化转移到负债最小化，这时就需要利用财政政策作为应对措施。

伯南克（2000）说，经济学对于美国大萧条成因的解释依然并不充分。究其原因，主要是因为迄今为止的经济学理论对于能够造成大萧条这种悲剧发生的资产负债表衰退尚无明确认识。尤其是一般观点都将大萧条视为经济衰退的一种极端表现，这就表明了主流观点对于普通衰退和大萧条之间差别的见解只局限于规模不同而已。由于假定企业即使在经济长期衰退时依然重视将来，致力于利润最大化，所以作为当今经济学界主流的新凯恩斯学派（New Keynesian school）倚重各种价格“粘性（Stickiness）”来解释经济衰退。这个学派的经济学家认为：调配成本和工资的下降“刚性（Rigidity）”阻止了物资和劳动力市场向均衡水平的回归。但是，即便价格的粘性和刚性可以用来解释短期失业率和经济衰退，对于长期衰退却依然缺乏说服力。这是因为在长期范围内，价格的变化都是依照市场力量的改变而进行的。

在一场资产负债表衰退当中，由于众多企业都在同时进行债务偿还，从而引发了总需求的持续下降［公式（4）］，这与价格刚性或粘性并无多大关联。而总需求的恶化会一直持续到企业的资产负债表得到最终修复之时，或者整个私营部门（包括企业）都陷入无钱储蓄的困境为止。

经济衰退存在至少两种不同形式的见解，对于经济学家们来说充满了嘲讽意味，因为正是美国大萧条导致了今日宏观经济学的诞生。然而，尽管是由于大萧条的冲击才使得宏观经济学作为一个独立学科出现，却没有任何人意识到大萧条的根源与普通经济衰退完全不同。因此，经济学家们一直都在运用同样的理论体系来试图解释所有的经济衰退，包括美国大萧条。这就导致了许多奇怪（如果不是愚蠢）的经济观点，尤其是在关于长期经济衰退的解释上。通过向现有经济学框架导入负债最小化的概念，经济学理论对于长期衰退的研究与探讨，终于得以从依赖价格和工资粘性刚性之类的雕虫小技的困境中解脱出来。

注　释

1. 凯恩斯（1936），第136页

2. 如在第六章解释的，借贷方可以用高回报率的国外资产来取代低回报率的本国资产。但这就使得借贷方必须承担汇率风险，这一点在国际收支经常项目持续保持顺差的日本得到了很好的证明

3. 伯南克（2000），第 8 页

4. 大萧条时期美国国内生产总值的剧烈下滑也是公式（3）和公式（4）所表述的紧缩过程的一部分

5. 美联储理事会（1976），第一卷，第 17 页

6. 同上，第 16 页

7. 同上，第 283 页

8. 同上，第 34 页

9. 同上，第 18 页

10. 详细请参阅，全美工业协会（1932），第 55~87 页

11. 博耶等（2004）

12. 佩尔森（1930），第 121 页

13. 加尔布雷斯（1954），第 148 页

14. 布朗利（1974），第 288 页

15. 博耶等，前引

16. 加尔布雷斯，前引，第 78 页

17. 弗里德曼和施瓦茨（1963），第 332 页

18. 同上，第 464 页

19. 同上，第 487 页

20. 伯南克（2000），第 156 页

21. 特敏（1976），第 172 页

22. 艾森格林（2004），第 13 页

23. 伯南克和米霍夫（2000），第 135 页

24. 弗里德曼和施瓦茨（1963），第 371 页

25. 同上，第 372 页

26. 同上，第 374 页

27. 同上，第 373 页

28. 同上，第 370 页

29. 特敏（1994），第 92 页

30. 伯南克（2002b），第 153 页

31. 艾森格林和特敏（2000），第 154 页

32. 罗默（1991），第 30 页

33. 特敏，前引，第 42 页；罗默，前引，第 16 页

34. 特敏，前引，第 42 页

35. 美联储理事会，前引，第 513 页；美国人口普查局（1975），第 229 页

36. 涉谷博史（2005），第 76~77 页

37. 美国人口普查局，前引，第一卷，第 210 页

38. 杰佛斯（2002），第 87~89 页

39. 肯尼迪（1999），第 364 页

40. 弗里德曼和施瓦茨，前引，第 427 页

第四章
资产负债表衰退时期的金融、汇率和财政政策

一、非传统金融宽松政策的问题

通胀目标制与价格水平目标制

在到目前为止的章节中，我们已经阐明，70 年前的美国大萧条和过去 15 年中日本大衰退的主要原因就在于私营部门的债务偿还。同时也说明了在这种情况下，除非政府发挥“最后的借贷人”的功能，否则传统货币政策将失去效用。在这一节中，我们将对通胀目标制以及其他非传统货币政策工具的效果进行探讨，这些货币政策工具在过去 10 年中被频繁提及。我们将验证这些工具在资产负债表衰退期间对于增加私营部门借贷者的数量是否有效。

必须首先声明的是，在此对于非传统货币政策的论述都是基于通货紧缩的成因无关紧要［克鲁格曼（1998），斯文森（2001）］这一观点。本章的论述将不涉及利率下降，也就是借贷方减少的关键原因。我们的论述只集中于一点，即上述这些非传统货币政策是否能够改变那些面临资产负债表问题的借贷方的行为模式。

（1）通货膨胀目标制

通货膨胀目标制出现于 20 世纪 80 年代早期，当时是为了取代下场悲惨的货币供应目标制，通货膨胀目标制也确实成功地降低了一些国家的通货膨胀率。但问题是，在一个正在经历资产负债表衰退的国家，通货膨胀目标制是否能够将通货膨胀率调高？

通货膨胀目标制最初受到瞩目是在 1993 年，当时日本的企业主管们已经开始谈论“资产负债表不安综合征”，此时日本的消费者价格指数尚保持在 1.3% 的增长水平。但是消费者价格指数的增长却无法改变企业借贷减少的趋势，当时的日本企业由于资产价格下跌承担了巨额债务，对于这些企业来说，消费者价格指数上升与否并不重要，重要的是尽快解决企业自身的债务问题。到 1993 财政年度，在日本上市公司中，正在偿债的企业数量已经超过了继续融资的企业（图 2-4）。[1]这就显示，即使消费者价格指数在 1998 年以后由于某种原因能够扭转下降趋势，但是仍然无法阻止企业偿还债务，而这正是资产负债表衰退的根本原因。

并且，为了使通货膨胀目标制得以成功，日本央行就必须说服企业无视资产负债表和信用等级问题，将它们自身在经济衰退中幸存下来的希望寄托于尚未发生的未来物价上涨，也就是通货膨胀之上。同时还必须说服银行，让它们相信由于通货膨胀最终将帮助那些财务状况出现问题的企业修复资产负债表，因此可以放心地继续向这些企业发放贷款。

但是对于日本政府和央行推行的这项政策，却没有哪家银行（放贷方）或者企业（借贷方）冒险响应。甚至连政府的银行监管部门、一向担心银行不良贷款问题的日本金融厅也不允许银行对此做出反应。只要企业和银行没有动静，这项政策必将无疾而终，通货膨胀最终也不会出现。

企业偿还债务不仅是为了承担责任，更重要的是它们担心外界分析人士或媒体哪天终于嗅出味道，发现它们资不抵债，技术上已经破产的真相，这对于任何企业来说都无异于被宣判死刑。并且，企业主管们心中清楚其他企业也处于同样的境地。总之，根据当时的形势，企业在自身资产负债表得到修复之前不会对通货膨胀目标制政策做出任何反应，并且也知道其他企业会采取同样的行动。因此，在这种情况下，通货膨胀目标制根本就没有任何成功的可能性。在企业主管们都清楚地知道通货膨胀不会出现时，指望一纸通货膨胀目标制宣言就能有效改变企业行为的想法显然不切实际。

因此也就毫不奇怪，为什么日本央行一直到最后都对导入通货膨胀目标制心存芥蒂。在缺乏私营部门借贷，货币创造乘数为负的情况下，中央银行根本就没有办法实现这个目标，在这样的形势下设立通货膨胀目标制显然有些荒唐。

有观点认为，在企业部门对通货膨胀目标制无动于衷的情况下，普通个人和家庭依然能够做出相应的反应。但是在过去15年里，由于经济低迷，收入下降，普通民众不得不动用存款来维持生活水准，这就造成个人部门资金盈余的持续下降（图2-9）。在此期间，日本的个人部门支出对于日本经济贡献巨大，而绝非经济长期低迷的原因。但是在2001~2004年，日本的个人资金盈余接近于零，这就表明一般日本民众的经济状况已经降至极限，除非收入得到显著提高，否则个人部门的支出就不可能出现增长。

在私营部门资金需求旺盛的时候，通货膨胀目标制可以由中央银行通过控制发放贷款规模的方式来有效降低通货膨胀率。但是当企业都在忙于偿还债务时，通货膨胀目标制却无法将通货膨胀率调高，因为此时私营部门根本就没有资金需求可供中央银行调控。

（2）实际利率是否过高

还有一些观点认为，是通货紧缩造成了实际利率的上升，从而推动了企业的偿债。根据这种观点，实行通货膨胀目标制可以导致通胀期望值升高，进而降低预期实际利率，最终打消企业的偿债意愿。

这种观点存在两个问题。首先，早在通货紧缩实际出现之前，日本企业于1993年前后就已经意识到自身负债过重的问题。并且日本企业的巨额负债是由于资产价格暴跌，而非产品价格下降所致。因此就很难将企业的债务偿还，以及由此造成的经济衰退归咎于产品价格的下降。这种观点颠倒了因果关系：事实上，是由于日本企业同时开始偿债，因此造成总需求大幅下滑，并最终导致整体经济出现了通货紧缩。

第二个问题是，这种观点主张在经济全球化的趋势下，实际利率应该按照全球价格，而非国内价格来计算。由于日本拥有大量出口型企业，这些企业一般都能够在那些不存在通货紧缩现象的国外市场获得丰厚的利润，所以这一点就显得尤为重要。图 4-1 对同期出口主导型企业和内需主导型企业的债务偿还比率做了对比，这张图非常清楚地显示出：那些不需要承受国内通货紧缩问题困扰的出口型企业和与之相反的内需型企业之间，对于债务偿还的基本态度并无差别。这就表明了，即便是出口主导型企业也在针对由于资产价格暴跌，而非产品价格下落所造成的资产负债表问题做出相应的反应。[2]

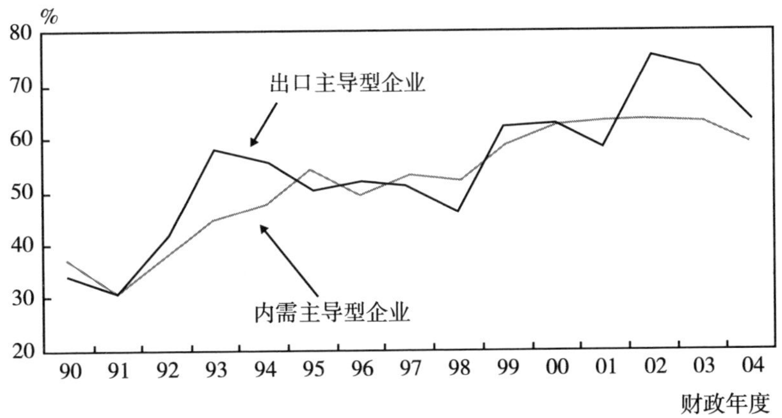

注：(1) 以 1826 家东证上市公司（包括停牌企业）为研究对象。

(2)“出口主导型企业”包括化学、钢铁、有色金属、机械、电器、运输机械、精密机械等行业；“内需主导型企业”包括以上行业之外的制造业和非制造业（一共包括东证 33 种分类）。

资料来源：野村综合研究所。

图 4-1　忙于偿债的全体日本企业（与前年度相比负债减少企业的比率）

（3）谁先出现：通货紧缩还是资产负债表问题

随着日本大衰退逐渐接近尾声，许多日本国内的学者似乎也已经承认私营部门资金需求的不足，以及企业都在致力于偿还债务的事实。这显示出自20世纪90年代后期以来的一个巨大进步，当时不管是日本国内还是国外的通胀主义者们都无视资金需求不足的事实，极力鼓吹日本央行采取更加宽松的货币政策来刺激需求。

但是尽管这些批评家们承认日本面临的是资金需求不足的问题，他们却依旧将责任归咎于通货紧缩。他们特别主张，完全是由于通货紧缩提高了实际利率，从而降低了企业的借贷意愿。

尽管我坚持，通货紧缩的根源在于有资产负债表问题的企业专注于偿债，从而造成总需求的减少，而通胀主义者们则认为是由于通货紧缩提高了实际利率，结果促使企业开始削减债务。在某种意义上，这两种观点都没有错，因为通货紧缩确实造成了一些企业被迫削减债务。假如企业进行债务偿还的这两个成因都有可能性，那么我们就要问：哪一个才是日本经济长期不景气的根本原因？

我的工作性质使我有许多机会与企业主管们进行交流。在过去15年中，只有一名企业主管告诉过我，他是因为自己企业的产品价格一直下跌所以拒绝借贷。这名主管是唯一一个对负债和产品价格下跌之间的关系表示过担忧的人，而其他所有企业主管们担心的，都是因为资产价格暴跌而产生的资产负债表问题。1993年，日本上市公司中开始削减债务的公司数量已经超过了继续借贷的公司，而那时的日本还不存在通货紧缩的问题，这也就明确显示了企业都在忙于修复因为资产价格下跌而导致的不良资产负债表。

产品价格下跌无法解释企业行为向前瞻性的转变

如果通货紧缩是迫使企业决定削减债务的幕后元凶，那么只要通货紧缩存在，企业的债务偿还就不会停止。但是如果企业的债务偿还是由资产负债表衰退导致的，那么一旦受损的资产负债表得以修复，企业就会立刻转而采用更具前瞻性的经营策略，而不会在意整体经济是否依然处于通货膨胀或通货紧缩。

在日本，第一家成功修复资产负债表，并转而实施更具前瞻性经营策略的企业就是松下电器。松下电器于2002财政年度，在日本经济尚处于通货紧缩状态时，率先清理完资产负债表，并在当年就实现了企业的高速增长。到2003年，松下电器更由于其CEO中村邦夫的创新式管理，以及积极的投资战略，一跃成为媒体的宠儿。

之所以提到松下电器是因为，在2003年年初，松下电器曾经要求我为他们公司的内部刊物写一篇关于资产负债表衰退的文章。最初考虑到如果为企业的内部刊物写文章的话，那就会没完没了，再也没有时间去做别的事，所以我拒绝了他们的请求。但是松下电器的执著使我最终再也无法拒绝，于是我就询问为什么他们想要刊登关于资产负债表衰退的文章，得到的回答非常简单："因为我们已经完成了（修复自己的资产负债表）。"

松下的复兴刺激了其他日本企业削减债务的进程，到2004年年底，尽管通货紧缩依然存在，但是日本企业的偿债额已经显著减少。至2005年，日本企业从银行借贷额已经下降至国内生产总值的52%，是自1952年以来的最低水平（图2-1）。也就是说，日本企业终于完成了对资产负债表的清理。

2004年1月，我受邀参加了达沃斯世界经济论坛，并在日本晚宴上发言。我在发言中阐述了日本的经济衰退是由于资产价格暴跌迫使企业进行债务偿还而最终导致的观点。由于只有15分钟的发言时间，我本来担心与会的300多名学者和企业首脑无法通过我的简短陈述理解这个经济学新概念。

但是当我讲完之后，尼桑的 CEO 卡洛斯·戈恩（Carlos Ghosn）站起来向听众介绍了他自己关于资产负债表衰退的经验。他说道："当我从雷诺到尼桑时，我被尼桑的负债规模给吓住了。我所接受的教育和人生经验从来没有告诉过我，应该在零利率的情况下偿还债务，但是最后我却不得不去尝试。知道了我们身负如此沉重的债务，我晚上都无法入眠。"我猜想是来自雷诺的财务援助大幅减轻了尼桑的债务负担。

戈恩在讲述他为偿还债务所付出的努力的同时，也强调了是尼桑内部大量的优秀人才使得尼桑的振兴成为可能。

我要感谢戈恩，由于他的援助才使当晚的众人意识到了资产负债表问题的严重性。他的经历在日本企业高层主管当中其实是极其普遍的。

尽管通货紧缩确实能够迫使一小部分企业开始偿债，但是绝大多数企业却是因为泡沫经济崩溃对企业资产负债表造成的损害才开始这样行动的。最终，企业的债务偿还削弱了经济增长，导致了通货紧缩。所以只对通货紧缩采取对策不足以结束经济衰退，这样的衰退会一直持续下去，直到企业完成资产负债表的修补为止。一旦企业清理完受损的资产负债表，那么即使物价仍然在下跌，这些企业依旧会转向更具前瞻性的经营战略。

中央银行对于风险资产的购买

艾格森（Gauti Eggertsson，美联储纽约支行资深经济学家——译者注）（2003）和一些学者主张，即便通胀目标制无法增加货币供应量，中央银行依然可以通过收购资产，直接向私营部门注入流动性来刺激货币供应。[3]这些学者认为这种方式的收购将提高资产价格，同时增加货币供应量，从而唤醒经济的复苏。

不幸的是，这种主张存在两个明显的问题。第一个问题是，在借贷方几乎不存在，货币创造乘数已经为零甚至为负的情况下，中央银行需要收购巨量的资产才有可能对资产价格和货币供应产生影响。第二个问题是，这样的收购将使中央银行承担很大的风险。

先考虑第一个问题。在资产负债表衰退期间，资产价格的变化对于中央银行的收购行为反应迟钝。这种衰退的一个重要特征就是，私营投资者们倾向于严格按照现金流量折现法来衡量资产价值。也就是说，泡沫之所以成为泡沫，就是因为资产价格水平再也无法通过现金流量折现法来进行评判。

当泡沫破灭时，投资者将损失惨重，曾经支撑高昂价格的投机需求迅速流失，迫使投资者将现金流量折现法作为衡量价格的唯一尺度。因此投资者们不会相信由于中央银行的收购而产生的资产价格回升，除非他们确信这些资产将来所产生的现金流量也会同样上升。

除了中国香港特区政府在 1997 年针对市场投机家精心策划的轧空对策获得成功之外，许多政府试图在资产价格泡沫破灭后继续维持或提高资产价格的政策都以失败告终。原因非常简单：市场参与者们不相信这些政府举措能够提升资产的现金流量折现价值。比如 2002 年 10 月，日本央行宣布要收购商业银行所持股份。但是这一努力不仅没有遏制日本股价的下跌，并且在六个月后给日本央行带来了巨大的资产损失。这些损失又被媒体大肆宣扬。[4]又比如，美国政府在 IT 泡沫破灭的 2000 年大幅降低利率，但依然无法阻止纳斯达克指数的下跌，这样一直持续到对于 IT 产品的需求重新回升时——也就是 IT 企业的现金流量折现价值重新开始上升之后，纳斯达克指数才开始稳定和恢复。

在一场资产负债表衰退中，为了克服现金流量折现法对于资产价格的壁垒，中央银行必须购买无以计数的资产才可能对资产价格产生一定的影响，这就产生了第二个问题：中央银行绝对不可以承担过多风险。这是因为今天的货币完全是由中央银行的信用来担保，而非黄金或白银。为了维护这种信用，任何国家的中央银行都必须审慎地执行货币政策。美联储前主席艾伦·格林斯潘在 2005 年 7 月 20 日的国会作证时曾经说道："自 70 年代末期以来，中央银行一直按照我们依旧是金本位的假设来运作。"[5]这句话的关键就在于，中央银行不能将公众的信任当做理所当然的。格林斯潘提到了 20 世纪 70 年代末期，这是因为自 1972 年结束金本位后，美国在那段时期经历了严重的通胀灾难。

将巨额的风险和不良资产加诸于中央银行的政策会严重损害中央银行在公众心目中的信用程度。尽管学术界认为这种担心不理性，但是在人类社会漫长的历史当中，一直到最近，没有贵金属担保的货币才开始得到公众信任。也就是从 37 年前，美国总统尼克松于 1971 年切断黄金和作为世界货币的美元之间的联动才开始的。

考虑到公众将因此容易丧失对中央银行的信任，也就毫不奇怪当一家中央银行被迫采取危险的行动时，公众自然会首先丧失对这家中央银行所发行货币的信心。一旦这种情况实际出现，那么公众这种不理性的反应就将动摇中央银行所发行货币的信用，因此导致的结果将远比日本所经历的那种程度缓和的通货紧缩要严重得多。

另外还有一个问题就是，中央银行需要将资产价格推高到什么水平才足以阻止企业进行债务偿还。为了使企业从以偿债为中心的运营战略中转移出来，资产价格就必须上升到和泡沫经济顶峰时同样的水平。对于日本来说就意味着，将资产价格的水平提高到位于东京市中心的日本皇宫的地价与整个加利福尼亚州地价相等的程度。

然而即便日本央行真的设定这样一个不切实际的目标，也没有任何人会相信。日本公众已经认识到了泡沫价格的虚假，事实上，资产负债表衰退就是从人们意识到他们追逐的是价格不实的资产，而这一价格将无法继续维持下去的那一刻开始的。就算能够将资产价格恢复到泡沫时期的水平，还必须将这个价格水平永远维持下去，才能够防止公众重新回到偿债模式中去。以上这些都说明了仅靠货币政策来应对资产负债表衰退的困难程度。

在1999年11月《文艺春秋》登载的一篇保罗·克鲁格曼（Paul Krugman）教授和我的对话当中，他说他认为如何理解日本通货紧缩现象的成因并不重要。尽管由于经济结构的不同，货币政策的效应也会相应的有所不同，但是他强调说，经济法则显示，依靠印刷钞票也能刺激需求，因此增加货币供应的策略总会产生效果。[6]

我回答说，要想使公众从偿债模式中脱身，资产价格就需要上升两到三倍，并且这些泡沫资产价格必须一直维持下去，而这是不可能的。他听了马上回答道：这就是日本之所以需要200%～300%的通货膨胀率的原因所在。[7]

在我们进行这个对话时，日本的年间物价水平只有微小的下降，而且这些下降也是由于政府实行市场开放政策，许多外国产品首次进入日本市场所致。并且，除了媒体在炒作通货紧缩这个话题，在整个大衰退期间，除了2001年5月的核心消费者价格指数下降了1.07%以外，日本的消费者价格指数下降从来没有超过1%。而同期日本国内生产总值依然维持高于经济泡沫期的水平。把这个现实跟一个通货膨胀率高达200%、日元被贬为废纸、民众的养老金和储蓄被一扫而光的情形相比较，就连三岁小孩都知道哪一个是正确的选择。我现在依然清楚地记得，当克鲁格曼教授轻松地建议日本实行300%的通货膨胀率时，我吃惊得连嘴都合不上了。

直升机货币：比灾难更糟糕的效果

以上提到的中央银行的信用问题同时也涉及一种为了消除流动性陷阱而出现的方案，也就是所谓的“直升机货币”。在相当长的一段时间里，包括像本·伯南克和米尔顿·弗里德曼这样的经济学家都主张货币政策作用的普遍性，因为即使经济状况陷入了最糟糕的境地，也可以通过好像从直升机上撒钞票一样的方式来刺激经济好转。虽然经济学家们在没有经过慎重考虑的情况下使用直升机货币这个概念的频率越来越高，但是这样一种方式是否真的能够达到预期效果非常值得怀疑。

理由非常简单：直升机货币这个概念几乎都是从商品和服务的购买方，而非销售方的角度出发。任何商品和服务的销售方对于直升机货币的第一个反应就是立即停止营业，或者要求购买者支付具有信用度的外汇来购买商品。在无法确定这些从天而降的钞票的真实价值的情况下，没有哪个销售者会拿手中的实际商品去交换这些纸钞。最后，所有的店铺都将关门，整个国家的经济最终崩溃。

现代货币都不是以黄金或白银作为担保，因此，它们的价值只能通过公众对中央银行的信任来维持。如果中央银行开始从直升机上抛撒钞票，那么公众对它的信任就会立即丧失——也就是说，没有哪个正常人会用天上掉下来的钞票去交换商品和服务。这样的政策最终只会让一个国家倒退回以物易物和恶性通货膨胀的时代。

恶性通货膨胀倒是能够结束资产负债表衰退，因为在国内货币贬值到成为废纸的情况下，企业就再也不用担心债务偿还了。从这种意义上来说，如果没有货币政策，确实就无法中止一场资产负债表衰退。但是这种情况一旦真的发生，日本央行就将不得不面对那些对其失去信心的“疯狂”公众。因此，像克鲁格曼和艾格森所主张的，日本央行应该有意识地宣布自己成为一个无责任中央银行的观点，就是完全不可取的。[8]

一个国家的民众对于自己国家货币信心的丧失，将给这个国家的经济造成沉重打击。不管是哪一个国家，其经济基础最重要的一部分就是公众对本国货币的信心。假如没有稳定的本国货币，没有哪一个国家可以仅通过以物易物或者外汇来实现本国经济的强劲增长。因此试图利用直升机货币来对付资产负债表衰退的方案只会造成比灾难更糟糕的效果。

虽然恶性通货膨胀可以惠及那些身负巨债的企业，但是对于储蓄者和放贷方来说，这也意味着同样规模的损失。实际上，对于那些曾经为了将来而储蓄的人来说，他们不仅失去了他们的储蓄，并且将在支出上更加小心谨慎。

有一些人认为直升机货币和直接寄给个人的退税支票并无差别。但是退税属于财政政策，是由立法机构决定的，所以并不会对中央银行的信用产生像直升机货币那样的破坏。

虽然政府和中央银行都属于公权部门，但是在现代社会中，中央银行相对于政府的独立运作，使得公众将这两个部门视为相互独立的不同机构，就如同公众看待立法和司法部门的相互独立一样。事实上，可以恰如其分地将一个独立的中央银行视为第四个公权机构。

直升机货币唯一能够产生作用的情况就是在以金本位为前提时，这时货币的价格绝对稳定，至少相对于黄金是如此。在金本位条件下的直升机货币制度就是将公共部门的黄金储备重新分配到私营部门手中，从而达到藏富于民、促进消费的目的。

2003 年 5 月 22 日，美联储前主席艾伦·格林斯潘在美国国会的听证会上发出了这样的疑问：为什么一个像日本这样不存在金本位制度，其中央银行可以自由地按照自己的意志印刷钞票的国家会陷入通货紧缩?[9]事实上，正是因为日本没有采用金本位制度，所以它才不能选择开印钞票并从天上往下抛撒的方式。在没有黄金的价值担保的情况下，中央银行必须谨慎行事，以确保公众依然愿意接受其发行的货币作为交换媒介，以及财富储藏的手段。所以弗里德曼在某种意义上倒是没有说错：即使是在货币政策的领域里，也没有免费的午餐。

普通通货膨胀和恶性通货膨胀是两种截然不同的现象

一些人或许会说，并非一定要采用直升机货币那样的极端方式，中央银行也可以实行比较温和的通胀目标制。比如克鲁格曼就在他的一篇论文中主张日本将通货膨胀率调高至 4%。[10]

这些建议的问题在于，程度适中的通货膨胀率不足以降低公众对日本央行的信赖，因此也就不会改变他们正在进行的偿债举动。假如这些举动不改变的话，通货膨胀率就不可能有任何上升。

原则上来说，一种货币要么被信任，要么不被信任，这两者之间不存在任何灰色地带。日本央行从 2001 年 3 月开始实施的定量宽松政策在经过五年的尝试之后，最终无法刺激通货膨胀和货币供应的实例就证明了，日本公众对央行的信赖依然没有改变。并且只要这种信赖存在，通货膨胀率就不会产生任何变化，因为在这种情况下，人们没有理由放弃偿债这种正确且负责任的做法，因而日本央行最终也就无法诱发适中通胀。

即便规模适中的通货膨胀能够出现，但是自 1993 年以来的“资产负债表不安综合征”表明，这种通货膨胀仍然不足以阻止日本企业的债务偿还。企业的债务偿还仍旧会一直持续到自己的资产负债表可以公示天下为止。

虽然中央银行在任何时候都可以通过制造恶性通货膨胀来摧毁

公众对它的信赖，但是它制造适中通货膨胀的能力却取决于私营企业是否处于利润最大化模式。如果企业正在追求利润最大化，那么中央银行只要注入更多的流动性就可以催生适中通货膨胀。但是如果企业坚持负债最小化模式，那么不管中央银行注入多少流动性都无法制造通货膨胀。

从这种意义上来说，恶性通货膨胀和普通通货膨胀完全是两种截然不同的现象，前者并非后者的极端表现形式。在前面的章节中已经指出，导致日本大衰退的资产负债表衰退并非简单的普通经济衰退的极端形式。同样，由于中央银行的不理智决策而导致的恶性通货膨胀也绝非普通通货膨胀的另一个极端版本。

日本央行的国债购入

伯南克（2003）并未否认财政刺激的重要性，并且建议日本央行大幅增加国债的购买数量。他认为这样不仅能够增加货币供应量，同时也可以帮助政府在不给私营部门增加未来税收负担的同时，实施更大的财政刺激计划。他建议的要点在于中央银行对所持有国债利息和本金的支付最终都将流回国库，在这些债务不给普通纳税人增加负担的同时，使得政府持续不断的财政支出成为可能。乍看起来，这种一本万利的建议的确诱人，但是它依然存在重要的局限性。

中央银行对国债的购买将向银行系统注入大量的准备金。虽然在缺乏私营部门资金需求的情况下，准备金的增加不会引发通货膨胀，但是一旦资金需求重现，中央银行就必然面对由于商业银行内部积压的准备金过剩而诱发大规模信贷扩张的风险。假如中央银行对此不加干预，则整体经济必将陷入严重通胀之中。

因此，这时中央银行就必须进行 180 度的政策转弯，开始抛售国债以吸收银行系统内部的过剩流动性。中央银行的这种政策逆转就意味着，不能指望中央银行成为国债的永久持有者。如果一般公众将中央银行的国债购买视为暂时性举措，那么公众的行为变化自然也就会相应的有所限制。

事实上，日本央行已经被迫将政策进行了逆转。自从 2001 年 3 月宣布实行定量宽松政策以后，日本央行通过购买国债向银行系统注入了 25 万亿日元的过剩准备金。由于 5 万亿日元的法定准备金已完全能够支持现有货币供应，因此，一旦私营部门的资金需求得到恢复，这笔过剩准备金就足以将货币供应量增加 500%——也就是说制造 500% 的通货膨胀率。虽然在私营部门的资金需求恢复之前，这笔过剩准备金尚不会成为问题，但是现在资金需求回升的征兆已经出现——比如银行向企业发放的贷款终于从 2005 年后期开始出现了增长（图 1-2）。

随着企业的资金需求重新开始增长，日本央行也就别无选择，只好于 2006 年 3 月 9 日宣布中止定量宽松政策。

尽管伯南克承认他的建议是以通货膨胀为代价，但是他没有说明到底是什么规模的通货膨胀。对于日本来说，25 万亿日元的定量宽松数额相当于一年的预算赤字。假如日本央行一直持有这笔国债，那就意味着将可能造成 500% 通货膨胀率的流动性留在了银行系统内。因此，伯南克的建议是在明知最终将导致 500% 通货膨胀率的情况下，要求日本央行为相当于一年规模的预算赤字买单。对于这种建议，明眼人很少会表示赞同。

资产负债表衰退和“无税国家”

数年前，在以若田部昌澄、野田旭和田中秀臣为代表的通胀目标制阵营中流行着所谓“伯南克反证法”的观点。伯南克这一主张的要点就是：日本央行坚称即使它持续购入国债也无法产生通货膨胀，但是假如日本央行无限制地购买国债的话，那么最终日本政府就可以免除所有赋税。但是这样的情况，也就是一个无税国家显然是不可能出现的，所以日本央行关于央行对国债的购买无法产生通货膨胀的说法就一定有什么地方是错误的。[11]

这种观点就是希望听众得出这样一个结论：因为一个国家显然不可能没有税收，所以日本央行对国债的购买一定能够造成通货膨胀。尽管这是一个有趣的推理，但是在逻辑上其实有一个很大的跳跃。因为央行的国债购入并不能导致通货膨胀，倒是企业在完成资产负债表清理之后重新开始的借贷和支出能够造成通货膨胀。当这种情况出现时，如果银行系统内部依然充斥着巨大的流动性，则必然会导致庞大的信贷扩张，最终造成严重的通货膨胀。

但是必须记住的是，当利率为零时，不管日本央行购买多少国债都无法对经济活动产生影响，对于企业清理资产负债表同样也是爱莫能助，实际上在企业自己完成对资产负债表的修补之前，任何事情都不会发生。比如日本央行于 2001 年 3 月开始实行定量宽松政策，向银行系统注入了 25 万亿日元流动性，但是直到 2005 年，日本企业最终还清泡沫经济时代所欠债务之前（图 2-1），这项政策根本就没有产生任何效应。

换句话说，由于直到企业还清债务为止，日本央行购买国债的举措都没有导致通货膨胀的发生，所以可以认为，在这期间日本暂时成了一个无税国家。

举例说明一下这种状况，假设日本央行按照定量宽松政策购买并连续数年持有 25 万亿日元国债。这笔国债每年产生的利息将由日本政府支付给日本央行。在每个财政年度结束时，日本央行在扣除成本费用之后，又会将这笔利息款交还给国库。也就是说，日本政府事实上并没有为这笔国债支付利息。假设日本央行按照 1.5% 的回报率连续两年持有这笔 25 万亿日元的国债，那就将为纳税人节省 7500 亿日元的利息（25 万亿×2×0.015）。这笔利息的免除或许是这项定量宽松政策的唯一收获（但是民营金融机构的利息收入也会同时出现相同规模的减少，所以对于整个国家来说，并没有从这项政策的实施中得到太多好处）。

企业只要能够保持盈利，就迟早会清理完受损的资产负债表。在日本，2005 年下半年之后，越来越多的证据显示日本企业已经完成了这个步骤，又重新开始借贷。这时，日本央行也就不能再容忍以前注入市场的巨额流动性仍然滞留不变，否则一旦银行开始利用手中规模庞大的流动性积极放贷，信贷规模势必将毫无节制地膨胀下去。

当日本央行吸收完过剩流动性，国债也就重新回到私营部门，“无税国家”的状态也就随之结束。

因为即使日本央行收购国债也不会推动企业债务的削减，所以日本央行关于购买国债并不能产生通货膨胀的观点是正确的。但是伯南克关于无税国家不可能出现的主张同样也是正确的，因为企业迟早都会完成资产负债表的修复，从而迫使央行逆转此前的政策。

唯一能够使央行购买国债的行动最终导致通货膨胀的办法就是：政府将前面提到的 7500 亿日元利息返还转而作为财政刺激的筹码。这 7500 亿日元的追加政府支出将会扩大总需求，进而造成通货膨胀。这也是在一场资产负债表衰退期间，通过货币政策促进财政政策生效的唯一途径。但是在日本的通货再膨胀（Reflation）阵营中，那些使用“伯南克反证法”来支持自己观点的人士似乎都很厌恶财政刺激政策，假如是由他们来决定日本的经济政策的话，这笔返还利息大概会被用来进行财政整顿（比如偿还国债）。如果是这种情景，那么在企业完成资产负债表修复之前，不管日本央行购买多大数额的国债都无法刺激经济和通货膨胀。

二、资产负债表衰退期间的汇率政策

贸易顺差国家没有政策选择的自由

克鲁格曼、斯文森和艾格森都力主日本政府调低日元汇率。他们认为这样不仅能够通过扩大出口来刺激经济，同时还可以提高贸易商品价格，进而达到提升国内公众通胀期待值的目的。

这个提议的关键缺陷在于，日本已经是世界最大贸易出超国之一，强行将日元贬值这种以邻为壑的政策必然会遭到贸易伙伴的激烈反对。而来自海外的反对会将外汇市场参与者的焦点聚集在贸易不平衡上，最终不仅不能降低汇率，反而有可能使汇率提高。

这种情况在美国对日本存在严重贸易赤字的 20 世纪 90 年代大部分时间里，在关于日元和美元汇率变化的问题上也确实发生过。最突出的例子就是在 1999 年 6 月的最后一个星期，当时日本的大藏省财务官榊原英资在退休前一周宣布要将日元对美元汇率从 117 日元兑 1 美元贬值到 122 日元兑 1 美元，为了达到这个目的，已经动用 3 万亿日元来收购美元。

日本政府介入外汇市场的消息传到华盛顿后，当时美国的财政部长劳伦斯·萨默斯（Lawrence Summers）闻讯大怒。由于对因为日美贸易不平衡问题而深感愤怒的美国国会态度，以及日本经济所面临问题的本质有着深刻了解，萨默斯立即宣布将不会承认这种对于外汇市场的介入。总之，他的主张就是，美国绝对不会容忍日本政府操纵汇率的举动，日本政府应该努力扩大内需，而非完全依靠外需。萨默斯对日本政策的激烈反应震撼了外汇市场的参与者们，将他们的注意力骤然集中到了两国间贸易不平衡的问题之上。最终日元升值到了接近100日元兑换1美元的地步。

萨默斯之所以反应如此激烈是因为，作为一个国际收支经常项目顺差如此庞大的国家，拥有过剩国内储蓄的日本应该首先通过扩大国内需求来有效利用国内储蓄，而不是只想依赖其他国家。萨默斯本人也是少数真正理解日本经济问题实质的经济学家之一，自从担任美国财政部副部长以来就一直劝说日本推行财政刺激措施。萨默斯的激烈反应对于一名既是经济学家，同时又是对日本存在巨大贸易赤字国家的财政部长来说，真是再自然不过了。

虽然萨默斯在1999年6月的反应对于其后日本的政策制定有着深刻的影响，但是那些鼓吹日元贬值的外国学者们却完全忽视了这个插曲。就在这件事发生四个月之后，前面已经提到过，1999年10月，我和克鲁格曼教授进行了一场90分钟的辩论。当时我非常震惊地得知，克鲁格曼教授根本就不知道萨默斯关于美国政府不会允许日本依赖海外需求来使自身从经济衰退中脱身的发言。作为一名学者，或许不需要每天都阅读报纸照样可以领取薪水，但是作为拥有庞大贸易顺差的日本，在没有美国以及其他贸易伙伴的同意下想要实施日元贬值政策简直是天方夜谭。

虽然日本当时没有权力选择将日元贬值，但是2003~2004年3月，日本政府大规模的汇率干预却成功地阻止了日元上扬，在不小的程度上帮助了日本的出口。这次干预所动用的30万亿日元（2850亿美元）金额是史上空前的，招致了美国国会和企业界首脑的猛烈批判，他们指责日本拒绝利用市场力量来修正日元。

斯文森（2001）和麦考利（2003）主张，日元贬值所产生的收入及其替代作用是按照相反的方向变动的，因此日元贬值对日本的贸易不平衡应该不会造成太大的影响。他们认为，日元贬值所扩大的出口会有利于经济的复苏，随之而来的进口又会使得贸易平衡不会出现显著的改变，因此像美国这样的贸易伙伴们将会容忍将日元贬值的政策。但是当企业都在以负债最小化，而非利润最大化为目标时，任何由于出口增长而获得的追加利润都会被企业用于债务偿还。这一点就如图 4-1 表现的，在出口主导型企业当中，以偿债为中心的企业的比例从日元最强劲的 1995 年之后一直到 2003 年都在持续上升。也就是说，在一场资产负债表衰退期间，由于日元贬值带来的收入效应不仅有限，并且会受到替代作用的左右。因此，日元贬值政策最终将产生以邻为壑的结果，并且只会对现有的贸易不平衡造成更大的破坏。

贸易逆差国家的正确选择

相反，一个陷入资产负债表衰退的国家，如果它的对外贸易呈现逆差，货币贬值就应该成为其对策的一部分。因为对于这样的国家来说，即便通过降低汇率、增加出口来缓和对外贸易的不平衡，也不会引发其贸易伙伴国的抵触。因此，对于国内储蓄不足而又存在贸易逆差的国家，货币贬值正是减少逆差的正确选择。

事实上，1997 年亚洲金融危机爆发后，由于大量外资逃离亚洲市场，引发国内资产价格暴跌，一场潜在性的资产负债表衰退一触即发，在这种情况下，绝大多数亚洲国家的经济依然能够在短时间内恢复正常，原因就在于此。比如在金融危机爆发时拥有巨大贸易赤字的韩国，其主要货币韩元从当初的最高点暴跌了 73%。尽管不是有意为之，但是韩元的暴跌大幅扩大了出口，从而抵消了由于资产价格下跌而减少的国内需求。韩国的对外贸易在极短时间内出现盈余，其经济复苏的步伐也比国际货币基金组织和美国财政部预计的快了许多。泰国和马来西亚也同样受惠于本国货币的贬值，出口的扩大帮助这些国家克服了由于资产负债表问题引发的国内需求低迷的困境。以上这些国家在汇率调整后都能够大规模地转为贸易盈余也证明，与麦考利的主张恰恰相反，当经济处于资产负债表衰退时，货币贬值产生的替代作用并不会主导其在增加收入上产生的效应。

总之，当一个国际收支经常项目保持顺差的国家面临资产负债表衰退问题时，其正确的解决办法就是通过财政政策来调整过剩的国内储蓄。但是如果是一个国际收支经常项目保持逆差——也就是说国内储蓄不足的国家面临资产负债表衰退问题时，那么正确的做法就是降低汇率来刺激对外输出。所以当一个国家面临资产负债表衰退时，应该采取何种对应方式是由这个国家所处的经济状态决定的。

三、必须为我们的后代留下一个健全的经济体

财政政策对于经济繁荣不可或缺

财政政策在日本过去的15年里发挥了重要作用。在经济泡沫破灭之后的这段时期，日本政府投入了超过140万亿日元的资金用于执行财政刺激政策，并且在这个过程中遗留下了巨大的预算赤字(图1-5、图1-6)。考虑到严重的财富递减效应，以及企业的经营目标由利润最大化向负债最小化的转变，完全可以认为，正是由于日本政府用140万亿日元筑起了一道堤坝，才最终防止了可能造成日本经济1500万亿日元损失的大崩溃。在整个资产负债表衰退期间，日本政府连年的财政刺激政策保证了日本经济在国民财富损失惨重、企业行为剧烈转变时，依然能够保持好于经济泡沫期的水准。政府

支出不仅使日本的国内生产总值保持稳定，也有效地协助了日本企业清理受损的资产负债表。

作为众多预言日本经济的经济学家之一，斯文森（2003）曾经说道："如果没有有效的（货币）政策，日本还要失去另外一个10年。"[12]具有讽刺意味的是，斯文森刚做完这个预测还没多久，日本经济就已经开始向着全面复苏迈进了。

就像前面已经提到的，从2003年3月开始，一些日本大企业终于完成了对资产负债表的修复，开始面向未来，开展新的投资和产品开发工作。这些企业向前瞻性经营战略的改变也让其他企业感受到了压力，因此从2004年开始，整体趋势也开始有了相应的变化。虽然目前还在削减债务的企业仍然比增加借贷的企业多，但是从2005年开始，企业部门作为一个整体又重新开始借贷。并且，过去15年间由于偿债给企业造成了严重的伤害，对于大多数日本企业来说，依然需要很长的时间来治疗它们的"债务抵触综合征"，使它们不再对负债充满恐惧。

资产负债表衰退期间关于财政乘数的问题

长期以来，一直有观点认为，由于乘数效应过低，日本的财政刺激政策属于"恶政"。众多计量经济学模型表明，日本的财政乘数不仅过低，而且还一直在下降。[13]但是这种观点存在两个问题。

首先，假如我们按照由于不实行财政刺激政策而造成的后果来测算财政乘数效应，那么就会发现这个乘数其实非常巨大。换种方式表述就是，应该这样来衡量日本财政乘数的真实效应：首先假设在损失相当于3年国内生产总值总和的国民财富的情况下，日本政府依然拒绝实行财政刺激政策，然后计算由此可能造成的经济后果，并与真实世界中由于日本政府的财政刺激而保持500万亿日元国内生产总值不变这个实际经济结果进行比较，这二者之间的差异才是日本财政政策乘数的真正效应。如果当初日本政府听任经济陷入萧条，日本的国内生产总值大概只有现在的几分之一。因此，只要将这两个国内生产总值之间的差额作为乘数效应来测算一下，最终得出的乘数效应将非常巨大。

不幸的是，基本上所有的计量经济学模型都不是为了计算这样的乘数而设计的。绝大多数计量经济学模型都以假设不存在财政刺激的情况下，经济依然处于或接近于稳定的均衡状态为前提。也就是说，这些模型都假设即使没有财政刺激，经济增长速度依然能够保持为零，或者长期范围内继续增长。然而在一场资产负债表衰退中，这种假设不再成立。比如，在 2003 年，日本需要相当于占国内生产总值 7% 的政府预算赤字的支持，才能使经济增长速度继续维持在零的水平，如果没有这些政府支出，日本经济早已发生恶性循环通货紧缩，陷入严重的经济萧条之中了。所以，标准的计量经济学模型无法用于测算经济状况如此不均衡条件下的财政乘数。

第二个问题是，虽然日本的财政刺激政策对避免日本经济陷入萧条起到了关键作用，但是这些财政刺激并没有完全消除经济中出现的通货紧缩缺口。也就是说，财政刺激的规模总是力有未逮，从来没有压倒过作为通货紧缩缺口元凶的个人储蓄和企业偿债的总金额。因此日本经济长期存在通货紧缩缺口，在这种情况下测算财政乘数效应，自然会得到较低的结果。

比如当通货紧缩缺口有 40 万亿日元时，政府实行一项规模为 35 万亿日元的财政刺激政策，那无法填补的 5 万亿日元缺口依然能够把经济推向恶性循环通货紧缩状态。即便政府的财政刺激已经将 40 万亿日元的通货紧缩缺口缩小到了 5 万亿日元，但是剩下的这部分缺口仍然能够造成经济萎缩，从而削弱 35 万亿日元财政刺激的乘数效应。假如财政刺激的规模是 42 万亿日元，那么造成经济倒退的缺口将被完全清除，这时的财政系数，尤其是由于多出来的 2 万亿日元，将会得到令人惊奇的增长。

遗憾的是，日本政府从来没有实行过如此大胆的财政刺激政策来验证这种假设。但是在第二次世界大战期间，大规模的整军备战（如图 3-9 所示，也包括德国在二战前的财政刺激政策）使得许多国家在极短时间内就从大萧条的泥沼中脱身的历史经验表明，一旦财政刺激的规模超过了通货紧缩对经济的反作用，财政乘数效应就会显著增加。但是对于这个问题更加明确的回答，有待于在资产负债表衰退时期更多财政刺激实例的出现。

银行问题并非导致日本衰退的原因

就如美国在大萧条时代一样，日本在大衰退期间也经历了众多银行倒闭、挤兑以及信贷紧缩的现象。这些给个人和企业造成巨大损失的银行问题当然会引起强烈的反响，因此也就不奇怪许多人将经济衰退和金融政策失灵归咎于日本的银行危机。众多新闻工作者和经济学家，如贝由米（Bayoumi）和岩田规久男（Iwata）都认为银行问题才是导致日本经济衰退的关键。但是正如前面已经指出的，银行部门的问题只是日本经济衰退的结果，而非原因。

日本确实存在着严重的银行问题，也曾经发生过信贷紧缩。但即使在所有这些问题都解决之后，经济状况和金融政策的效力依旧没有明显的改善。为了使经济真正复苏，企业部门必须停止债务偿还，而这才是恶性循环通货紧缩的根源所在。为了让金融政策重新发挥效力，企业就必须完成对资产负债表的修复，再次开始借贷。

美国大萧条和日本大衰退都是由于企业为了应对资产价格暴跌而致力于负债最小化所致。而在这两次经济困难当中，媒体都将零星发生的信贷紧缩夸大为经济倒退的根本原因，将公众的注意力诱导至银行部门。

也就是说，在美国大萧条和日本大衰退期间，企业悄然进行自发性偿债的举动对于媒体来说没有任何新闻价值，所以也就没有被报道。对于负债沉重的企业和银行来说，它们也没有任何理由向外界透露真实情况。如此一来，虽然企业的债务偿还才是真正的罪魁祸首，但是媒体显然更愿意将矛头对准存在问题的银行部门，把银行当做造成经济衰退的最大嫌疑犯。这样看来，似乎在任何地方、任何时代，发放贷款都不是一个讨人喜欢的行当。

日本银行在其发表的《短观》中对 10000 家借贷企业的调查显示，日本银行业其实是愿意放贷的，而且银行部门的问题也并非日本经济衰退的原因（图 2-3）。美国全美工业协会在 1932 年对超过 3000 家企业的调查也支持同样的结论。

在日本，有两个人拒绝相信在现实中不存在资金需求，并且亲自组建了自己的银行，想要证明：资金需求确实存在，只是因为日本银行部门的无能，所以无法满足这些需求而已。他们中的一个是竹中平藏金融担当大臣的幕僚中村刚，另一个是《日本可以说不》的作者之一、东京都知事石原慎人郎。

但是他们的银行最终都表现平庸，中村的银行最后被揭露通过向自己家族放贷的方式来粉饰借贷需求[14]，并且一些分析人士认为其递延减税额过大。[15]而由石原慎太郎领导的东京市政府所组建的银行自从 2005 年成立以来，已经损失了其资本金的 80%，也就是 9360 亿日元。[16]在社会科学领域，很少能见到这样的受控实验，但是这两家银行的例子都很好地证明了：是资金需求方的减少，而非资金供应方导致了经济衰退。

当然，日本在 1997 年和 1998 年也经历过严重的信贷紧缩（图

2-3）。这是由于日本国内外的投资者担心桥本龙太郎政府的财政改革将会引发经济灾难，因此同时开始从日本撤资所造成的。这场大规模的资本逃离（当时被媒体形容为“抛售日本”）造成了日元和日本股价的大幅滑落。股价的下跌（日本银行当时所持股票占其总资本的 45%）使日本银行的资本充足率的分子减小，与此同时，日元的下跌又使银行资本充足率的分母由于银行美元资产的膨胀而变大，最终导致的资本充足率下降迫使日本银行开始压缩资产，从而使日本全国陷入严重的信贷紧缩。

作为对策，当时的日本政府效仿美国复兴银行公司在 20 世纪 30 年代的做法，先后两次向银行系统注入资本：一次是在 1998 年 3 月，信贷紧缩爆发后不到六个月的时候；另外一次是在一年之后的 1999 年 3 月。这些空前且及时的应对措施最终使危机得到了控制。并且，日本政府同时于 1998 年 10 月开始执行一项针对中小企业的 30 万亿日元信贷担保计划。政府的第一次资本注入阻止了信贷紧缩的进一步恶化，第二次注资与信贷担保计划最终成功地化解了信贷紧缩（图 2-3）。

然而不幸的是，显然是由于在东京的那些外国记者们不懂日文的缘故，英文新闻媒体对 1998 年 3 月的注资做了大量歪曲的报道。这使海外对日本的这些政策产生误解，这种误解甚至一直持续到今天。那些希望更加深入了解当时情况的读者可以参考由约翰·威利父子出版公司出版的另一本我的书《资产负债表衰退》的第六章到第八章。[17]

因此可以这么说，美国大萧条时得出的经验——资本注入和公共工程投资会产生积极作用，在 70 年后的日本得到了最好的应用。正是这两种财政手段使得日本在遭受 1500 万亿日元财富损失的情况下，依然能够将国内生产总值和货币供应量维持在泡沫经济时期以上的水平。

为我们的后代选择一个恰当的负担

在到此为止的章节中一直都在强调资产负债表衰退期间推行财政政策的重要性，但是这同时也引起了对国债膨胀的担忧。日本现在的国债规模已经相当于国内生产总值的150%，这就意味着也许将要给下一代留下一个沉重的包袱。这种担忧使得许多人即使同意财政政策是与资产负债表衰退斗争的有效手段，却仍然不愿实际运用它。这种观点虽然可以理解，但是同样有三个误区。

首先，并不存在一个预定的标准来确定预算赤字的某个特定规模将会给一个国家的经济带来致命的打击。比如英国在1945年的国债规模相当于其国内生产总值的250%[18]，但是这并没有导致英国从世界经济地图上消失。事实上，假如英国公众不是容忍了这样高昂的预算赤字，而是选择削减逆火式战斗机，或者兰开斯特轰炸机的产量，那么英国作为一个国家倒是真的会从地图上消失，成为“希特勒第三帝国”的一部分。英国的国债规模之所以变得如此庞大，是因为它需要投入所有资源去打败希特勒。应该说英国人做出了正确的选择。

虽然为了结束资产负债表衰退，作为代价投入的预算赤字不会是一个小数目，但是下一场资产负债表衰退的到来如果不是几个世纪后的话，至少也需要再等数十年，也就是说在下一场风暴到来之前，将有足够的时间进行财政调整，因为那些经历过资产价格泡沫的人不会再犯同样的错误，只要他们还在，就不会再出现第二个泡沫。并且，一旦一个国家从资产负债表衰退中脱身，就应该继续利用货币政策来应对经济活动中出现的震荡。

第二点需要注意的是，在处理留给下一代的负担时，不仅需要考虑下一代需要承担的实际债务总额，同时还需要考虑他们将要继承的整个经济的健全性。原因很简单，对于下一代来说，即便需要面对巨大的预算赤字，但是如果继承的是一个对策健全、状态趋于良好的经济，这就远胜于继承一个虽然没有任何预算赤字，但是却遍体鳞伤，没有得到任何救治，濒临死亡的经济。

为了更好地理解这一点，我们以大萧条时的美国为例。假设1933年之前（现在的世代）的一代人为A世代，1933年之后（将来的世代）的一代人为B世代。A世代在胡佛总统的领导下，无视美国经济陷于严重的资产负债表衰退，拒绝采用财政刺激来支持经济。因为他们反对执行任何可能导致预算赤字的措施，所以A世代不会为下一代留下任何债务负担（在现实中并非如此，尤其是在1932年，但是我们在这里将其忽略不计）。但是另一方面，他们留下的是一个正处于大萧条剧痛之中的经济，失业率超过20%，国内生产总值只有1929年时的一半。

因此，B世代被迫实行新政，大规模地进行公共工程建设，竭力愈合经济创伤。在最终走出大萧条的困境之前，美国的预算赤字到1944年已经扩大到了国内生产总值的30%。

在大萧条期间，贫穷使得数以百万计的年轻人被迫离开学校，寻找工作，他们的人生规划由于胡佛政府试图平衡预算的错误决定而被摧毁。如果不是因为第二次世界大战造成的巨额政府支出，那么整整一代人都将失去学习和工作的机会。

假如能像今天的日本，A世代在1929年或者1930年就决定使用财政刺激来维持经济活动，从而阻止了经济状况的进一步恶化，那么B世代所继承的负担和痛苦将会减轻许多。即便B世代必须偿还A世代因此发行的巨额国债，对于B世代来说，这也要比经济跌入谷底好得多。

对于日本来说也是同样的道理。曾经一度有超过300万人失业，其中的大多数人为了生存受尽辛劳，许多学生被迫放弃接受大学教育的梦想，不少家庭也不得不为了子女的教育而削减日常开支。这一代人所承受的苦难完全是错误的财政保守主义，尤其是 1997 年桥本龙太郎政府的财政整顿政策的代价。

对于日本来说，A 世代就是在 1997 年 4 月通过提高税收、削减财政支出来进行财政整顿，将日本经济推到崩溃边缘的一代，而 B 世代则是 1998 年 6 月之后继承日本经济的一代。A 世代的财政改革路线不仅造成了连续五个季度的经济负增长，而且让那些深知日本陷入资产负债表衰退的海内外投资者将资金撤离日本，导致了被称为“抛售日本”的资金大量外逃，从而造成日元和日本股票价格的双双暴跌，最终不仅伤害了日本的银行系统，也使得整个东南亚的经济受到沉重打击。[19]

1998 年 6 月，桥本龙太郎首相最终承认了自己所犯的错误，改弦易辙，推动了一项规模 16 万亿日元的追加预算。遗憾的是，创伤已经造成，经济伤口如此严重，为了使经济状况最终稳定下来，还需要更多的财政刺激和银行系统安定化政策。结果，预算赤字最后不仅没有缩小，反而从财政整顿前 1996 年的 22 万亿日元扩大到 1999 年的 38 万亿日元。

日本在 1996 年曾经有过复苏的机会

这又将我们带到了第三个问题：在资产负债表衰退期间，任何削减预算赤字的尝试都有可能以失败告终。因为在资产负债表衰退时，只有政府的财政支出才是有效防止经济陷入恶性循环通货紧缩的唯一途径，如果政府放弃这一职能，经济就很可能像 1937 年的美国和 1997 年的日本那样迅速崩溃。

在 1996 年，也就是桥本龙太郎实施财政改革的前一年，日本经济增长率曾经在当时 G7 所有国家中达到了最高的 4.4%。受到日本经济强劲增长的鼓舞，1996 年年末，来自纽约的资产拆卖人和香港的投资家大举进入东京，准备购买日本的商业不动产。之所以选择日本是因为他们注意到，在日本房地产价格急速下落的同时，房租却下降得不多。在当时的情况下，即使以国际标准来衡量，日本的房地产也是非常具有吸引力的投资对象。也就是说，假如日本政府没有在 1997 年改变财政刺激政策的话，前一年的经济发展势头将会持续，日本的资产价格也会因为外国投资者的介入而停止下跌。

但事实是，财政整顿政策破坏了日本经济，造成了连续五个季度的负增长。这样的经济崩溃使得外国投资者们无法进行尽职调查，只能被迫离开日本（尽职调查是指，资产的购入者对于打算购入资产的未来可能收益以及必要成本进行计算，从而确定资产购入的正当性。经济崩溃将使对未来利润的预测失效，因此尽职调查本身也就不再具有可行性）。这些外国投资者的放弃又进一步导致了新一轮的资产价格下跌，由于外国投资者的帮助而在 1997 年得以稳定的日本商业不动产价格重新开始下滑，从 1997～2003 年，商业不动产的价格下跌了 53%[20]，使日本企业的资产负债表问题进一步恶化。

这 53% 的价格下跌给日本经济造成了空前的打击。尽管到 1997 年为止，不动产价格相对于顶峰期已经大幅降低，但依然还能维持在泡沫顶峰期六年前的 1985 年的水平。在这个价格水平上，绝大多数日本企业尚能将损失消化掉，继续向前发展，毕竟对于许多日本企业来讲，这些损失只不过意味着账面收益的消失，或者微小的账面损失而已。但是当不动产价格进一步从 1997 年的水平下跌了 53% 之后，也就意味着跌回到 1973 年的水平。[21]这时，除了那些没有负债的企业以外，没有哪家企业能够避免因此造成的严重资产负债表问题。

也就是说，假如 A 世代不在 1997 年推行财政整顿政策，那么 B

世代的日子就会轻松不少。预算赤字将会保持1996年的22万亿日元的水平，从1997年至今的累积国债规模至少可以降低100万亿日元，使得经济状况比现在好上许多。日本经济甚至可能不用等到2005年，在2000年的时候就已经能够走出衰退。简单地说，1997年财政整顿之后日本经济所面临的困境，与1937年美国财政整顿之后所面临的经济困境完全一样，都是毫无必要的尝试。

正如在第二章中已经提及的，小泉纯一郎在2001年成为日本首相之后，立即宣布了以30万亿日元政府债券发行上限为中心的财政整顿计划。这项计划如果是在个人储蓄和企业净偿债额低于30万亿日元时倒还不会产生什么问题，但是当时由于IT泡沫破灭和“9.11”事件的影响造成需求严重不足，而这项计划又使得政府无法填补这部分不足，于是，在小泉纯一郎执政的头两年中，经济活动和资产价格双双迅速萎缩。由于税收收入也因此减少，小泉最终无法兑现自己的承诺，只好在2003年放弃了这项计划。

对于财政政策的偏见

财政整顿的倡议者们总是警告不能将债务留给我们的子孙，然而上述的两个例子都表明，即使某个世代打算削减预算赤字，但是如果经济正处于资产负债表衰退期，预算赤字和整体经济都可能会变得更糟。

关于政府的预算赤字，迄今为止，经济学家们进行了各种各样的辩论。在这些辩论中，却很少提及将要交给下一代的经济健全性问题。因此，他们就赤字支出所做出的结论总是存在偏颇之处。此外，由于对资产负债表衰退的形态了解甚少，他们对于治疗此类经济衰退唯一有效的处方——财政刺激政策的使用总是显得过度谨慎。

这种偏颇反过来又让经济学家们在资产负债表衰退期间过度依

赖货币政策。一些已经提到过的办法，比如通胀或者价格水平目标制以及定量宽松政策，都是为了使货币政策能够在资产负债表衰退时有效发挥作用的无奈提议。而其他的建议诸如改变国债的成熟结构或者中央银行购入番茄酱等，这些办法或许能够使基本上无用的货币政策稍微有所作为（尽管这也不能保证），不过，毕竟不断有新思维来应对恶劣的经济衰退也不是什么坏事。

令人悲哀的现实是，在过去15年中，花费在这些无奈议案上的无数时间和精力，将决策者和公众的注意力从财政政策上转移开了，而这才是真正支撑着经济和货币政策有效运作的中流砥柱。与此同时，政客们为了讨好选民而推动的一些无用工程使得财政刺激政策受到新闻媒体的强烈抨击，这就让决策者们更加难以进一步执行本来可以缩短经济衰退期的财政刺激政策。现在我们终于知道什么才是真正重要的，但是希望在下一次资产负债表衰退发生时，决策者们能够首先把他们的视线集中在最有效的政策上面，如果还有其他时间的话，再在适当的情况下考虑其他或许有效的主意。

注 释

1. 在1993财政年度，可以与前一年度有息负债做比较的2450家上市公司中，相对于前一年度，负债增加的公司占45.3%（1111家），负债减少的公司占48.5%（1189家），参考图2-4各年度的变动走向

2. 日本出口所面临的通货膨胀以及通货紧缩压力如图6-5，由日元实际有效汇率来大致表示

3. 艾格森（2003），第5页

4. 2003年5月23日由《日本经济新闻》、《每日新闻》和《产经新闻》分别报道

5. 美国众议院金融服务委员会（2005），第33页

6. 辜朝明和克鲁格曼（1999），第132页

7. 同上，第138页

8. 克鲁格曼（1998），艾格森（2003）

9. 参阅格林斯潘（2003）和彭博社（2003）

10. 克鲁格曼，前引

11. 参阅《短观》(2006)，第20~21页

12. 斯文森（2003），第3页

13. 比如堀和青木（2003），第8页

14.《东京经济周刊》(2006)，3月18日，第23页

15. 日本经济研究中心（2007），第57~67页

16. 参阅《日本经济新闻》(2007)

17. 辜朝明（2003a），第145~151页

18. 野村综合研究所根据Mitchell（1975），第702、726、790页以及Mitchell（1984），第600~603、828~835页推算

19. 详细请参阅辜朝明（2003a），第九章

20. 根据日本不动产研究所的城市地价指数计算

21. 同上

第五章

阴阳经济周期与宏观经济学的圣杯

一、泡沫、资产负债表衰退以及经济周期

泡沫与资产负债表衰退的循环

到此为止，我们已经明确，资产负债表衰退发生的诱因是全国性的资产价格泡沫破灭，而这些泡沫的产生往往都是源于私营部门对经济前景的过度自信。在20世纪80年代全世界对日本管理技术的一片赞美声中，日本人产生过这样的过度自信。在20世纪90年代末期，认为IT革命是自工业革命以来最伟大进步的信念也助长了全世界的人们和投资者的这种过度自信。

经济过热造成的资产价格高企必然引起社会大众的激烈批评，迫使政府和中央银行收紧货币政策，从而导致泡沫的破灭。当然，也有一些泡沫的破灭是由于自身过度膨胀所致。因泡沫破灭而引发的资产价格暴跌会给企业的资产负债表造成严重破坏，迫使企业进行债务偿还，从而抑制企业的信贷需求。具有讽刺意味的是，因此而最终出现的资产负债表衰退让货币政策失去效力，反倒是财政政策能够发挥更大的作用。这样要一直持续到企业完成对资产负债表的修补，再次开始愿意借贷时，货币政策才能重新发挥作用。

作为代替货币政策的财政政策，也就是政府借贷和支出，在资产负债表衰退期间将成为阻止经济和货币供应量萎缩的主要力量。在有足够的时间和财政支持的情况下，企业的资产负债表问题最终会得到解决，但是对于众多企业主管来说，在经济衰退期间曾经历的沉重债务梦魇依旧挥之不去，这将使他们即使在企业的资产负债表被修复以后，对于借贷依然心存抵触。

2001年之后，日本、德国，甚至包括美国的企业部门出现的财

务盈余显示，在 IT 泡沫破灭后，这些国家的企业所患的债务抵触综合征正在产生影响（图 5-1；这一点在本书第七章中也将谈到）。在这些国家，尽管油价攀升，对于通货膨胀的担忧也日渐高涨，但是长期利率仍然由于企业信贷需求的低迷而跌至历史新低。

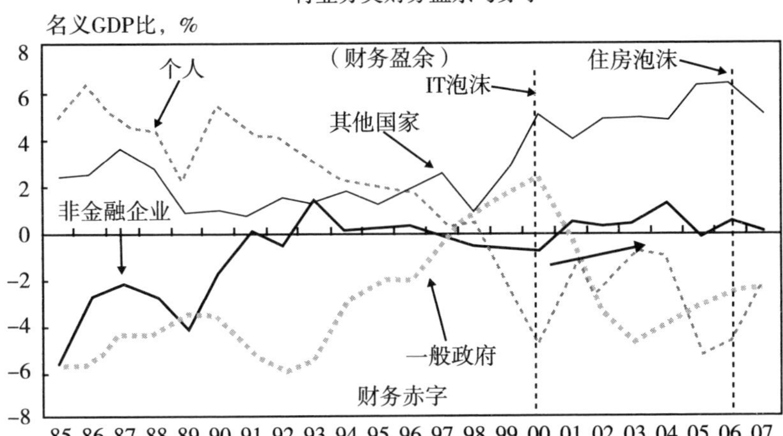

注：2007 年仅包含了第 1~3 季度。

资料来源：美国商业部经济分析局（BEA），美国联邦储备银行理事会。

图 5-1　患上债务抵触综合征的美国企业

不管怎样都需要相当长的时间才能使私营部门摆脱债务抵触综合征，让企业主管们重建信心。从那时到作为下一个泡沫产生前提的“即使举债也应该投资”这种过度自信出现之间，即使不需要几代人，也至少要花上几十年的时间。之所以会如此漫长，是因为那些经历过经济泡沫及其破灭痛苦的人不会再重蹈覆辙，在这些人离开人世或者完全退休之前，下一个经济泡沫并不容易产生。经济活动就是这样，必须在经历了一个阶段之后才能够进入下一个阶段，这种规律，或者周期往往需要前后数十年才能完成。

如果我们把资产价格泡沫当做这个周期的起点，那么整个周期的过程就如下所示：

（1）政府和中央银行收紧货币政策，从而导致泡沫破灭。也有一些泡沫的破灭是由于其自身过度膨胀所致。

（2）资产价格的暴跌造成企业负债超出资产，迫使企业运营从利润最大化模式转变为负债最小化模式，最终导致整体经济陷入资产负债表衰退。

（3）由于企业的债务偿还，私营部门没有资金需求，货币政策因此失灵，政府不得不依靠财政政策来维持总需求。

（4）企业最终完成债务偿还，资产负债表衰退结束。但是企业的债务抵触情绪依然存在，一般个人也继续热衷于储蓄，从而导致利率低迷。与此同时，由于企业将原本用于偿债的资金流转为投资，使得经济开始回升。

（5）企业对借贷的抵触情绪渐渐消退，开始更加积极地进行融资。

（6）私营部门的资金需求重新恢复，货币政策再次发挥效力。而同时，预算赤字开始挤出私营部门投资。

（7）小政府受到欢迎，财政整顿开始实施，货币政策取代财政政策成为政府进行经济调节的主要工具。

（8）经济形势日趋繁荣，私营部门充满活力，重新找回自信。

（9）私营部门的过度自信引发下一个经济泡沫。

就这样，整体经济又回到了循环的起点。

因为人们需要将造成前一个泡沫的错误完全遗忘，所以这样一个周期前后至少也要经历两代人，或者60年左右才能完成。当然在泡沫比较小的情况下，修复受损资产负债表所需的时间相应就会短一些。同时，政府能否针对本国经济的状况采取适当的措施也是决定一个周期时间长短的关键。

“阴阳”经济周期

如果将这个周期分为两个状态的话，也许会更容易理解一些，我将其分别称为“阴”态和“阳”态。从（1）到（4）的阶段属于“阴”态，（5）到（9）则构成了“阳”态。

在“阳”态经济中，私营部门的资产负债表状况良好，企业以利润最大化为目标，尽量少干预经济活动的小政府受到欢迎。有着旺盛资金需求的前瞻性企业使得政府的货币政策效应显著，与此相对应的，财政政策由于对私人投资具有挤出效应，所以就需要尽量回避。因此，在“阳”态阶段，货币政策就应成为经济决策者们的主要工具。以企业利润最大化为前提的所有经济学理论涵盖的都只是经济周期的“阳”态阶段。

但是一旦经济周期进入“阴”态阶段，企业正面临资产价格暴跌带来的资产负债表问题，所以不得不极力缩减债务来维持财务状况。当众多企业同时在追求负债最小化时，就如前面已经指出的，就会导致合成谬误的发生，将经济推入被称为“萧条”的收缩均衡状态。

在这种状态下，因为企业都在急于偿还债务，私营部门资金需求的消失导致货币政策失灵。由于政府无法命令企业停止修复自己的资产负债表，因此只能反其道行之，也就是说，政府必须借入并花费私营部门的储蓄，只有这样才能使个人储蓄和企业偿债资金重新进入收入循环之中，于是财政政策的实施成为必然选择。在“阴”态阶段，执行财政政策并不需要担心会挤出私人投资，因为此时私营部门都在忙于还债，而不是借钱投资。

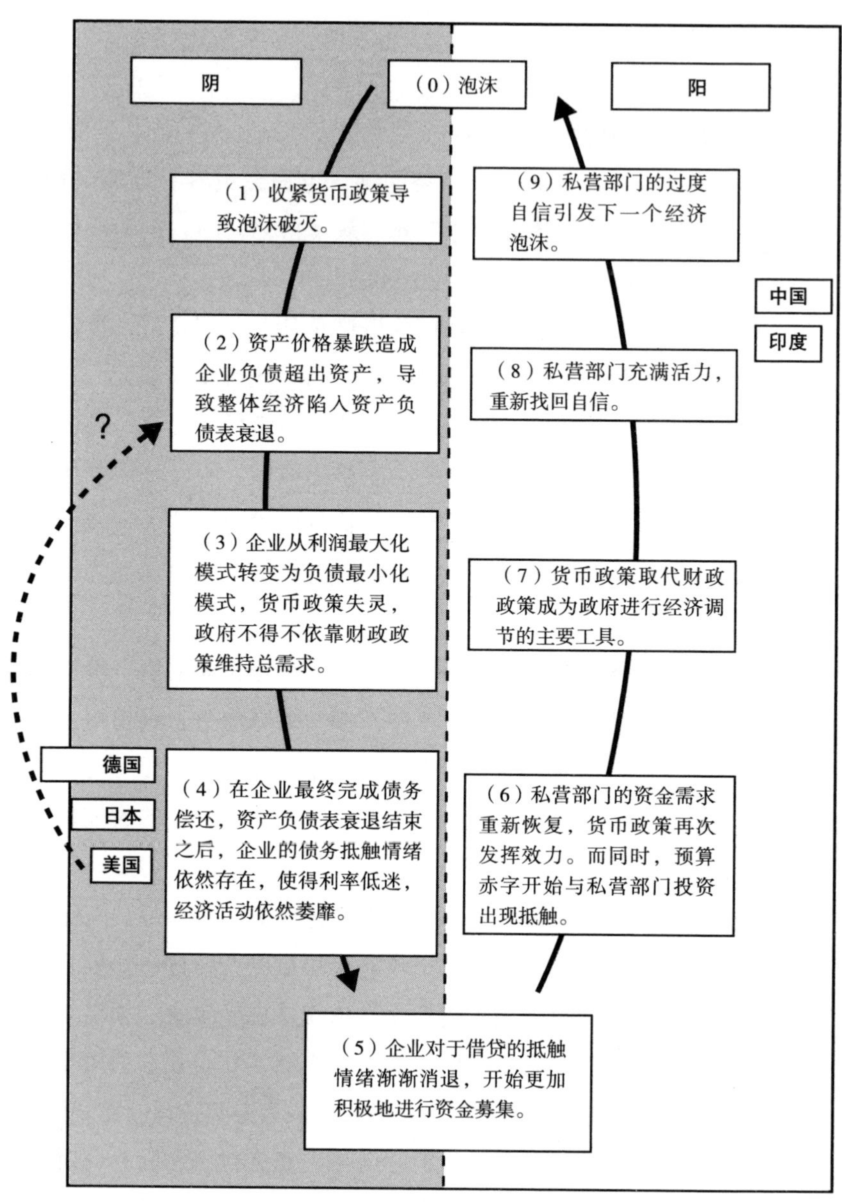

资料来源：野村综合研究所。

图 5–2 “阴阳”经济周期与资产负债表衰退

“阴”态和“阳”态阶段最主要的区别就是私营部门的财务状况。在“阳”态经济中，私营部门的资产负债表状态良好，资产价格高企，企业信用评级表现优异。这些综合条件激励企业甘愿承担风险去扩大运营，获得最大利润。只要企业热衷于追求利润最大化，亚当·斯密的“看不见的手”就必然会推动经济走向繁荣昌盛。

但是在“阴”态阶段，私营部门的财务状况出现严重问题，假如政府不通过财政扩张将私营部门过剩的储蓄重新导入收入循环中，这只“看不见的手”就会把经济推入恶性循环通货紧缩的泥沼，一直到私营部门财务状况恶化到再也无钱储蓄，或者将巨额债务还清为止。只要私营部门的债务问题不解决，经济就永远无法回归到“阳”态阶段。

但是必须留意的是，经济的“阴”态阶段并不一定意味着经济倒退或者资产价格下跌。这取决于政府采取的经济政策是否与经济现状匹配，如果政府能够持续执行适当的财政刺激政策，那么整体经济和股票价格即使在“阴”态阶段也能够保持增长。同样，在“阳”态阶段，如果因为政府的巨额预算赤字使得利率过高，挤出了私营部门投资，就一样会造成经济和资产价格的下滑。

因为一个经济“阴阳”周期至少需要数十年的时间，所以许多个普通经济周期，也就是库存驱动的短期经济周期就会被包含在一个长期的“阴阳”周期之中。换句话说，在一次“阴阳”周期中会出现许多次普通的经济衰退。

如果将现今的经济状况放入这个周期中进行检验的话，就会发现，企业部门仍然处于财务盈余状态的日本现在正处于阶段（3）和（4）之间。不过由于许多企业已经完成了资产负债表的修复，所以相对于阶段（3），日本或许更靠近（4）一些。在2000年IT泡沫破灭时，美国只遭到了有限的伤害，所以许多美国企业在2003年年末就已经清理完受损的资产负债表，因此美国的状态大致就处在（4）的阶段。然而，这一推测并没有将美国的房地产泡沫以及泡沫破灭所引发的次贷危机考虑进去。如果这个问题得不到妥善解决，最终导致美国经济硬着陆的话，那么美国经济就可能倒退回（2）或（3）阶段。德国由于企业部门在2000年IT泡沫破灭中卷入过深（图1-10），经过一段时间恢复元气后，现在也正处于阶段（4）。这样就能明确，全球最大的三个经济体现在都正处于经济周期的“阴”态阶段。

在阶段（4）时，经济形势相对改善，但是资金需求依然低迷，因此小型泡沫的发生概率比较高。这是因为当资金管理者手头的资金无法转借给传统借贷方企业时，这些资金的管理者们就不得不寻找一些特殊的替代途径。比如美国2004~2006年进入次级借贷市场的大规模资金，以及到现在为止（2008年2月）流入物资市场（比如石油市场）的大规模资金都是这种现象的例证。由于这些小型泡沫会妨碍资源的有效分配，所以与其听任私营部门将这些资金浪费在泡沫上，不如让公共部门获取这些资金，然后投资于诸如教育或者其他有益于社会的项目。这些小型泡沫一般要等到企业（或者政府）开始借贷时才有可能消失。

当然，中国现在正位于“阳”态阶段。但是从中国巨大的贸易盈余就能看出，它现在是在输出资本。在全球最大的三个经济体都处于“阴”态阶段，资金需求低迷时，中国却成为资本输出国，这就说明全球经济资金流动性充足，这也正是全世界利率如此之低的重要原因。

至于美国、日本和德国需要花多长时间才能进入阶段（5）和阶段（6），则要取决于它们的企业修复资产负债表的速度，以及企业主管们克服债务抵触情绪的进程。遗憾的是，我们现在没有多少现成的历史依据可供参考，以判断这种抵触将会持续多久。

一个先例就是美国大萧条：直到1959年，美国的长短期利率才又重新回升到20世纪20年代的4.1%，这说明债务抵触情绪可以持续相当长的时间（图2-11）。尽管其间出现过诸如罗斯福新政、第二次世界大战，以及朝鲜战争所带来的大规模政府财政支出，但利率依旧如此之低，这就表明，在此期间美国私营部门资金需求下降的状况异常严重。尽管当时的美联储和美国财政部之间有一个协定，将长期利率锁定在2.1%，这个协定一直持续到1951年，但是到第二年，也就是1952年的平均长期利率也仅有2.65%，这就表明市场利率同政府的规定利率其实差距并不明显。

更近一些的例子，第一章提到过的1991~1993年间美国的信贷紧缩。尽管美国经济在1994年就已经开始了强劲的复苏，但是许多企业对于借贷的谨慎态度一直持续到了互联网泡沫开始出现的1997年。2000年IT泡沫破灭后，这些企业再次停止借贷，一部分企业甚至转而开始削减债务，美国企业最近这次债务抵触情绪在图5-1中可以看到。在这两个实例的基础上，我们或许可以说，美、德、日这三个国家企业资金需求的低迷还将持续一些年头。

一旦企业完成资产负债表的清理，它们就可以将原本用于偿债的资金用做前瞻性项目的投资，这种转变会有力地推动经济的增长。因此，在阶段（4）和阶段（5）时就有可能出现相对比较快的国内生产总值增长，以及在这种经济增长速度时（“阳”态经济阶段）难以想象的低利率。在1946~1959年，美国的利率终于恢复正常水平，当时名义国内生产总值的年增长率为6.7%，而长期平均利率却仅有2.8%。同样的现象在美国从2003年起再次出现。比如在2006年上半年，虽然名义国内生产总值增长速度从6%升至9%，通货膨胀率超过5%，原油价格首次攀升过每桶60美元，而政府基准10年期国债利率却依然只有不到5%。在日本亦然，直到企业克服债务抵触情绪，重新开始积极融资为止，名义国内生产总值的增长总是等于或者高于基准长期利率。

二、在“阴”态阶段实行“阳”态政策的错误

今天我们在大学课堂里所教授的经济学基本上都是以“阳”态经济作为研究对象，因此绝大多数经济学家们的经济政策建议也都是以企业实行前瞻性经营策略并以利润最大化为目的作为出发点。因此针对经济衰退的对策建议往往都是诸如加大货币政策力度，削减政府预算赤字以避免对私人投资的挤出效应，以及力图缩小政府规模的结构改革等属于“阳”态世界的政策。

但是当经济处于“阴”态阶段时，货币政策将因私营部门借贷的不足而失去效力，与此同时，试图削减政府预算赤字的尝试也只会对经济造成伤害，并最终导致预算赤字的扩大。例如，1997年，国际货币基金组织和经济合作与发展组织的那些满脑子传统思维的经济学家们与桥本龙太郎政府的大藏省一道，力图在日本推行财政整顿。但是尽管实施了大规模增税和削减财政支出的政策，日本政府的税收收入仍然由于连续五个季度的经济倒退而持续减少。并且由于经济的崩溃，日本政府的财政支出最后不得不从1996年的22万亿日元猛增至1999年的38万亿日元。

在此期间，大藏省的官员们和许多传统经济学家基于“阳”态阶段的经济理论辩称，大规模的预算赤字将加剧利率的上升。但是事实却完全相反，1997年4月，当桥本政府开始实行财政紧缩政策时，日本的10年期国债利率为2.3%，但是之后当日本政府的预算

赤字从16万亿日元激增至38万亿日元时，国债利率却下跌到了0.8%。也就是说，因为经济周期正处于“阴”态阶段，所以桥本政府的财政整顿政策造成了两个在“阳”态经济中绝对无法想象的现象：一个过大的预算赤字，以及随之出现的过低国债利率。

在德国，在2000~2005年，虽然政府不断尝试削减预算赤字和进行结构改革，但是最终仍然无法改变经济形势和预算赤字规模。这些尝试失败的原因同样是由于政府试图在“阴”态阶段实施“阳”态阶段的政策。德国经济真正复苏也是到2006年，德国企业完成资产负债表修复之后才开始的。

第一个任务：判断经济处于“阴”态还是“阳”态

最重要的是，政府首先需要判断经济究竟处于何种状态，然后制定相应的对策。事实上，经济摆脱“阴”态阶段所需的时间取决于人们摒弃“阳”态思维并采取适当措施的速度。

但是这样的转变却是说起来容易做起来难，因为绝大多数人都比较排斥政府对经济活动的介入，更倾向于一个少干预经济的小政府和私营部门的独立自主。大众之所以会有这种偏好，不仅是因为这样的方式看上去正确，更主要的是“阳”态阶段的经济快速成长正是在这种环境中得以实现的。但是在小政府的领导下，经济能够繁荣昌盛的根源是企业都拥有状况良好的资产负债表，整体经济正处于“阳”态阶段。

此外，对于一般大众来说，很难使他们理解，经济衰退或者流动性陷阱正是由于他们修复资产负债表的努力所致。也就是说，在个体层面上，大众都在通过偿还债务、改善自身财务状况来做一件正确的事情，所以他们每一个人很自然地会认为，只要大家都这样做，整体经济状况就会得到改善。

并且，媒体和评论家们都认为，只要企业更加努力地提供更好的产品和服务，就能够战胜经济衰退，这让情况变得更加糟糕。这种观点鼓吹即便在经济衰退期间也会有成功者，企业应该依靠自身努力而不是依赖政府援助，那些失败的企业只要能够像成功企业那样努力提供优良的产品和服务，就同样可以取得成功，进而推动经济走出衰退。

尽管这种观点在“阳”态阶段没有什么问题，但是在“阴”态阶段却是大错特错。在“阴”态阶段，不管企业如何努力改善其产品和服务，收入循环的停滞现象（比如流入银行系统的资金，因为借贷方的缺乏而无法再次流出）都会由于个人部门的继续储蓄和企业部门的借贷缺乏而一直持续下去。只要这种停滞不改变，经济就会向着紧缩均衡（Contractionary Equilibrium）一直滑去。具有讽刺意味的是，企业越是努力地修复它们的资产负债表，总需求就会越小，整体经济状况也越糟糕。

在这种状况下，不管是成功者还是失败者，都必须争夺一块规模日渐缩小的经济大饼，并且不管这些企业如何努力，这块经济大饼的规模也不可能增加。当然，企业的“自助”在任何阶段都是必不可少的，但是当这种“自助”包括债务偿还时，如果政府不出面将这些企业的偿债资金和个人储蓄导入收入循环中的话，那么整体经济就会陷入恶性循环通货紧缩的泥沼。

由于正在经历资产负债表问题的企业很自然地会倾向于死守这个秘密，与此同时传统经济学理论对于企业负债最小化的研究又极其欠缺，这两点结合在一起，就造成绝大多数政府官员和媒体人士都无法找出经济衰退的根本原因。这种误解促使媒体不断鼓噪实施传统（也就是基于“阳”态经济）货币调节政策，进行财政整顿改革，而这些措施只会进一步恶化经济形势，延缓经济复苏的到来。

在这种情况下，就需要某个能从宏观经济角度看清真相的人站出来告诉大众：经济正陷于合成谬误之中，身处这个合成谬误以外的组织——也就是政府必须出面消除由于私营部门的活动而造成的负面影响。这个人必须明确指出，基于“阳”态经济的政策举措此时只会进一步伤害经济，造成像1937年的美国或1997年的日本那样的巨大灾难。

有意思的是，凯恩斯主义者们在20世纪50年代和60年代以相反的形式犯了同样的错误。这些人没有认识到他们的经济政策只有在“阴”态阶段才能有效发挥作用，而是试图利用财政政策来调节一些主要国家的经济。但是由于这些国家已经处于“阳”态阶段，所以他们的政策导致了高通胀和高利率，造成资源分配混乱、通货膨胀加剧、利率高企、经济增长停滞等灾难性后果。最终，在美国大萧条之后曾经备受推崇的凯恩斯政策逐渐失去公信，财政刺激政策也被敬而远之。

预算平衡的功与过

在经济周期的“阴”态阶段推行诸如以财政整顿为主的“阳”态经济政策，或者在“阳”态阶段实施诸如积极财政刺激等“阴”态经济政策，虽然都将给经济带来伤害，但是前者造成的破坏较之后者要严重得多。在“阳”态阶段实行“阴”态政策最多也就是造成通货膨胀、高利率，以及资源分配的无效率。但是在“阴”态阶段推行“阳”态政策却会导致严重的失业现象，引发经济萧条。

这种危害程度的不对称性尤其需要特别指出，因为财政整顿和预算平衡的话题在任何时代，尤其是当政府背负庞大预算赤字时总是会受到广泛欢迎。所以，这也使许多国家的决策者们在不恰当的时机采用了财政紧缩政策，最终造成悲剧性的后果。当年正是美国总统赫伯特·胡佛对预算平衡的执著将全球经济推入了大萧条的深渊。而当时的德国总理海因里希·布吕宁（Heinrich Brüning）同样是预算平衡的拥护者，在他的领导下，本来已很脆弱的德国经济立刻分崩离析。

美德的经济决策失误为像希特勒这类人的崛起铺平了通往权力巅峰的道路，而在正常环境里，他们这类人根本不可能当选。

但是希特勒上台后针对处于极端“阴”态的德国经济实施了有效的财政刺激政策，这种举措使德国的失业率从30%迅速降至2%(图3-9)。经济上的巨大成功使得希特勒被神化，他本人也因此而过度自信，最终发动了第二次世界大战这一人类历史上最大的悲剧。

更加可悲的是，当希特勒成功地使德国经济重新繁荣时，作为欧洲强国的英国和法国依然被预算平衡支持者们所左右，导致经济复苏脚步缓慢，进而拉大了它们与德国之间经济实力的差距，而经济实力上的这种差距又使希特勒确信德国能够在战争中战胜英法。

在美国，虽然由于罗斯福新政的实施而开展的公共工程建设最终诱发了经济的复苏，但是甚至罗斯福本人也依然无法从预算平衡的咒语中解脱出来，他在1937年开始转而实行财政紧缩政策，再次将美国推入萧条之中，扩大了和德国之间的经济差距。当然罗斯福在1932年的总统选举中是以财政整顿作为纲领宣言击败了胡佛总统，所以从这种意义上来说，直到1937年的失败为止，他并不是一个真正的积极财政刺激政策的拥护者。1937年的状况使罗斯福终于意识到了财政政策的重要性，但是美国在1937年的低迷已经进一步刺激了希特勒的自信。例如，德国本来非常警惕波音公司于1935年研发完成的B-17四引擎轰炸机，因为德国空军根本没有能与之抗衡的相同机种。但是由于美国政府削减支出的政策，这种轰炸机的服役一再拖延，当希特勒在1939年9月入侵波兰时，美国军队只装备了 30 架 B-17 轰炸机。

这些事例表明了，对财政整顿和预算平衡的过度沉迷将会导致可怕的悲剧。尤其是在上面的例子中，由于一个独裁者采取了与“阴”态经济相匹配的经济政策，使得这个悲剧更加惨烈。英国经济学家琼·罗宾逊（Joan Robinson）曾经发出一段著名的感叹：“我并不认为凯恩斯革命是一个伟大的学术成就（Triumph），反而认为这是一场悲剧（Tragedy），因为在凯恩斯试图解释为何会产生失业之前，希特勒就已经找到了解决办法。”[1]而这样的危险甚至在今天也依然存在。

例如刚刚经历过资产负债表衰退的德国，由于《马斯特里赫特条约》的限制，无法实行它所需要的财政刺激政策，从而造成经济状况恶化，在失业率高企的前东德地区，新纳粹主义分子组织的势力开始抬头，这种现象仿佛是 70 年前布吕宁时代的重现。当然，今天世界的经济环境和德国的社会保障制度要远远好于 70 年前，问题也依然在控制之中。但是在“阴”态经济周期阶段，决策者们对财政整顿和预算平衡的执著使得经济进一步遭受损害的危险不仅在德国，在其他国家也仍然不容忽视。

超越盲目信仰

经济历史学家们应当着力研究那些由于执行散漫财政政策而出现危机的国家，与像大萧条时代的德国和美国那样因为执著于预算平衡而出现危机的国家之间的差异，认真比较，哪一种政策所造成的破坏性更加严重。尽管这种验证已经超出了本书的范畴，但是其结果大概是：只要一个国家的中央银行能够保持正常的独立运作，那么无论再大的政府预算赤字，其导致的高利率和私人投资挤出效应的负面影响都是有限的，但是一旦中央银行迫于政府压力，执行有损公众信赖的政策，则必将造成灾难性的后果。

在里根时代的美国和过去15年间的日本，财政整顿政策的拥护者们不断警告国家正在滑向财政崩溃的边缘[2]，但是结局却并非如此，其根源正是由于两国的中央银行都没有屈服于政府压力，而是坚定地认真执行了获得公众信赖的政策。

然而，许多经济学家在过去15年中，在没有任何真凭实据的情况下，依然坚称日本的财政即将破产，力主日本政府收紧支出，提高税收。与此同时，像保罗·克鲁格曼这类的专家不仅主张日本政府大胆实行让中央银行显得毫不负责的金融缓和政策，甚至认为日本央行应该出来主动宣布自己这种不负责的意向。这些观点完全无视历史的经验和教训，这些经验教训早就告诉我们：财政政策可以在“阴”态阶段发挥作用，并且只要中央银行能够执行负责任的金融政策，那么再激烈的财政刺激也不会引发高通胀和其他严重问题。

这些专家的错误建议都是建立在两个盲目的信仰之上：一个是对于日本财政即将崩溃的预言；另一个则是只要增加流动性，就一定能够刺激经济增长的观点。

后一种信仰以第一章已经提到的，私营部门依然有资金需求作为大前提；前一种信仰则如第四章已经阐明的，英国的预算赤字在1945年已经达到其国内生产总值的250%，但是英国经济依然没有崩溃一样，没有任何理论依据。此外，许多批评家花了10年以上的时间不断叫嚣日本政府庞大的预算赤字将造成利率飙升，而事实却是，虽然日本政府债务在不断增加，利率却不升反降。发生这种现象的原因也很简单，由于企业都在急于偿还债务，造成金融市场上剩余的民间资本无处可去，只能一起流向唯一的借贷方——政府部门。

经济学界到20世纪30年代大萧条为止信奉的都是市场的自我调节能力，之后一直到20世纪70年代是凯恩斯的财政政策学说，再到现如今，则完全被货币政策学说主导。经济学主流的这些剧烈变动以及经济学家们对于流行学说的热衷折射出经济学本身依然是一门年轻的学科。但日本近年来的经验已经表明财政紧缩和货币政策可以在“阳”态阶段发挥效应，而在“阴”态阶段则会适得其反。同样的，曾经主导经济学理论的凯恩斯学派的积极财政政策可以在“阴”态经济中发挥作用，而在“阳”态阶段却会产生相反效果。从这种意义上来说，日本这些年的经验非常有力地证明了：不管是货币政策还是财政政策都不是万能的。

三、凯恩斯和货币主义者们遗漏的东西

凯恩斯革命的负遗产

至此，我们已经明确，造成美国大萧条和日本大衰退的根本原因是借贷方而非放贷方的不足。而在日本大衰退期间，日本央行对贷款领域的介入，使本来就已放贷方过剩的局势更加恶化，严重冲击了因资产价格暴跌而元气大伤的日本银行的收益性。[3]

一些意识到前面所说局限性的经济学家们于是建议日本央行大举收购从战斗机到洗衣机的各种产品，本·伯南克甚至建议日本央行收购番茄酱。但是有权通过收购战斗机和洗衣机来影响经济资源分配的公权部门是代表人民的政府，不是中央银行，而且这种干预经济的方式叫做财政政策。所以越是认真检视这些经济学家们的建议，就越会发现，在资产负债表衰退期间货币政策的无力以及财政政策能够起到的有效作用。

但是另一方面，通过日本的经验，也暴露出了凯恩斯和他的分析体系的重大缺陷。凯恩斯在将自己的理论体系化时，完全没有考

虑到资产负债表的问题。就如那些忽视了在资产负债表衰退期间，企业的经营模式有可能从利润最大化转变为负债最小化的货币主义者和新古典主义经济学家一样，凯恩斯将企业永远都在寻求利润最大化作为其理论的前提，因此一味主张是由于资本边际效应的降低才导致了企业中止投资。[4]但是他从来就没有能够提出令人信服的解释来说明，为何资本的边际效应会突然降低。

同时凯恩斯也认为，利率过低会造成金融政策失灵是因为，流动性偏好促使公众将资金从债券转换为现金。[5]但是流动性偏好这个概念本身是建立在放贷方行为的基础之上的，也就是说，凯恩斯忽略了由于借贷方面临资产负债表问题而丧失资金需求的可能性。正如前面所提到的，即使在 2003 年，日本的短期利率由于定量宽松政策而降至零，10 年期国债利率跌至 0. 4% 的情况下，也没有出现凯恩斯所谓的流动性偏好。事实上，这个 0. 4% 的国债利率大概会让凯恩斯大惊失色，因为根据他的理论，如此低的利率基本上不可能出现。[6]

此外，凯恩斯也没有解释，本来对经济和资产价格影响显著的货币政策为什么会突然失灵。就像那些货币主义者和新古典主义经济学家们一样，他也没有意识到流动性陷阱是一个借贷方现象，或许这是因为凯恩斯本人家境富裕，从未有过借债经验的缘故吧。

尽管凯恩斯为资产负债表衰退开出了政府赤字支出这个正确的处方，但是他的理论逻辑仅仅局限于因此产生的政府支出的乘数效应，以及长期失业者劳动的边际无效性[7]，而完全没有涉及政府支出对于企业偿债的抵消效应。

第二次世界大战后，凯恩斯的追随者们就更加没有必要担心资产负债表问题，因为直到 1990 年日本发生资产负债表衰退之前，二战后世界就从来没有发生过任何一场资产负债表衰退。因此，在凯恩斯及其追随者们的分析体系当中，完全没有任何与资产负债表修复有关的内容，从这个意义上来说，凯恩斯理论存在着严重的缺陷，因为对于其试图说明和解决的问题，凯恩斯理论完全忽略了作为问题根源的企业负债最小化现象。所以可以说，企业负债最小化是凯恩斯宏观经济学说中被长期冷落的微观经济理论基础。

由于缺乏这种理论基础，凯恩斯主义者们不得不依靠工资和其他刚性来解释失业和经济衰退。而新古典主义学派的经济学家们则从 20 世纪 70 年代开始通过引入价格粘性等概念来使他们的学说尽量贴近现实，从 20 世纪 90 年代初期开始，这些学者又尝试着将价格刚性融合进来，并因此产生了新凯恩斯学派。[8]

但是当企业处于负债最小化模式时，工资和价格刚性都不能解释经济衰退拖长和失业率问题，因为此时由于企业偿债造成的收入循环停滞会导致总需求持续减少，这种现象将一直持续到企业财务状况得到改善，或者私营部门整体收入下降到无钱储蓄为止。

将资产负债表衰退理念融入凯恩斯的总需求概念，这样就能够解释为何健全的经济会在资产价格暴跌之后突然停滞下来，以及流动性陷阱的发生机制。总之，通过吸取日本过去 15 年间经济大衰退的经验教训，凯恩斯革命最终完成了理论体系的构筑。

假如凯恩斯当初意识到了企业和私人的资产负债表问题是造成大萧条的主因，并且在 1936 年就指明财政刺激政策只有在私营部门进行债务偿还时才能有效，那么他的追随者们就不会在 20 世纪五六十年代推行激烈的财政刺激政策。作为应对资产负债表衰退最重要的政策工具，公众对财政政策的信赖也将一直维持到 20 世纪 90 年代日本陷入经济衰退。不幸的是，历史却不是这样展开，就如日本和德国曾经发生过的一样，虽然问题的关键在资产负债表，但是时间和精力却都浪费在了货币主义者和结构改革主义者们无休止的辩论和争议之中。

四、迈向经济学理论的大一统

由于传统经济学完全忽视了正常企业在面对严重资产负债表问题时将转向负债最小化模式的可能性，这种缺失导致宏观经济学众多重要观点无法统一，并且迫使经济学家们不得不运用诸如价格粘性和工资下降刚性之类的“旁门左道”来解释长期经济衰退和失业现象。

但是，在引入企业转向负债最小化模式的可能性，明确地将普通衰退与资产负债表衰退区分开来之后，迄今为止各自为营的新古典主义学派、货币主义、凯恩斯学派以及新凯恩斯学派的理论观点最终得以在宏观经济学体系之内融合成为一个统一的整体。在一个普通的“阳”态阶段中，拥有健全资产负债表的企业处于利润最大化模式，私营部门资金需求旺盛，对利率变动反应敏锐。在这个时候，货币政策是减少经济波动的主要工具，而与此同时，财政刺激则应该尽量避免使用，因为这将导致挤出效应、通货膨胀、利率上升等现象的发生，并且还会妨碍资源的最优分配。总之，在经济周期的“阳”态阶段，一个小规模的政府更加合理和必要。新古典主义学派、货币主义以及新凯恩斯学派都是以这种“阳”态经济作为其理论体系的基础。

但是每隔几十年，全国性的资产价格泡沫就会出现，当泡沫破灭时，企业资产负债表将因此受到破坏，企业被迫一起转向负债最小化模式，从而导致资金需求急剧下降，总需求减少，最终使整体经济陷入恶性循环通货紧缩，并造成流动性陷阱的产生。在这种情况下，不管中央银行如何降低利率，企业都不会对此做出回应。在这样的资产负债表衰退期间，货币供应和收入只能依靠唯一幸存下来的借贷方——政府来维持，这时，凯恩斯所主张的财政刺激政策就显得必不可少。所以当经济周期处于“阴”态阶段时，政府支出规模越大（至少需要大到足以填补通货紧缩缺口），对经济活动的介入越积极，效果就越理想。在大萧条的混沌之中著作了《就业、利率和货币通论》的凯恩斯，其本意是要揭开“阴”态世界的秘密，然而可惜的是，他无法让自己从“阳”态世界的观念中解放出来，所以他的理论构筑最终没能完成，这也是 1945 年以后他的理论屡遭错误应用的根源所在。

利润最大化和负债最小化，以及金融政策的有效性和财政政策的有效性之间存在明显的对称性，这就意味着这个问题具有双重性，经济周期的两种状态理应作为宏观经济学的两个侧面来同时进行研究。总之，企业负债最小化问题不仅是凯恩斯经济理论的微观基础，同时也是宏观经济学长期被忽略的“另一半”。当这两半最终合二为一时，我们终于获得一个能够涵盖书本世界和资产负债表衰退世界的完整“通论”。这两部分的要点在表 5-1 中体现。

表 5-1　宏观经济学的新“通论”

	“阳”态世界	“阴”态世界
(1) 现象	教科书中的经济	资产负债表衰退
(2) 法则	亚当·斯密的“看不见的手”	合成谬误
(3) 企业财务状况	资产>负债	资产<负债
(4) 行动原理	利润最大化	负债最小化
(5) 结果	最大多数的最大幸福	置之不理则将导致萧条
(6) 货币政策	有效	无效（流动性陷阱）
(7) 财政政策	负效应（挤出效应）	有效

（续表）

	“阳”态世界	“阴”态世界
(8) 物价	通货膨胀	通货紧缩
(9) 利率	正常	极低
(10) 储蓄	美德	恶德（节约悖论）
(11) 银行危机对策*	“优惠”和迅速处理不良贷款	资本注入和谨慎处理不良贷款

*这一点将在第七章中详细阐述。

资料来源：根据野村综合研究所参考木下荣藏所著，《支配经济的两个法则》（电气书院）第92页做成。

迄今为止，企业利润最大化和负债最小化从来没有被当做一个双重性问题来对待，其主要原因在于企业负债最小化现象只有在全国性的资产价格泡沫破灭之后才会出现，而全国性的资产价格泡沫又是一种不常见的现象。但是，日本的平成泡沫以及其后的大衰退最终将宏观经济学的这两个侧面展现在了世人面前。

凯恩斯的《通论》刚一出版，希克斯（John Richard Hicks，约翰·理查德·希克斯，英国经济学家，1972年诺贝尔经济学奖得主——译者注）就创造了IS-LM分析模型来将凯恩斯的理论融合进传统经济学框架之内。但是即便是希克斯的模型也只能运用一条平坦的LM曲线和工资刚性来解释长期经济衰退现象。[9]与此相对应的是，“阴阳”经济周期理论通过融入长期以来一直被忽略的概念，不但不需要这些“旁门左道”就能够解明长期经济衰退的原因，而且还为将那些各自独立的经济理论融为一体提供了重要基础。

总而言之，美国大萧条和日本大衰退这两次资产负债表衰退为宏观经济学的大一统提供了可能，宏观经济学的这种统一就是自20世纪30年代以来我们一直在苦苦寻觅的宏观经济学的圣杯。这个圣杯以最简洁的方式告诉我们，如何确定经济周期处于何种阶段，以及应该实施哪种相应的政策。假如经济处于“阴”态阶段，合理的对策就应该包括规模适当的财政刺激，以及针对银行系统的资本注入。而当经济处于“阳”态阶段时，就需要利用货币宽松和“优惠”（这种优惠将在第七章中进行说明）政策来修复银行系统。

如果经济学界能够承认和接受宏观经济学的这种统一，那么它必然会在将来的经济分析中发挥关键作用。尤其是当下一场对金融政策反应迟钝的经济衰退发生时，对资产负债表衰退概念有所了解的经济学家们就能够迅速察觉到企业从利润最大化模式向负债最小化模式转移的迹象。他们会首先检查包括国债在内的利率水平，当银行愿意发放贷款时，国债利率依然保持低迷（就如图 2-3 所示），这就是一个明确信号，表明私营部门不会去借由于政府财政整顿而产生的剩余资金。在这种情况下，为了扭转经济形势，不仅不能执行财政整顿政策，而且，大规模的财政刺激势在必行。

2003 年的两个重大决定

按照这种观点，日本和欧洲在 2003 年做出的两个决定对于这两个经济体战胜资产负债表衰退具有非常重要的意义。

这两个决定，一个是小泉纯一郎首相决定废除当初宣布的 30 万亿日元政府年度国债发行限额，另一个则是欧盟经济和财政部长会议（ECOFIN）决定不对违反马斯特里赫特条约所规定预算赤字上限的德法两国进行处罚。由于这些国家当时都面临着严重的资产负债表衰退问题，所以对于它们来说，更加灵活的财政政策势在必行。就如桥本龙太郎首相于 1997 年试图削减预算赤字结果造成经济灾难的惨痛经验所表明的，在资产负债表衰退期间，过早削减赤字只会伤害经济，反而导致更大的赤字。

小泉首相废除强制限额，改由财政政策发挥经济自动调节器功能的决定，对后来日本经济的复苏起到了非常关键的作用。但是必须指出的是，他应该公开向公众解释，之所以实施财政刺激政策不是因为经济低迷，而是因为政府必须消除由于众多日本企业同时在偿债而造成的合成谬误。

同样，欧盟经济和财政部长会议也应该言明，不将马斯特里赫特条约适用于德法两国并非由于经济疲弱，而是因为这两个国家患上了一种被称为资产负债表衰退的罕见经济疾病。通过明确区分一般衰退和资产负债表衰退，将财政刺激政策的应用严格限定于资产负债表衰退期间，这样，欧盟经济和财政部长会议就能减少成员国未来对于实施财政刺激政策的偏见，这种偏见在过去曾经严重伤害了凯恩斯理论的信誉，在将来也可能会伤害欧盟本身的信誉。

此外，欧盟和日本政府都应当提及，它们现在所面临的，正是20世纪30年代陷入恶性循环通货紧缩的众多国家曾经面临的相同困难。

当然，经济衰退也很少完全以单一的形式出现，它们通常同时包含两种衰退的某些基本要素。所以在理论上，应当根据造成经济衰退的资产负债表因素和经济周期因素的比例，综合相应的财政和货币对策。但是遗憾的是，由于企业在资产负债表衰退期间通常都会刻意隐瞒资产负债表的实际状况，因此公众难以掌握实情，遑论提出适当的对策。

但是即便如此，我们依然可以通过观察造成衰退的某些基本要素，比如私营部门资金需求和利率水平，来发现一些问题。如果经济处于普通，也就是“阳”态阶段，那么就会出现伴随着旺盛资金需求的正常利率水平，并且这种资金需求对利率变化反应迅速（表5-1）。如果经济处于资产负债表衰退，或者“阴”态阶段时，伴随着萎缩的资金需求，利率水平也会异常低落，而且资金需求对于利率变化反应迟钝。

当前一种情况发生时，经济瓶颈发生在放贷方，这时中央银行能够，同时必须通过调低利率、增加流动性来执行宽松的货币政策。而在后一种情况发生时，经济瓶颈出现在借贷方，当众多私营部门都在忙于偿债时，只有政府动用财政政策才能够将过剩储蓄重新引导回收入循环中。

吸取日本的经验，为下一个经济泡沫做好准备

每隔几十年，当一场全国性的经济泡沫生成并最终破灭后，企业就被迫将注意力从利润最大化转移到负债最小化上来，资产负债表衰退理论为理解经济周期处于这种特殊阶段时的状况提供了理论依据。这种理论并没有否定传统经济学在“阳”态阶段的适用性，而是对至今被经济学家们忽视的“阴”态阶段做了补充。并且，对于近年来越来越过度依赖价格和工资刚性之类概念的宏观经济学，资产负债表衰退理论为其恢复本来面貌提供了重要的回归途径。

资产价格泡沫终将重现。像 20 世纪 80 年代末期日本所遇到的那种规模的泡沫，也许数十年后才会再次出现，不过我们已经经历了一个规模较小而形式相同的 IT 泡沫，而稍大一些的资产价格泡沫也已经随处可见——比如美国的住宅以及中国的股市与房地产泡沫。但是当这些泡沫破灭之时，至少我们还能聊以自慰的是，日本这些年的经验教训已经清楚地告诉了我们应该如何去应对所发生的种种问题。

日本的经验已经证明了，尽管泡沫的破灭能够摧毁相当于一个国家许多年国内生产总值的财富，迫使私营部门埋头偿债，但是只

要政府能够维持足够规模的财政刺激来抵消通货紧缩缺口，其国内生产总值就依然能够维持泡沫高峰期的水平。并且，政府财政政策对于总需求和货币供应的支持，也是加速企业和个人资产负债表修复进程的唯一有效途径。

在过去15年的资产负债表衰退期间，日本政府采用了规模合理的财政刺激来应对经济衰退，并且除了1997年和2001年以外，基本上都选择了正确的应对方式。假如资产负债表衰退理论在20世纪90年代早期，泡沫破灭之前就被经济学界接受，日本经济也许可以迅速、轻松地以较小代价得到恢复（如果不是因为1997年和2001年的政策失误，政府的累积预算赤字本来可以比实际缩小100万亿日元）。

当然，在这种理论能够切实在实际决策中发挥重要作用之前，还有许多问题需要进一步研究，比如在安排预算时应该如何评估必要财政刺激的规模，外界如何知悉企业意图隐瞒的资产负债表损伤状况，怎样判断企业主管们对于“正常资产负债表”构成的看法，以及他们预计修复资产负债表所需要的时间。

从这种意义上，我真诚地欢迎日本和其他国家的经济学者们参与进来，进一步完善这个理论，使其能够在经济决策中发挥主导作用。我们在日本可以与这么多经历（并且幸存下来）过资产负债表衰退的企业主管共事，这实在是一个非常宝贵的机会，我认为那些见证过日本漫长的经济衰退以及这个国家所承受过的痛苦的经济学家们，有责任去研究这些企业主管们的忧虑和行为，并将这些研究所得融入经济学思想之中。只要坚持不懈地努力，从日本的惨痛经验中诞生的“阴”态经济和资产负债表衰退概念就必将成为一项恒久的遗产。

费雪的债务通货紧缩和资产负债表衰退[10]

前面曾经提到：凯恩斯为解决资产负债表衰退问题开出了正确的处方，但是他却没能找出造成资产负债表衰退的真正根源。而与凯恩斯相对的另一个极端则是在 1933 年提出债务通货紧缩概念[11]的欧文·费雪，他准确地抓住了这种衰退背后的一些成因，但是却没有指出解决这种衰退的办法。许多读过经济学书籍的读者或许想了解资产负债表衰退概念与费雪的债务通货紧缩之间的区别，所以在这里做一个简单的比较。

与资产负债表衰退概念相同，费雪的债务通货紧缩也是以迫使人们开始偿债的过度负债状态作为开始，费雪认为，发展到债务通货紧缩一共要经历九个步骤：

（1）债务偿还导致廉价抛售。（2）由于众人忙于偿还银行贷款，造成存款通货缩小、货币流通速度减慢。由于廉价抛售造成的通货缩小和流通速度减慢进而导致（3）价格水平下跌——也就是说，通货价格的膨胀。假如这种价格的下跌没有受到通货再膨胀政策或其他方式的干预，那么（4）由于企业净值下跌，加速企业破产过程，（5）同时企业收益也在下降，于是“资本主义经济”，也就是在私营企业追求利润的社会里，发生亏损的企业（6）开始削减生产、贸易和员工数量。这些损失、倒闭和失业又会造成（7）悲观论和自信心丧失。从而导致（8）货币囤积量的增加和货币流通速度的进一步降低。而以上八种变化最终造成（9）利率的复杂变化——尤其是名义利率，也就是货币利率的下降，以及实质利率，也就是商品利率的上升。[12]

尽管费雪的这个概念里包含了众多与资产负债表衰退理论相同的要素，但是其中的因果关系却完全不同。首先，正如费雪本人频繁提及的，他认为通货紧缩是这个概念的主要驱动力量，假如没有通货紧缩，经济衰退只不过是一种“缓和且正常得多的周期现象”。因此，为了让通货紧缩登场，费雪在步骤（1）和步骤（2）中赋予抛售极其突出的作用，并且从步骤（1）到步骤（5）全部都是关于价格水平和货币变动，关于实际经济变动却只字未提。在费雪的模型中，产量降低这样的实际经济的恶化只是作为这个过程的结果，一直到步骤（6）才出现。

但是在资产负债表衰退当中，通货紧缩却是作为结果而非原因出现的。造成资产负债表衰退的原动力是由于资产价格下跌迫使企业经营模式从利润最大化转为负债最小化，以便修复它们的资产负债表。在这个概念中，产量降低的现象一开始就会出现，因为这时的企业部门不仅已经停止借贷并花费私人储蓄，而且还开始将资金流用于偿债。实际需求的缩小规模相当于个人储蓄和企业偿债的总额（也就是因为缺乏借贷方而留存在银行系统内部的资金），经济开始低迷，价格（包括资产价格）持续下跌，这样的资产价格下跌又加剧了企业削减债务的紧迫性，从而引发恶性循环。因此在资产负债表衰退背后的主要驱动力，就是企业从利润最大化向负债最小化的模式转变，这种转变不仅造成了总需求的螺旋式下降，也导致经济对利率变化失去反应能力。

虽然这两个概念都是以债务偿还作为出发点，但是费雪主张，由于企业抛售行为造成的价格下跌才是问题的根源，与此相对，资产负债表衰退概念则认为根源在于企业对私人储蓄借贷需求的减少。

然而，要使费雪的模型真实有效，价格下跌速度就必须超过企业的偿债速度，以使实际债务不断增加（步骤 4），也就是说，如果企业负债减少了 10%，那么物价下跌率就必须超过 10%，这样才能保证通货紧缩能够有效增加企业的实际负债。

尽管在农产品和其他一些商品市场上，价格暴跌现象不是没有可能发生，但是在一个工业化国家里，出现能够导致整体物价暴跌的大规模、持久性抛售现象的可能性却非常微小，由于没有足够规模的通货紧缩发生，费雪的债务通货紧缩很快就将难以为继。

与此相反，对于资产负债表衰退来说，并不需要以抛售或者物价暴跌作为导火索，只要资产价格的大幅下跌（经济泡沫的破灭）迫使企业部门从利润最大化转为负债最小化就足够了，也就是说，它比费雪的债务通货紧缩更具有现实性。

并且，费雪试图将偿债和抛售捆绑起来生成通货紧缩。但是从日本长期不景气的经验来看，虽然偿债现象无法避免，但是抛售却从未发生过，甚至连发生的理由都找不到。日本企业，尤其是那些以出口为主的企业，基本经营状况和资金流量都运行正常，它们唯一需要担心的是有问题的资产负债表。在此期间，日本所发生的通货紧缩的根源都是由于企业偿债导致的总需求减少，并且如本书第四章指出的，这些通货紧缩的规模都极其有限。换句话说，作为结果的通货紧缩，其压力并不足以扩大企业的实际负债。

费雪理论最大的问题在于，由于他完全将货币紧缩和价格下跌作为债务通货紧缩的主要根源，因此他所提出的解决方案很自然地完全依靠货币政策：他建议中央银行实行通货再膨胀政策，结果反而导致自己的观点陷入了巨大的矛盾之中。

因为他自己已经指出了人们正在偿还债务（1），并且这种债务偿还导致货币供应量减少（2），这就说明此时的货币乘数效应为负，那么不管中央银行通过通货再膨胀政策注入多少流动性都无法导致货币供应量的增加，通货再膨胀现象也就无从发生。在第三章中已经指出，为了扩大货币供应量，就必须增加公、私部门的借贷。但是费雪本人强烈反对政府“发行，或者试图发行更多的国债”[13]，那么在公、私两个部门的借贷都不存在的情况下，中央银行根本无法催生通货再膨胀，这一点也正是我们从20世纪30年代学到的教训。

如果通货紧缩是由于全国范围的企业修补资产负债表风潮导致的，那么只有等到企业完成资产负债表的修复之后，问题才能得到解决。为此，政府就必须提供必要的财政刺激来支撑经济运行，保证企业能够获取利润来偿还债务。

正如第三章已经阐明的，至少有两种类型的经济衰退和通货紧缩：一种的产生根源在于放贷方行为的转变；而另一种则是由于借贷方的行为转变。美国大萧条和日本大衰退都是由于借贷方行为转变而导致的，而费雪的债务通货紧缩论也将借贷方的偿债作为主要原因。但是如果借贷方在零利率时都不再借贷，货币政策的效应就相应大幅降低。

尽管费雪的债务通货紧缩论具有一定的价值，但是他将经济衰退的主要根源归咎于抛售和价格下跌，这就使他的理论很难具有现实意义。并且，即便他所主张的债务通货紧缩真的在现实中出现，费雪所谓的中央银行可以通过实施通货再膨胀来拯救经济的结论，不管在现实世界中，还是在他自己的理论中都显得非常矛盾。因为当所有人都在偿还债务时，中央银行根本就不可能促成经济的通货再膨胀。

传统经济学家们总是将通货紧缩当做货币（放贷方）现象来看待，因此他们指责日本央行，认为负责执行货币政策的日本央行应该对通货紧缩的发生承担全部责任。[14]但是日本的通货紧缩，就如美国大萧条时期一样，既不是货币现象，也非中央银行所能解决。因此当决策者们面对通货紧缩时，在制定应对策略之前，首先需要判断他们所面对的是哪一种通货紧缩。而那些一味地将通货紧缩认定为货币现象的人，他们完全忽略了经济或许正处于“阴”态阶段的可能性。

注　释

1. 罗宾逊（1972），第8页

2. 比如，请参阅菲吉和斯旺森（1992）

3. 辜朝明（2003a），将在第六章至第八章中详细讨论这一点

4. 凯恩斯（1936），第136页

5. 同上，第207页

6. 同上

7. 同上，第128页

8. 曼昆和罗默（1991），第2页

9. 详细请参阅辜朝明（2003a），第112~114页

10. 这一节包括了与辜朝明（2003a）第213~218页相同的许多内容

11. 费雪（1933）

12. 同上，第342页

13. 同时，第347页

14. 比如，当时日本财务省国际局局长渡边博史的发言（路透社2003年1月22日）

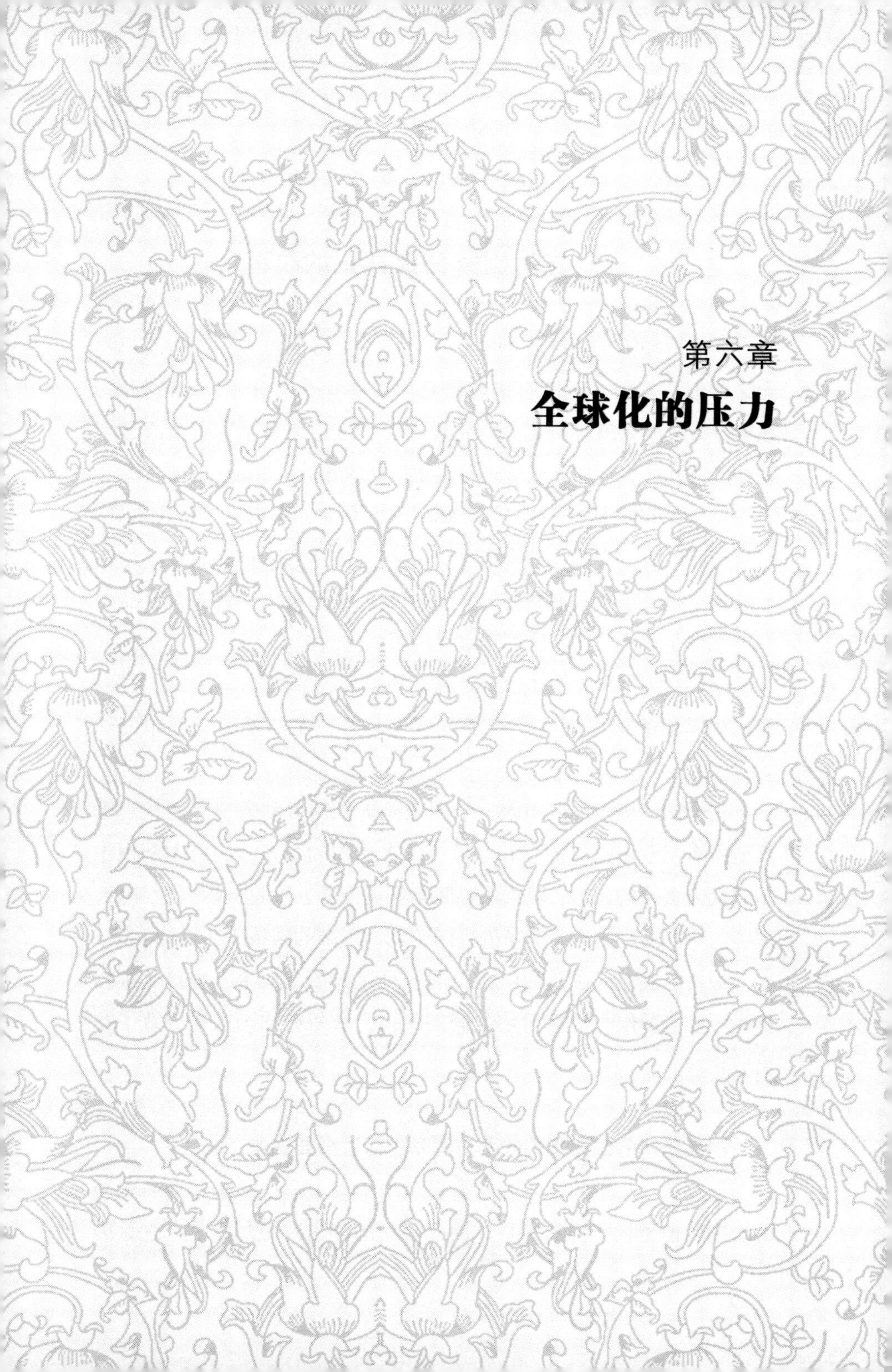

第六章

全球化的压力

一、发达国家需要真正的改革

第一章和第二章已经指出，对于日本经济的复苏，结构改革既无必要也无作用。但是这并不是说，改革就不用进行，恰恰相反，在第一章一开始就提到的全球化压力，已经迫使日本和其他西方国家在经济和社会形态上开始进行大规模的改革。

在今天的日本，那些日趋国际化的大企业如鱼得水，运作良好，但是与此同时，众多小企业和个人却在为生存苦苦挣扎。地区性差异愈加显著，东京和名古屋这些大企业云集的都市一片繁荣，而那些由小型企业支撑的地区则濒临经济萧条的边缘。

这种经济差异导致了社会差异，并越来越受到日本媒体的关注，而这种现象的根源就在于经济全球化趋势，尤其是中国和印度的崛起。

在全球经济中，仅中国一个国家能提供的劳动力资源就相当于其他所有工业化国家的总和。包括日本在内的众多外国资本利用中国劳动力资源的优势，获得了不断增长的回报，而这同时又意味着，那些与中国劳动力进行竞争的外国劳动力资源的回报率在持续下降。

最终，就造成了前面所指出的各种差异。事实上，全球化进程扩大了受惠阶层和受害阶层之间的鸿沟，在所有的国家都导致了社会分化。

日本当年的崛起也迫使西方国家进行过重要调整

通常认为，中国和印度的崛起对于所有工业化国家都具有相同的影响，但是我个人认为日本因此受到的冲击要更加猛烈。这是因为其他西方工业化国家早在20世纪60年代中期已经遭受过一次严峻的考验，当时日本作为一个新兴经济强国的崛起，迫使它们对自己的工业结构做出了重大调整。

当时日本的崛起对众多欧美工业化国家造成了剧烈的冲击。比如在相当长的时间里一直稳坐世界头把交椅的德国照相机产业，在1965~1975年，仅仅10年之内就被日本的竞争者们完全打垮。同样，许多在1965年之前还没有任何对手的美国家电和机械设备制造商也被日本企业逐出了市场。

工业霸主地位的丧失，再加上越南战争的失败动摇了美国的自信，而重新找回这种自信，美国用了将近20年的时间。在那段时期，诸如傅高义的《日本第一》之类的书籍风行一时，所有的商学院都在讲授日本型管理技巧。

日本现在正处于美国20世纪70年代的处境

相对于那些曾经有过被日本赶超经验的欧美国家，日本现在才第一次尝到了被其他国家赶超的滋味，而日本的整个社会体系却完全没有做好迎接这种挑战的准备。在第二次世界大战之后的60年当中，日本的整个社会体系都是以追赶和超越其他西方国家作为首要目标，从企业的工资结构到教育体系，所有这一切都是为了实现这个目标而制定的。对于学校来说，就是通过填鸭式的教育来培养大量资质均一的高素质劳动力；对于企业来说，则为此采用年功序列式的晋升制度和终身雇用制。作为一个目标明确的国家，为了早日实现目标，就需要每个人整齐划一地共同努力。日本也正是由于这种制度的确立，最终在除住房条件和道路建设以外的众多领域超越其他西方发达国家，换句话说，在日本社会体系的构筑中，从来就没有考虑过被其他国家赶超的可能性。

然而日本的经济优势刚刚确立不久，就陷入了资产价格泡沫，并且在其后长达 15 年的大衰退期间，经济实力遭到了严重的削弱。伴随着冷战的结束，日本的经济泡沫同时破灭，当日本深陷资产负债表衰退中苦苦挣扎时，中国却取得了长足的进步，在许多方面已经能够与日本和其他工业化国家抗衡。

最终日本发现自己面临与 20 世纪 70 年代的美国相同的局面，制造业工作大量移往中国，从 1994 年起，日本对中国的贸易就一直处于逆差状态（图 6–1）。

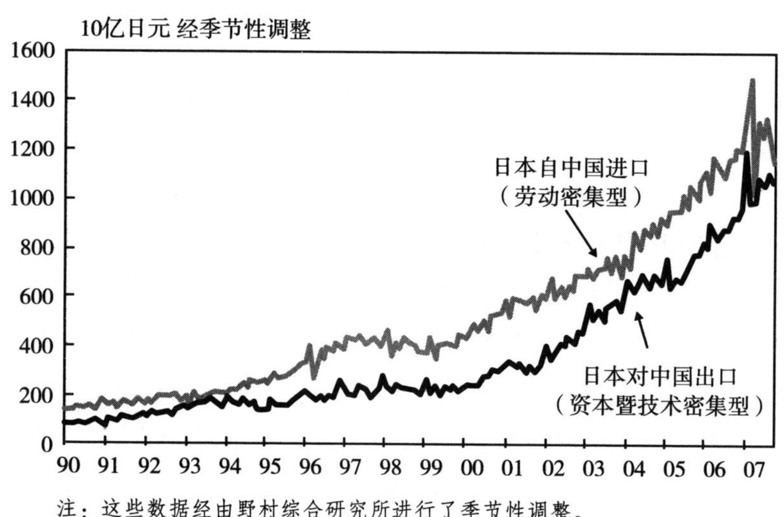

注：这些数据经由野村综合研究所进行了季节性调整。

资料来源：日本财务省，《贸易统计》。

图 6–1　日本从中国进口额不断上升

西方和日本没能察觉到中国已经成为经济强国的一个原因是，与 20 世纪 70 年代的日本不同，中国输出的绝大多数产品都是由欧美或日本企业生产，或者经这些国家的原始设备制造商许可的代工产品（Original Equipment Manufacturer，OEM）。

日中之间的这种差异是由于中国欢迎来自海外非华人企业的直接投资（Foreign Direct Investment，FDI），而与此形成鲜明对比的是，日本对外国投资设置了重重限制，因此日本所有输入西方市场的产品都是日本的品牌，完全由日本企业自己生产制造。

中国企业的身影隐藏在了它们代工生产的产品背后，这有助于避免贸易摩擦，但是这些产品对那些工业国家劳动者们所产生的威胁却丝毫不减。

甚至即便日中贸易走向平衡，对于日本劳动力的需求依旧会保持下降趋势，这是因为相对于从中国进口的劳动密集型产品，日本出口的多为知识密集型产品。

假设日本和中国各出口价值 500 万日元的产品到对方国家，在日本为此支付给一个工人的工资在中国足以雇用 10 个工人，也就是说，日本从中国输入了九人份的工作。

同样的情况在 20 世纪 70 年代的欧美国家也曾发生，当时的日本工人收入随工作量增加而不断提高，但是作为他们对手的欧美国家工人却发现，不管自己如何努力工作，所得回报都极其有限。

欧美国家对来自日本挑战的两种反应

这对当时的欧美国家提出了一个挑战，它们应当如何应对来自日本的这种竞争。在经过包括实施贸易保护主义在内的不断尝试和摸索之后，最终做出了两个反应：一个是完全开放进口，使公众的生活成本显著降低；另一个是政府积极支持各种创新，推动经济发展。

于是，那些具有创新能力，能够创造新产品、服务和设计的人从受教育阶段开始就有了更多的机会，而对于那些缺乏这种能力的人，由于生活成本的降低，他们的收入水平也仍然能够维持稳定。

最终，在这种应对策略下，那些能够创造新增附加价值的阶层获得了巨大的财富，而其他阶层则不得不忍受生活水准与实际收入的停滞。

在美国，据调查显示，虽然美国经济至 2007 年为止经历了很长一段时期的繁荣，但是 70%～80% 的劳动者的工资自 20 世纪 90 年代以来就没有过实质性的增长，也就是说，只有 20%～30% 的人从长期的经济繁荣中受益。

在日本，悲观者远多于乐观者

日本也面临同样的状况。日本内阁府进行的《关于生活水准的舆论调查》显示，自 20 世纪 60 年代一直到 1995 年，对于生活水准的提高表示乐观的日本国民，比例远远超过悲观论者，然而从 1996 年起情况开始逆转，至 2007 年，相对于乐观者的 8.3%，悲观者的比例已经高达 29.1%（图 6-2）。

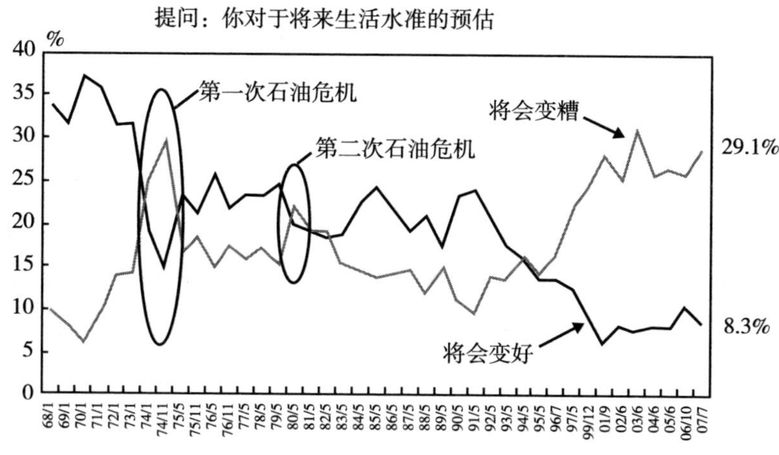

资料来源：日本内阁办公厅，(2007)，《关于生活水准的舆论调查（2007 年 7 月）》。

图 6-2　日本民众对生活水准表示担忧

从1995~2003年，在日本陷于资产负债表衰退深渊的这段时期里，悲观情绪的存在尚可理解，但是到2003年之后，就业率和不动产价格都已经开始回升，股价更是增长至谷底期的两倍以上，这种悲观情绪却依然挥之不去，这就令人担忧了。假如资产负债表衰退是悲观情绪的唯一根源，那么当前乐观主义者和悲观主义者的比例就应该向着20世纪90年代早期的水平恢复才对，然而，却没有任何迹象显示事态在如此发展。

这就意味着，日本在最终摆脱资产负债表衰退的梦魇之后，现在又面对着另一个截然不同的挑战——由于中国的崛起，越来越多的日本劳动者不能再仅凭勤奋工作得到回报。大约30%的民众对生活水准表示悲观，仅不到10%的民众保持乐观，只要这种情形继续存在，对于日本国内消费的强劲复苏就很难抱有太大期望。

悲观情绪在2007年7月日本参议员选举中爆发

简而言之，日本现在面临的局势是：日趋国际化的大企业以及这些大企业集中的都市圈欣欣向荣，但是它们的成功惠及的是中国和其他那些海外生产基地所在国，而并非日本国内其他地区的小型企业。

此外，日本的新闻单位和决策部门全都集中在东京，这里经济活动旺盛，豪华餐厅遍布全城，承包商打着城市重建计划的招牌大兴土木。因此，在都市居民眼中，在农村进行的那些公共工程和经济刺激项目纯属浪费公款。

日本的政客们与那些以东京为大本营的新闻媒体打得火热，对此，日本农村居民的绝望感日趋强烈，这种绝望情绪导致了在日本内阁府调查中，29.1%的受访者对将来表示悲观。

不管是好是坏，由于日本国会在纠正城市与乡村选区代表人数比例不平衡问题上进展甚微，所以日本农村票仓在日本国会选举中依然占有举足轻重的地位，因此农村居民的不满在 2007 年 7 月的日本参议员选举中终于爆发，在这次选举中，执政的自民党遭到了灾难性的失败。这次选举清楚地表明，政客们如果只愿意倾听以东京为大本营的那些媒体的意见，那么他们就不可能赢得选举。所以展望未来，执政党对于日本国内民众由于全球化而不断增强的绝望感的回应，将成为预测日本政治和经济走向的重要参数。

假如形势继续以现在的方向发展下去，那么那些能够利用全球化趋势，协助中国和印度成长的企业和个人将会不断获利，这些企业的股票价格和个人的收入都将大幅增长。但是另一方面，那些主要依靠国内需求的中小企业和个人则无法因此受惠，反而可能因为众多制造业向海外转移而面临更大的困境。

这就意味着，在未来的日子里，能够积极与全球化趋势接轨的大中型企业与缺乏这种渠道和能力的小企业以及个人之间的差距将会越来越大。从另一个角度来看，即便日本国内经济出现停滞，那些已经融入全球化趋势的日本大企业依然可以保持强劲增长。

货币和财政政策都无法解决全球化带来的伤害

在这个全球化的新世界里，不能再指望货币政策发挥任何有效作用，因为问题的严重性已经到了不是通过利率的微调就可以控制的程度。那些拥有人力和物力资本，能够搭上全球化便车的大企业自然会有强烈的资金需求，但是由于局势不明朗，其他企业对于负债仍然有抵触情绪，这就延缓了资金需求的全面恢复。所以，只要当前的经济形势不改变，那么利率就有可能一直保持在低位水平。

作为应对资产负债表衰退基本政策工具的财政政策，除非经过深思熟虑的运用，否则也只不过是粒短效止痛片。我所说的“深思熟虑”是指利用财政政策完善教育系统，建立必需的研发机构，以保证日本在技术上保持领先地位。

在与资产负债表衰退作斗争时，政府如何运用资金只是次要问题，事实上，历史已经无数次地证明了，只增加需求而不增加供应的军事支出是摆脱资产负债表衰退的最有效[1]途径。然而，在应对全球化的挑战时，政府如何运用资金却成为保持一个国家国际竞争力的重要因素。

刻不容缓的教育改革

虽然各项调查已经显示，越来越多的个人和小企业已经感受到了危险的到来，但是以东京为中心的新闻媒体却没有任何危机意识，不明白日本已经面临与20世纪70年代的美国相同的困境。

甚至在这种形势已经越来越明显的情况下，对于日本应该采取何种对策依然充满分歧。一部分人一口咬定日本应该实行贸易保护主义政策，或者将日元贬值，而完全不考虑这些措施的不现实。

在教育体系上，有些人主张应该重新让孩子们星期六也去上学，让他们学到更多的知识。但是当前日本真正需要的是能够创造新产品和服务的人才，以便在面对来自中国的挑战时可以继续保持优势。这样的人才和以前要求的那种“资质均一的高素质劳动力”完全不同。

那些资质均一、拥有相同知识结构和世界观的所谓主流型人才在今天的世界已经不再适用，因为不可能指望这类人才拥有太多创新思维。日本现在真正需要的是那种非均一资质，但是敢于挑战权威、集思广益，创造新产品、开拓新市场的人才。

欧美的文科教育具有鼓励不同思维的传统，而日本则需要努力改变社会整体思维单一的特征。

另一个重要问题就是，如何为那些实际收入没有增加的大多数人降低生活成本。那些销售从电子计算器到日常消费品的“一百日元店”的兴起，为削减生活成本做出了惊人的贡献。但是仅有这些还不够，尤其是在住房和食品成本上还需要更大的改进。如果政府无视高昂的生活成本而一味地推进全球化进程，那么就很有可能导致灾难性的后果。

真正的结构改革终将到来

综上所述，日本需要付出漫长的时间和极大的努力，才能完全克服全球化的挑战。就如资产负债表衰退需要一个全新的对策一样，全球化进程以及由此造成的不断扩大的社会差距，也需要我们在思维方式上做出重大转变。

在经历了长达 15 年的衰退之后，刚刚能够喘一口气的日本现在又面临着中国和全球化带来的第二波冲击，而这一波的大冲击或许又需要花上至少 10 年时间才能克服，真可谓“才出油锅，又入火海”。

在过去数年间，日本的政客和媒体都在为诸如邮局和高速公路民营化这类影响有限的肤浅改革喧闹不已，直到最近，他们似乎完全忽略了不断扩大的社会差距和苦苦挣扎的地方经济。但是全球化的浪潮终将改变这个到目前为止还在将资源用于赶超欧美的国家，从这种意义上来说，日本真正需要进行结构改革的时刻终将到来。

二、资本流动自由化和全球失衡

世界货币基金组织发出贸易失衡警告

全球化趋势还给日本和其他国家带来了另外一个问题，那就是世界主要国家的金融市场开放所带来的全球贸易失衡。

2006 年 4 月底至 5 月初，世界最重要的三个经济决策组织——G7、经济合作与发展组织、世界货币基金组织几乎同时发出了关于全球贸易失衡的警告。G7 在会议结束之后通常只发表一页纸的声明，这次却足足写了两页，整个第二页的内容都与全球贸易失衡问题有关。同样，经济合作与发展组织[2]和世界货币基金组织的措辞也非常严厉。

“全球贸易失衡”实际上主要就是指美国的贸易赤字，三大组织的声明显示，美国的贸易赤字问题已经发展到了刻不容缓的地步，全世界的领导者们必须尽一切可能妥善解决这一问题，否则必将发生诸如美元崩溃这样的灾难性后果。

在这三个组织当中，世界货币基金组织对于这个问题的看法及其解决之道非常明确，它在声明中说：“为了妥善解决全球贸易不均衡的问题，就需要重新平衡不同国家之间的需求，并进行中期汇率调整。美元需要从现有水准上大幅贬值，而包括一部分亚洲国家和产油国在内的贸易顺差国家则需要将自身货币进一步升值。”[3]

世界货币基金组织的发言很少如此直截了当，这个组织所发表的报告和声明大多时候都是模棱两可，因为它必须协调众多成员国的意见，来自某一个成员国的坚决反对往往就足以促使其删除或者修改声明中的激烈措辞。所以当世界货币基金组织强烈要求美元贬值的声明公布之后，每个人都大吃一惊，毕竟这样的声明将会给市场和经济带来巨大的冲击。事实上，美元和全球股市也确实在这些声明发表之后应声而落，出现了大幅度的跳水。

美国依存增长模式的转移

总而言之，对于全球贸易失衡的现象，我们已经不能再熟视无睹。在过去几十年中，是美国带动了全球的经济增长，然而美国再也无法承担像现在这样的巨额贸易赤字，这就意味着全球经济必须进行一项重大改变，尤其对于日本以及其他亚洲经济体来说。

迄今为止，亚洲型的经济增长就是以日本从20世纪50年代开始实行的模式为代表：生产优良产品，出售给美国，然后获利。这种战略就是将一个国家的政治、军事和外交等棘手的问题搁置起来，或者将决定权交给美国，这样就可以把这个国家所有的资源都集中于制造高质量产品并销售给美国这一最高目标。只要美国不断购买这些产品，出口就会上升，由此增加的收入又可以投资于新技术和设备，进一步促进经济和国内生产总值的增长。日本从20世纪50年代开始执行这种战略，并且很快就取得了经济的快速成长。

韩国曾经深陷于内政纷争之中，然而它很快发现，当它将精力花在那些政治纷争上时，日本已经在经济舞台上将它远远甩到了后面。在1945年之前，韩国的国民生活水准并不比日本差太多，但是到20世纪五六十年代，韩国和日本之间的生活水准差距已经拉大到足以对其统治者的统治产生不利影响的程度。韩国政府认识到了问题的严重性，于是决定搁置复杂的政治问题，开始全力以赴学习日本，并最终取得了同样的成功。紧随韩国的脚步，后面很快出现了新加坡、泰国、马来西亚以及中国的身影。尽管这种战略对于整个亚洲经济的迅猛成长做出了巨大贡献，但是这同时也意味着美国背负着不断增长的庞大贸易赤字。

美国的贸易和财政赤字之间并无关联

美国现在存在着严重的贸易赤字问题。世界货币基金组织一般会在一个国家的贸易赤字超过其国内生产总值3%时向其发出警告，然后在这个数字达到5%~6%时再次发出严重警告，这就相当于足球比赛中的黄牌和红牌。而美国的贸易赤字已经达到了几乎占其国内生产总值 7%的极其危险的地步（图 6-3），这就是世界货币基金组织、经济合作与发展组织以及 G7 同时发出警告的原因。

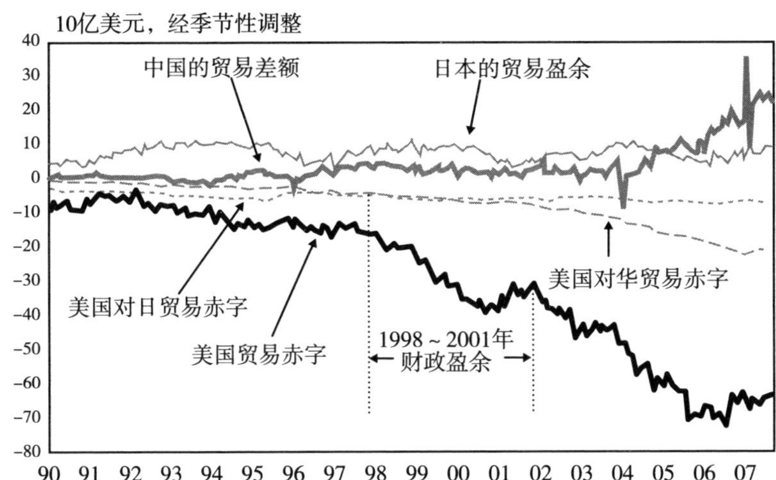

注：美国贸易赤字数据来自于美国普查局，野村综合研究所对其进行了季节性调整。

资料来源：日本政府财务省、美国商业部、美国普查局、中国海关总署。

图 6-3 美国的贸易赤字依然巨大

许多对美国保持贸易顺差的国家都错误地认为，美国的贸易赤字属于所谓的孪生赤字，要解决这个问题首先需要美国削减其财政赤字。但是，一个国家同时拥有的贸易赤字和财政赤字之间并非一定存在必然的联系。

在 1998~2001 年，当时美国保持着约占国内生产总值 2%～3%的财政盈余，但同期的贸易赤字却翻了一番（图 6-3）。也就是说，是财政赤字导致了贸易赤字的说法并不成立。

2005 年 1 月，美联储公布了一项关于财政赤字和贸易赤字之间关系的分析报告。[4]这项报告的作者利用数量经济学模型来推算前者对于后者的影响效应，他们最终得出的结论认为，每减少 5 美元的财政赤字，只能导致 1 美元贸易赤字的减少。换句话说，如果这两种赤字的规模相同，那么就有 4/5 的贸易赤字并非由财政赤字导致。

事实上，这“4/5”的贸易赤字主要是由两种因素导致的：美国与其他国家之间的经济增长差异，以及美元汇率。

首先，作为第一个因素，在过去数年间，美国的经济增长远比日本和欧洲国家强劲得多，这对于美国贸易赤字的膨胀或许起到了一定的主导作用。

那么，这是否意味着，假如美国放慢其经济增长速度，就能够解决贸易赤字的问题呢？经济增长速度的放缓确实具有一定的短期效应，因为经济势头的转弱必然也会导致进口需求的下降。但是对于已经连续膨胀了 10 年的美国贸易赤字，这样的方法在短期虽然可以奏效，然而从长期来看，则存在着无法逾越的障碍，毕竟为了减少贸易赤字而人为制造长期经济衰退明显不具有任何可行性。

因此，唯一可行的办法就只剩下汇率调节，这也正是世界货币基金组织的报告中所做出的结论。

美国当局对于美元和资本流入的观点已经有了重大改变

将美元贬值的要求必然会招致相反意见。有观点认为，由于贸易赤字巨大，因此美国必须依靠海外流入的资本，美元的贬值势必促使日本和中国的投资者抛售他们所持有的美元，进而导致美国利率的飙升。这种观点主张，正是因为贸易赤字太大，美国需要吸引更多的海外资本流入，所以，华盛顿必须小心谨慎地处置其美元政策，以讨得日本和中国的欢心，因为它们为美国提供了巨额的资本流入。

这种观点在1980年之前还算行得通，因为那时资本流入受到贸易往来的主导。但是大约从1980年起，世界所有主要国家金融市场的开放导致许多经济现象中的传统因果关系被彻底改变。在今天的世界里，更多时候是资本流动造成了贸易往来的动荡。此外，当今资本的大规模跨国流动不仅加剧了全球贸易的失衡，并且也增加了单独国家在行使货币工具时的难度。更糟糕的是，在经济学著作里，找不到任何关于如何应对这种资本流动的内容，因为在人类历史上，资本的流动第一次获得了如此彻底的解放。从资本与贸易流向的关系上来说，我们的世界已经进入了一片完全陌生的水域。

利差交易削弱了中央银行的作用

前面的章节已经证明了货币政策在面对资产负债表衰退时的无能为力。但这并不意味着日本的货币政策已经无足轻重，恰恰相反，日本央行的政策变动现在是最受全世界金融市场和货币政策机构关注的指标之一。

对于今天的许多国际投资者来说，日本央行的举动或许已经与美联储或欧洲中央银行同等重要。日本央行的动向之所以备受关注是因为，当前全世界的许多国际投资所需资本都是来自日元这种利率最低的货币（图6-4）。

通过所谓的日元利差交易，全世界的投资者包括普通购房者借入日元贷款，然后在需要做最终交易时再将手中的日元换成所需货币。也就是说，克罗地亚或者西班牙的购房者先借入日元贷款，然后到外汇市场将这笔日元兑换成克罗地亚库纳（Croatian Kune，克罗地亚货币单位）或者欧元，最后用这些钱来购买住房。这样，他们就通过支付全世界最低的利率获得了巨大的差额好处。

由于太多人在如此炒作，外汇市场上每天都有巨额日元被借入

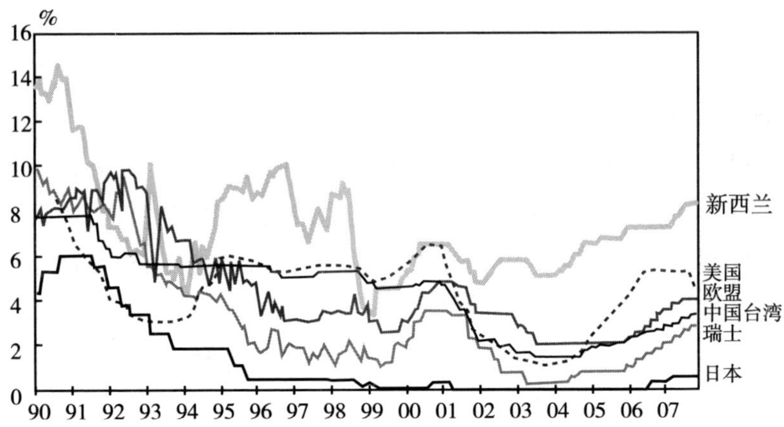

注：欧盟 1988 年之前的利率由德国的同业拆借利率代替；瑞士 2000 年 1 月之前的利率由三月期同业拆借利率代替。

资料来源：日本央行、美联储、欧洲中央银行、德意志联邦银行、英国央行、中国台湾“央行”、新西兰央行、彭博社。

图 6-4　日本的利率是全世界最低的

并抛售，这样的抛售导致日本作为一个国家虽然拥有世界最大的贸易顺差，但是日元汇率却依然降到了 22 年来的最低水平（图 6-5）。日元的走弱又使日元利差交易更具有吸引力，因为对于那些借入日元贷款的外国投资者来说，日元相对于本国货币汇率的贬值就意味着自己负债的减少。正是这种对于利差交易将进一步压抑日元的预期推动了这类交易愈演愈烈。

从韩国到西班牙，因此而产生的小型泡沫对于日本和其他国家与地区的中央银行来说都无异于一场噩梦。例如，欧洲中央银行试图通过提高利率来抑制在西班牙和其他欧元区国家出现的房产泡沫，但是这对那些借入日元贷款的人却毫无影响，因为他们所需支付的利率是由日本央行决定的。而欧元区的高利率又进一步扩大了欧元与日元之间的利率差，进而诱发资本从日元向欧元流动，推动欧元

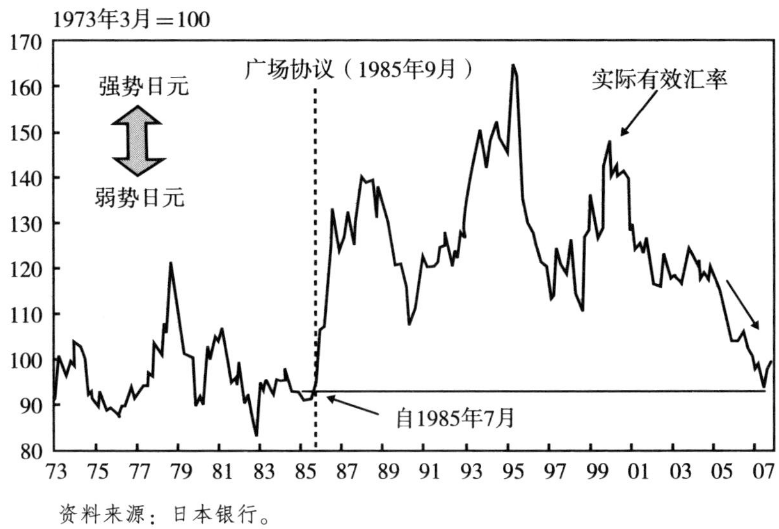

资料来源：日本银行。

图6-5　日元汇率跌至22年来的新低

对于日元继续升值。日元的贬值削减了那些借入日元贷款者的债务，也就鼓励更多的人加入进来，借入日元来为自己的投资筹措资金。也就是说，日元利差交易的迅速增长削弱了当地中央银行的影响力。

资本流动加剧了全球失衡

问题并未就此结束，欧洲的高利率吸引了其他地区寻求高回报资本的流入，因此即使欧洲中央银行实行货币紧缩政策，其内部投资依然旺盛。此外，欧元相对于日元的强势地位也使欧洲企业在与日本企业的竞争中处于不利地位，从而最终造成日欧之间贸易失衡的天平向日本一方倾斜。换句话说，欧洲中央银行的利率提升不仅没有打击（相反倒是鼓励）那些借入日元贷款的投机者，反而损害了欧洲制造业的利益。正因如此，欧洲的货币当局自 2005 年开始，在每次 G7 会议上都公开表达对日本的强烈不满。

日本央行面临的问题也同样棘手。日本国内在不存在通货膨胀的同时，物价在某种程度上还保持下降趋势，整体经济也没有显示出任何实行通货紧缩政策的必要。低迷的国内需求促使政治家、学者甚至世界货币基金组织都要求日本央行将利率保持在尽可能低的水平之上，希望通过低利率来刺激国内投资。

然而事实却是，低利率迫使资本流出日本，加剧了日元的疲软，使刺激国内需求的目标难以实现。日元的疲软和国内需求的低迷转而又促使日本企业更加专注于出口，最终造成本来已经庞大的贸易顺差进一步加剧。也就是说，日本央行的低利率政策只带来了日元走低和对外贸易失衡的恶化，由此造成的结果就是，即便日元价值在日本国内保持稳定甚至上升，但是它相对于其他国家货币的汇率却依然在一路下滑。

作为相反的例子，同样是中央银行的新西兰储备银行（Reserve Bank of New Zealand，RBNZ）却在尝试为过热的国内投资降温时遇到巨大的阻碍。作为发达国家中利率最高的国家，新西兰从全世界的投资者那里吸引了大量的资本流入。这些流入的资金在新西兰掀起了投资热潮，即使中央银行企图通过提高利率来控制投资热度，它的努力也由于海外资本的流入而被大幅削弱。

这种大规模的资本流入导致新西兰元在 2007 年中期对日元汇率和对美元汇率分别攀升至近 20 年和 22 年来的最高水平，从而导致新西兰拥有发达国家中最庞大的贸易赤字，进一步削弱了新西兰的国际竞争力。换句话说，新西兰的高利率政策强化了其货币走势，扩大了本国的贸易赤字，最终起到了冷却整体经济的作用。

经济和经济学都进入了一片未知水域

从来没有哪位经济学家阐述过，拥有最低利率国家的中央银行将对全球投资活动产生不成比例的巨大影响，或者拥有最高利率国家的中央银行会吸引不成比例的大量海外资金。此外，也没有哪本经济学教科书指出过，日本银行和新西兰储备银行应该如何应付它们所面临的困境。之所以出现这种情况是因为，经济学家们研究的所谓“开放经济”都是以货物的自由交易为重点，很少将资本的自由交易作为中心。也就是说，经济学领域从未设想过一个任何人在任何时候都可以在任何地方对任何货币进行交易的全球化金融市场的世界。然而现在，这样一个世界已经实实在在地出现。我们已经进入一片完全未知的水域，在这里，日本人可以自由地将他们的储蓄兑换为新西兰元进行投资，韩国人和克罗地亚人也可以同样自由地借入日元房贷。在10年前，如此简便地进行此类交易简直是无法想象的。

随着市场全球化进程的深入，资本也逐渐渗入所有有利可图的市场。那些因为国内需求旺盛而导致高利率的国家从国内需求低迷的国家吸引了大量资金涌入，这些资金流动强化了资金流入国的货币而弱化了流出国的货币，并且在推动流入国国内投资热潮的同时，削弱了流出国本已疲弱的国内投资。通常，国内需求旺盛的国家在对外贸易中会出现逆差，同理，国内需求低迷的国家在对外贸易中都处于顺差低位，而资本的自由流动则会加剧两者之间的贸易失衡。因此，这样的资本流动不仅有损于各国利益，同时也妨碍了不同国家间实现贸易平衡的努力。

本来是为了给过热的国内投资降温而出台的高利率政策反而吸引了更多海外投资的涌入，而试图刺激国内需求的低利率政策却加速了本国资本的外流，由此可见，资本的自由流动其实削弱了中央银行在各个国家的作用。事实上，在当今世界，那些设定了低利率的中央银行由于利差交易最终刺激的是其他国家的投资，而那些设定了高利率的中央银行又吸引了大量完全不合时宜的海外资金。

虽然日本央行现在属于前一种情况，但这并不是日本或者任何其他单一国家的问题，而是所有介入全球金融市场国家中央银行的问题。日本只不过是凑巧现在拥有最低利率，一旦情况改变，问题同样也会转移到其他国家。

事实上，另外两家中央银行——瑞士国家银行（Swiss National Bank）和中国台湾的"中央银行"直到最近为止也面临着与日本央行相同的问题。本来瑞士和中国台湾经济在没有通货膨胀的情况下运行正常，但是因此而产生的2%的利率使它们成为继日本之后利差交易的下一个目标。事实上，瑞士法郎和新台币的利差交易一直非常普遍，直到瑞士和中国台湾的"中央银行"在2007年将利率调升至3%。

对于这种情况，日本银行总裁福井俊彦在2007年5月10日的一次与利差交易有关的讲话中曾经指出，日元和瑞士法郎面临着同样的境地：作为10年前全世界走势最强的货币之一，由于低利率而沦落为走势最弱的货币。[5]

在两个国家的经济都能够保持增长，失业率和物价水平都表现良好的情况下，通货的这种滑落就显得不同寻常，这是因为投资管理者们根本无视这两个国家所取得的经济成就，只将注意力集中在回报差异上。

没有哪个决策者会主张一个最低利率国家的中央银行应该掌控全世界投资的重要部分，也不会有哪个经济学家基于公平和效率认为这样一个世界是合理的。相反，由于资本流动而造成的汇率错乱迫使全球失衡程度接近了警戒线，没有任何人愿意看到这种结果。

金融全球化造成的当前混乱

之所以出现这种状况是因为，在不同国家的政府依然保持独立，劳动力市场由于移民壁垒而相对封闭的同时，资本市场的全球化进程却已经将各个国家原本各自为政的资本市场融为一个单一的全球市场。在一个单一市场中，一种商品只能有一个价格，而这里所指的商品就是资本回报率。当国家之间的资本流动壁垒被撤除之后，资本回报率之间的差异将导致市场力量驱动资本从低回报的国家转移到高回报的国家，市场力量将持续产生作用，直到所有国家的资本回报率最终到达均衡点。也就是说，市场力量会自动将国家与国家之间的资本回报率调节到相同水平（图 6-6）。

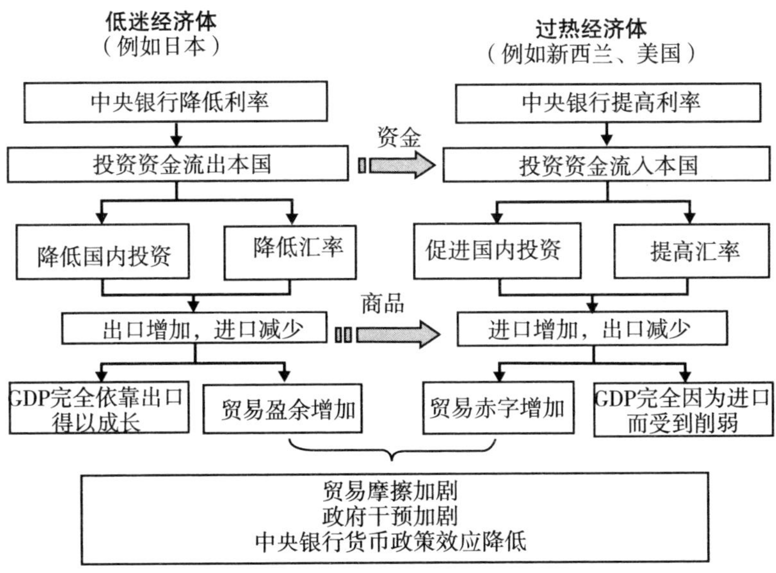

资料来源：野村综合研究所。

图 6-6　一个资本完全自由流动的世界

但是平均资本回报率也可能不符合各个国家的利益。举例来说，假如市场力量将全球平均利率定位于6%，那么那些需要将本国利率定位于6%以上或以下的国家经济就会受到伤害，事实上纯粹由市场主导的6%利率有可能与所有国家的自定利率发生偏离。

经济全球化不仅会导致国与国之间的资本回报率遵循“单一价格法则”，甚至所有商品都会如此。在均衡化的过程中，一些国家的物价水平将会上升，另外一些国家则会下降，总之都是朝着国际水平改变。

作为市场开放和全球化的结果，像日本和瑞士这样物价相对高昂的国家将出现通货紧缩现象。同样的，那些物价水平较低的国家也会因为海外市场的开放而导致其国内物价上涨，出现通货膨胀现象。

当这些国家的中央银行决定设定一定的国内利率来应对物价变化时，物价上涨的国家就会出现较高利率，而物价下跌的国家就会出现较低利率，这反过来又导致了国与国之间的利率差距，加速了资本的流动。

资本市场的开放是一个新生事物

世界各主要国家向跨国资本开放国门还只是不久前的事。比如美国是直到1979年的《货币控制法案》(Monetary Control Act) 出台之后才开始放松利率管制，在此之前，有大量的管控法规将美国市场与外界隔绝，这些法规包括控制国内利率的《条例Q》(Regulation Q)；防止国内与海外市场套汇交易的欧洲美元储备要求；以及阻止美国银行向美国客户提供外汇面额工具的美联储《美国银行许可证》(Bank of America letter)。

日本是从1980年12月，外汇法修订之后才原则上开始允许外国资本的投资，然而一直到1997年，日本才最终全面解除对跨国资本流动的限制。同样，许多欧洲国家也是在同期才解除了对跨国资本流动的限制。这就说明，国际金融市场壁垒的解除是近20年才开始出现的现象，但是携带着无穷潜在力量的资本自由流动已经将国家之间的贸易失衡带到了空前严重的程度。

假如全球经济完全一体化，贸易失衡将不再成为问题

外部失衡之所以成为一个问题，是因为这代表了收入在不同地区之间的转移。譬如在计算一个国家的收入或国内生产总值时，就必须加上出口并减去进口。今天，美国的贸易赤字已经达到其国内生产总值的6%，新西兰的这一比率甚至高达9%，这就意味着这些国家的很大一部分收入（也可能是工作机会）转移到了它们的贸易伙伴国（由于贸易逆差国家消化了贸易顺差国家生产的产品，所以在这个过程中并非所有国家都受到了损失）。因为超过3%的贸易赤字就已经意味着经济状况出现了问题，这就很容易理解为什么全世界的决策者们对于现今的全球失衡如此忧虑。

在各个国家对于贸易平衡都存在着合理需求的同时，市场主导的资本流动却导致贸易失衡状况不断恶化，这两者之间的冲突正试图在人员和政府各自独立的前提下将全球经济统合到一起。为了便于理解这一点，我们可以假设日本和新西兰成了一个国家，它们之间的关系就如美国的加利福尼亚州和纽约州，这样一来，这两个地区之间不管存在着多大的贸易失衡也不会产生任何问题。

像加利福尼亚和纽约这样，州与州之间的贸易平衡之所以不会成为问题是因为，在这些地区之间的人员、资本以及商品流动都是完全自由的。假如纽约经济繁荣，而加利福尼亚却正经历着经济衰退，那么为了寻求更好的工作机会，劳动力就会从加利福尼亚流向

纽约。同样，如果加利福尼亚的投资机会比纽约更具吸引力，纽约的资本也会为了追求高回报而流向加利福尼亚。即便人员的流动并不那么容易，华盛顿也可以运用手中的权力将收入从入超（贸易顺差）地区重新分配到出超（贸易逆差）地区。这一切能够实现的前提，正是由于加利福尼亚州和纽约州都是美国的一部分。

由于纽约和加利福尼亚之间各项生产要素的自由流动，所以这两个州就没有实行独立货币政策的必要。在资金能够从容地在它们之间自由流动的情况下，两个州之间的任何利差都会立即造成大规模的套利流动，并将利率重新拉回均衡点。

但问题是，不管是日本还是新西兰都不准备跟对方组成一个国家，它们对于移民都有着非常严格的限制，使得两国之间劳动力的自由流动困难重重。也就是说，日本和新西兰都依然会作为独立国家存在，这也就意味着它们之间的贸易失衡问题将会长期持续下去。

也许有些观点会认为，如果资本能够在海外赚取较高回报，这对于本国经济也意味着有效增益。虽然这种看法适用于纽约和加利福尼亚之间的投资活动，但是对于涉及两个不同国家和不同货币的投资活动来说，其结果却并非一定如此。正如理查德·库珀（Richard Cooper，哈佛大学经济学教授——译者注）曾经指出的[6]，有许多跨国资本流动很难证明是有效的，其中包括那些因为税法和会计处理差异而导致的资本流动。日本人于 20 世纪 80 年代购买了大量的美国国债，这虽然有助于美国应对财政赤字问题，但是对于日本人来说却很难说这就是他们的最佳投资选择。何况，美元对日元的汇率在 1985 年为 1 美元兑换 240 日元，等到 1995 年，1 美元仅能兑换 80 日元，美元对日元汇率的暴跌也使日本人损失了大量的财富。同样，从 2001 年到 2003 年间，欧洲投资者在美国的大规模投资也因为欧元的飙升而遭受了同样的损失。

只要移民流动仍被控制，全球失衡就是个问题

在经济学领域中，关于最优货币区（Optimal Currency Area）的论述连篇累牍，这种概念主张：如果在两个不同地区之间，资本、劳动力和商品都能够自由流动，那么这两个地区就应该采用同一种货币；反过来，如果要采用同一种货币，那么人员、商品和货币的自由流动就是必要前提。比如像欧元区这样，各国政府都已经付出巨大努力来推进人员、资本和商品自由流动的地域，一个单一货币对于各方面都会大有助益。然而就全球范围来说，这样的情况却只是一个罕见的例外。

理论和实际总是在人员流动这个问题面前产生最大的抵触，这是因为移民在绝大多数国家都是一个令人头痛的难题。而且即便完全开放移民，语言、种族、信仰和文化差异仍然会严重阻碍人员的自由流动。这个世界正是因为存在着众多不同的价值体系，才会有200多个不同国家的存在。这些价值差异产生的壁垒不是仅仅通过经济交流就能破除的，指望出现一个全球政府在不同国家之间重新分配收入的愿望也不现实。因此，代表着收益从逆差国家向顺差国家转移的贸易失衡，也就将作为一个问题永远存在下去。

政府政策目标与全球化无法同步

因此，当前世界经济面临的关键问题就是与最优货币区概念截然相反的现实。也就是说，如果一个或者多个生产要素能够实现自由流动的话，那么其他要素是否也应该同样实现自由流动？更确切地说就是，如果劳动力无法自由流动，那么是否应该允许资本自由流动？

要想对这个问题提出完整的答案，或许需要进行大量的研究，但是在过去20年间呈现爆发性增长势头的跨国资本流动导致了货币

逆向变动，加剧了全球失衡，因此对其进行某种程度的限制就开始显现出必要性。或者政府也可以在不限制资本流动的同时，加大对外汇市场直接干预的力度。

但是目前学术界对于这两种举措都有很大的争议，因为学术界普遍对政府管制或者介入市场的行为持怀疑态度。然而，如果资本流动得以开放，那么政府决策者们就应该有能力监控汇率变动。但是按照现在这种资本流动的开放状态，市场已经无法将贸易失衡控制在政府可以接受的范围之内。

这种状态几乎就是 20 世纪 80 年代早期，资本流动开放之前的世界的倒影。当时在贸易完全自由的同时，资本流动却受到多种限制，外汇市场变动的主要外力就是对外贸易，因此贸易顺差国家的货币保持强势，而贸易逆差国家的货币则趋于走弱。也就是说，货币市场起到了国家之间贸易平衡的天然调节器作用。

但是现在，资本流动得到了开放，外汇市场完全被追求不同国家之间均衡投资回报的流动资本控制，因此导致资金从低利率国家涌向高利率国家。由于货币市场平衡贸易的功能不再存在，众多空前严重的问题开始浮现。例如美国不断膨胀的大规模贸易赤字已经诱发了国内保护主义情绪的增长，同时政府的货币政策职能也被大幅削弱。

政府介入外汇市场的实例

现在至少有一个国家的中央银行决定不再等待学术界的答案，而是开始采取实际行动来解决这些问题。新西兰储备银行从 2007 年 6 月开始介入外汇市场，通过提高利率，冷却国内投资来试图使新西兰元贬值。新西兰储备银行之所以不得不采取这项行动，是由于过高的国内利率使得其货币不断升值，导致本来已经严重的国际收支经常项目赤字问题进一步恶化。事实上，自1985年以来就没有介入过货币市场的新西兰储备银行的这一转变具有决定性意义，它意味着新西兰当局再也无法坐视资本流动和因此产生的逆向汇率变动所造成的伤害。

尽管到目前为止尚未有其他国家效仿新西兰中央银行的做法，但是美国参议院已经通过法案要求美国财政部对外汇市场进行干预。[7]这些法案的签署人都意识到了汇率的长期失准是造成美国庞大贸易赤字的重要原因之一，虽然一些法案中包括了保护主义条款，但是市场力量不仅无法矫正贸易失衡，反而将其进一步恶化的现实表明，政府在某种程度上的干预已经势在必行。

但是即便中央银行决定对外汇市场进行干预，仍然会有一部分观点认为，在目前私人资本流动规模远远大于中央银行可调动资金规模的前提下，中央银行的干预行动将会效果不彰。但是假如中央银行的干预措施能够与贸易流动相协调，那么产生的效应必将远大于中央银行能够调动的实际资金规模。这里所谓的与贸易流动相协调就是指买进贸易顺差国的货币以及卖出贸易逆差国的货币。

中央银行是外汇市场上唯一不用担心损益的参与者。当它们与贸易流动协调一致，推动汇率向着减少贸易失衡的方向变动时，那些必须在意资金得失的私人参与者就会惊慌不已。也就是说，那些私人参与者是为了赚钱，而非显示自己的力量才进入外汇市场的，当他们发现中央银行挡在他们面前时，多数人都会选择避免直接冲突，因为与贸易流动协调一致的中央银行拥有几乎无限的潜在资源。一旦私人参与者决定退让，以避开中央银行的打击时，这家中央银行最初行动的效应就会倍增，从而将汇率推向理想的方向。这种现象在现实中有一个最好的例证：1985年9月广场协议签订之后的3年内，G5的中央银行成功地将估价过高的美元汇率从240日元降低到了 120 日元。然而，当中央银行进行的市场干预不能与贸易流动协调一致时，其效果就会明显降低。

应该重新考虑资本市场的开放

福井俊彦先生在 2007 年 2 月 15 日的评论中指出：货币政策的执行已经变得极其复杂，对于国内状况的过分关注会造成海外的不当理解，其他国家对于泡沫的恐惧所催生的政策将打乱国内经济和物价的规律。他在评论中总结道：当前情势的“非此亦非彼的不明朗化已经持续了很长一段时间”，在这种情形下的政策执行就如“试图通过几个未知变量来解一个方程式”一样。或许其他国家的货币当局也和他持有相同的观点。

金融全球化只有当全世界最终融合为一个国家时才具有现实性。当前由于金融全球化而造成的混乱正是因为既没有任何一个国家将全球统一当成自己的目标，也不存在组成一个可以重新分配收入的全球政府的迹象。

面对这些局限，政府决策者和经济学家们应该认真思考资本市场开放所带来的好处和代价，而不是盲目认为私营部门的任何开放都有利于经济发展。虽然经济学界已经证明商品的自由贸易有助于经济繁荣，但是对于在其他要素尚不能自由流动的前提下，单独开放资本市场能否产生同样效果却还没有肯定的答案。

投资者的资质也是一个重要因素

不管是进行直接投资还是间接投资（Portfolio Investment，又称证券投资），投资者的资质同样具有重要影响。如果投资者能够留意到贸易失衡问题，对于贸易逆差国家不进行过度投资，那么一部分货币逆向变动就有可能得到抑制。

例如，投资者在将资金转移到海外进行直接投资之前，一般都会对投资对象国进行包括贸易平衡在内的详细调查。他们之所以必须这样做是因为，一旦他们在投资对象国修建工厂，开始运营，就不再那么容易脱身。相反，间接投资者则几乎没有时间研究他们的投资对象国，尤其是当他们在与摩根士丹利这样的大盘指数竞争时。

尽管经济学家们都假定投资者永远是理性的，知道自己在做什么，然而现实市场中却充斥着无知甚至更加糟糕的例子。事实上，就如 1997 年的亚洲金融危机所显示的那样，对于一个正在形成中的市场来说，没有什么比来自发达国家的富有但却无知的投资者大量涌入更可怕的事情。尤其是在危机爆发之后，这些投资者对于这个地区包括泰国的破产法规之类结构缺陷的抱怨，证明了他们根本就没有资格到泰国去投资，因为这些投资者有责任在将资金投入这个国家之前先把所在国的法律条例了解清楚。

虽然各国政府和世界货币基金组织都在试图减少贸易失衡，但是它们的努力在市场上却往往呈现出与全球化进程相矛盾的倾向。事实上，世界货币基金组织看上去就像得了精神分裂症，因为这个组织一方面在积极推动资本账户的开放[8]，另一方面却又在试图阻止因为资本自由流动而带来的贸易失衡。这种资本自由流动与因为缺乏政策一致性而造成的贸易反弹之间的矛盾将不会再持续数十年的时间。

当失衡超过全球经济可以消化的规模时，市场通常就会开始以违背众人意愿的方式做出反应。这些反应或许将包括美元和美国资产的崩溃。由于美国经济崩溃而给贸易顺差国投资者造成的损失，会暂时中止如图 6-6 所示的那种资本流动。最近的美国次贷危机就阻碍了美国的资本流入，导致美元贬值。而美元的贬值又有助于美国贸易赤字的削减。

但是在数年之后，一旦那些贸易顺差国的投资者从损失中恢复过来，当他们看到美国的贸易赤字开始减少，就会得出结论“美元贬值已经到了尽头”，这将促成图 6-6 中那样的资本流动卷土重来，而这次的资本流动又将持续到另外一场经济崩溃发生为止。在现实中，这种不安定的资本流动与金融危机往复出现的怪圈会不断循环上几十年，并且不会给任何参与者带来任何利益和好处。

为了阻止这种资本流动和金融危机的循环，管理汇率的财政当局就会希望能在下一场危机发生之前通过像广场协议那样的政策来调整汇率。政府部门也应该考虑限制贸易顺差国的金融机构投资者对于贸易赤字国家资产的拥有量。这种限制的目的就是提醒那些投资者，他们有可能正在为最终会给他们自己带来巨大损失的全球失衡推波助澜。

如果不采取行动，放任贸易失衡无节制地膨胀下去，那么保护主义情绪最终将甚嚣尘上，这将会是最坏的结果。由于投资者和经济融合都不会十全十美，这就需要决策者们能够脚踏实地，而不是过于理想化地处理资本流动、汇率以及贸易失衡等问题。

三、纠正全球失衡必须循序渐进

美国对于资本外逃依然脆弱

尽管是私人资本流动造成了贸易平衡的动荡，但是方向正确的资本流动也可能因为速度过快而造成动荡，特别是当中国和日本的资金大规模撤离美国时。美国政府当局在过去 3 年中关于这个问题的看法已经彻底改变，完全忽视了由此产生的危险性。这种新的姿态最早是由格林斯潘于 2005 年 2 月 17 日在国会作证时第一次表示出来的。在这次国会作证中，北卡罗来纳州的国会议员沃尔特·琼斯（Walter B. Jones）询问道："日本拥有超过 7000 亿美元的美国国债，中国内地和中国香港持有超过 2500 亿美元的美国国债，主席先生，我的问题是，如果这样的赤字不断上升，而我们又没有采取任何措施来阻止其继续上升，一旦日本或者中国停止购买美国国债，那么这对于美国金融市场将会有怎样的影响？"实际上，琼斯要问的就是，如果日本或者中国抛售它们手中的美国国债，那么美国的利率将会有何变化。

格林斯潘的回答令人震惊。他答道："我们已经研究了这个问题，并且我相信我们的结论是，外国对美国国债的购买适度地调低了长期利率。因此，如果它们选择停止继续购买或者开始出售，那么也只是会将利率再次适度地调高。"[9]这里所说的"适度"一词指的是 0.3%~0.5% 的上升。当我看到这个发言时被吓了一跳，甚至在想美联储主席是否已经老糊涂了。

在过去 20 年中，很少有什么像日本和中国的投资者抛售美国国债这样让美国政府担忧的事情。格林斯潘本人也曾经考虑到这种可能性，在过去 20 年里，我所接触过的美联储和美国财政部的人士总是为此忧心忡忡，但是在 2005 年，美国政府的看法却发生了改变。

美元外逃曾经发生过

早先的那种担忧是有事实依据的。例如在 20 世纪 80 年代，外国，尤其是日本投资者的行为就曾经导致美国利率产生过剧烈波动。最具冲击力的例子就是在 1987 年 3 月 25 日，美元汇率有史以来首次跌至 1 美元兑 150 日元以下。东京的财务经理们已经在为日本的财政年度即将结束而感到紧张。仅仅六周之前，1987 年 2 月 G7 共同签署了卢浮宫协议，事实上宣布了美元已经贬值到底，当时美元汇率在 1985 年 9 月 22 日广场协议签署后的 17 个月里，从 1 美元兑 240 日元暴跌至 1 美元兑 150 日元。由于卢浮宫协议的影响，很少有货币市场的参与者预期美元会跌破 150 日元的门槛。但是美元却跌破了这个门槛，而且就在日本的财政年度即将结束的五天之前。这让市场一片混乱。

首先，已经购买了美国国债的日本投资者不得不立刻抛售这些美国国债。这导致美国的基准长期利率仅在六个星期内就从 7.5% 提高到了 9%，也就是 150 个基点。而日本的长期利率则因为资金回流而从 4% 急跌至 2.5%。在此期间，美元下挫了 13 日元，一直降到 137 日元。图 6-7 表示了这三种变化。

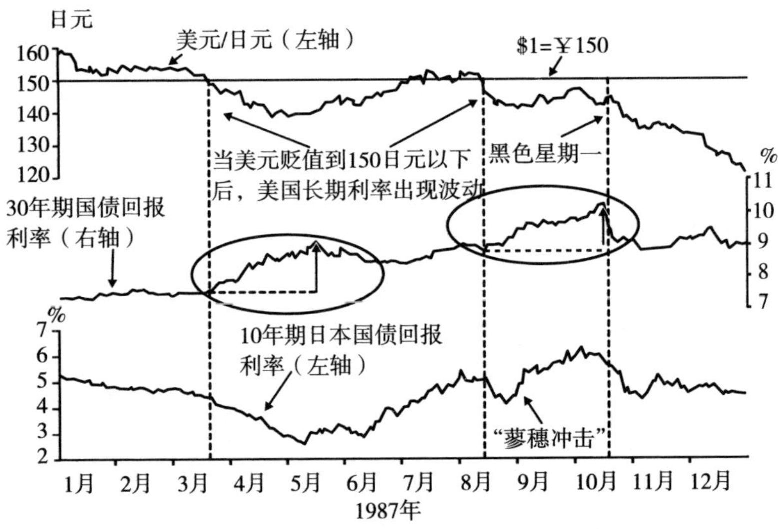

资料来源：日本债券交易中心、美联储、纽约联邦储备银行。

图 6-7　1987 年的“美元大抛售”

虽然日本投资者对于美国国债买卖规模的官方统计数据要晚两个月才会发表，但是日本的市场参与人士对美日利率突然变化的导火索心知肚明。然而许多美国的市场参与人士，甚至包括政府都没有注意到日本的变化，还以为美国利率的上升是由于国内通货膨胀问题所致。

在美联储主席保罗·沃尔克（Paul Volcker）领导下的美国金融当局最终意识到了利率上升的真正原因，立即决定采取行动阻止美元的下跌。美国官方开始介入货币市场，美联储理事会甚至考虑过提高官方贴现率。虽然最终证明提高短期利率就已经足够，不过，美国也因为这个问题而在一瞬间感受到了极度恐惧。

日本的回应

美元汇率跌至 150 日元以下同样震惊了日本当局，他们本来对于通过卢浮宫协议解决日元汇率飙升问题充满信心。日本当局对这场危机的反应就是：不管规模大小，要求所有参与外汇交易的日本银行必须上报每一笔交易。金融管理当局有权要求这样的报告，然后就可以根据这些报告要求增加银行货币交易的管理成本。这些异常烦琐的要求有效地束缚了国内外银行的手脚。

报告义务的增加对于任何抛售美元的银行都是一种明确的威胁，因为这些银行将会在周报上看到自己的名字。假如周报报道了某家银行的抛售造成美元的下跌，那么这家银行就必然遭到公众舆论的谴责。正是通过这些措施，日本当局终于遏制住了抛售美元的风潮。

当时，由于外资银行对日本企业的贷款受到了严格的管控，所以大部分在日的外资银行都通过货币交易来赚取利润。因此，新的报告要求显然就扼制了它们的商机。开始反击的外资银行甚至向美国政府抱怨，称这种要求违反了日元—美元委员会之前关于市场开放原则的协议。但是美国在这个问题上也是选择有限。由于利率上升而受创的美国无法指责日本政府的这些举措，因为日本政府正在努力消除导致美国利率上升的根源。实际上，美国政府的官员们内心大概正在庆幸，不用“弄脏”自己的手就能够阻止美元下滑。

事态终于在 1987 年 5 月下半期得以平息，美国当局最终同意采取与日本同行相同的姿态，公开宣布不寻求美元贬值。美元汇率于是很快就回到了 150 日元，美国国债利率也开始下降，市场至少到 9 月份为止重新恢复了平静。这个插曲显示日本投资者的撤离有将美国长期利率升高 150 个基点（1.5%）的潜在威力，而这远远超出了格林斯潘所预测的“适度”上升的范围。

格林斯潘的观点从何而来

那么格林斯潘于 2005 年 2 月所表达的新观点又是从何而来？2007 年春天，一位美联储前官员在针对野村证券客户的讲座中透露了一些背景资料。他解释说，这种观点转变源自于美联储的经济学家对日本于 2003 年至 2004 年 3 月之间进行的大规模外汇市场干预所做的研究。当时的日本央行抛售了 30 万亿日元（相当于 2850 亿美元）以阻止日元的升值，并利用由此产生的获利购买了美国国债。

如果外国政府购买美国国债的行为对美国利率会产生显著影响，那么当日本开始购买美元债券时，国债利率就应该下降。同理，当这种购买停止时，国债利率就应该上升。但是在这一个事例中，日本央行的购买行为几乎没有对美国的国债市场产生任何影响。对此，美联储认为原因在于全球债券市场的规模和流动性都达到了极大的规模，日本当局实施的那种规模的干预效果就显得微不足道。

然而，上述事例并不足以证明外国资本流入的中止或逆转无法对美元或美国利率产生重要影响。在这个事例中，日本政府不得不购入价值30万日元的美元以阻止日元升值，这就意味着同时私营部门正在抛售价值30万亿日元的美元。如果日本政府不理会这种美元的流失和日元的流入，那么由此产生的结果就是美元的急速贬值和美国利率的飙升。也就是说，正是因为日本当局的举动与私人资本流动方向相反，所以才没有造成美元贬值和美国利率的上升。

这就带来了另一个问题，假如日本央行不采取行动抵消资产转移，那么外国投资者将资产从美元转移到其他货币的决定将会产生怎样的后果？基于前面的论述，答案显然就是，美元和美国利率都会因此受到相反的影响。

此外，假设日本和中国的金融当局决定抛售美元，那么私人投资者（不管是国内还是国外）也都将立即开始抛售手中的美元。因为私人投资者都很清楚，在美国拥有巨额贸易赤字的情况下，是日本和中国的中央银行在支撑着美元。因此，一旦日本和中国选择退出，那么势必造成美国利率的飙升。

被遗忘的教训

1987年的这个插曲已经过去了20年，在我2006年访问华盛顿期间，谈及这个话题时，我注意到没有一位美国官员记得这件往事。也就是说，当年的那些教训已经从美国官方的记忆中清除得一干二净。

也许这些官员相信，在过去20年中都没有发生的事情就不可能再次发生。然而，美国现在的国际收支经常项目逆差与国内生产总值的比率已经是1987年时的两倍，而日本的国际收支经常项目顺差与国内生产总值的比率则与1987年持平。这两个因素同样能够造成像1987年那样抛售美元和日元升值的现象重演。

需要指出的是，虽然格林斯潘在国会听证会上的答复代表了美国官方的态度，但是许多研究报告（包括美联储的）都认为，外国资本流入对美国利率产生了显著影响。这些报告的作者包括华诺克·弗朗西斯（Francis Warnock）和华诺克·维诺尼卡（Veronica Warnock，2005），以及延贝里（Genberg，2005）。

矫正美国贸易失衡问题需要多久

要在短期内消除美国达到国内生产总值6%的外部赤字显然不切实际，这样的企图将会引发全球经济的崩溃。因此美国当局必须渐进地矫正自身的贸易失衡问题。但是如果贸易赤字无法减少，或者继续增加，那么越来越多的人将会对美元的崩溃提出警告。美国政府最担心的事情就是公众认为美国只是制造美元，然后用来购买全世界的产品，如此一来，没有了美国的生产基础，美元就会变得一文不值。

这种意见现在时有耳闻。例如，一家美国的投资银行已经建议美国政府与日本和中国协商免除自身的债务。

美国政府对于这些呼声充满忧虑，因为这显示公众已经开始对美元产生怀疑，所以美国政府必须有所作为，重振美元以应对公众的担心。美国政府希望通过削减贸易赤字来说服日本和中国的投资者将他们的美国债券持有更长时间。并不是说必须将贸易赤字完全清除，因为这样做有相当大的难度。美国需要做的只是渐进地将美元贬值，以促进贸易赤字问题的改善。

美国迅速地打出白旗……然后又迅速地收了回来

那么他们最终将会胜利吗？

美国的劳动力市场与日本和欧洲的完全不同。在日本如果关闭一个工厂，就不会再有人打算回去复工。因为工厂的关闭只是一连串漫长过程的最后一个步骤，之前必须将工厂的所有工人都妥善安置，这就需要付出巨额的成本。因此，在日本关闭工厂是一个无法逆转的长期决策，在欧洲的大部分地区也是同样的情况。

而美国的劳动力市场非常灵活，这就意味着美国人可以迅速地“打出白旗”，然后又迅速地将白旗收回去。也就是说，因为可以比较容易地解雇员工，所以在美国开设和关闭一个工厂要比在欧洲和日本容易得多。这种灵活性使美国经济能够更有效地应对相对价格（汇率）的变化。

美国对于欧洲的贸易赤字问题在 1985 年 9 月广场协议签署之后得到了大幅改善，到 1997 年，贸易赤字已经转为贸易顺差。对于日本赤字问题的改善虽然没有宣传得那样显著，但是美元汇率因此产生的下落为美国制造业的繁荣起到了重要的助推作用。

由此产生的问题就是，如果美元贬值，那么美国应该出口什么商品。直到最近被德国超越为止，美国一直都是世界最大的出口国（图 6-8）。如果美元大幅下跌，日本、德国以及韩国制造商在美国的制造工厂将会加大美国的出口量；丰田和尼桑就会变得跟福特和通用一样。当美元走低时，外资企业事实上将增加它们在美国的出口。这或许就是美国当局对这一问题的对策倾向。

尽管对劳动力市场的管理可以防止类似日本和欧洲那种情况的发生，美国劳动力市场的巨大灵活性使得我们可以预期，美元的大幅贬值将显著改变产业结构。但是严峻的挑战也正在于，如何促使美元对于其他货币尤其是亚洲货币进行贬值，只有这样，才能让美国的产业变革在不给全球金融市场造成混乱的同时得以顺利实现。

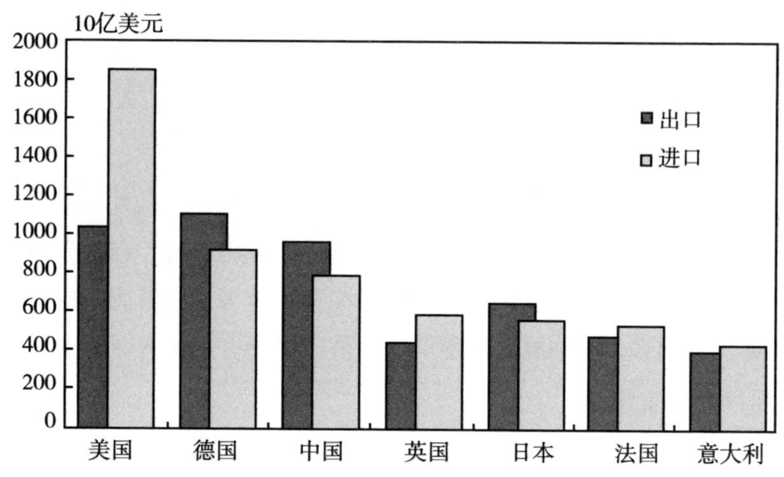

注：2006 年的数据。

资料来源：各个国家的贸易统计以及美联储。

图 6-8　美国依然是世界第二大贸易出口国

注　释

1.“有效”这个词在此是指由于财政赤字而导致的总需求的增加。从这种意义上来说，减税是效力最弱的财政刺激政策，因为税收削减的重要一部分或许会用于偿债，或者重建金融资产（储蓄）

2. 参考经济合作与发展组织（2006）

3. 世界货币基金组织（2006），第 1 页

4. 艾赛克，格里埃尼，加斯特（2005）

5. 彭博社（2007），或者 Jiji 出版社英文新闻服务（2007），5 月 10 日

6. 库珀（1997）

7. 参阅美国参议院银行、住房和城市事务委员会（2007）以及美国参议院金融委员会（2007）

8. 费希尔（1997）

9. 彭博社（2005）

第七章

进行中的经济泡沫和资产负债表衰退

一、美国的现状：次贷危机

当前美国经济正面临着房地产泡沫的破灭和次贷危机。在这场危机中，大西洋两岸的众多金融机构已经遭到了沉重打击，美国无法售出的住房数量达到了空前规模。这次危机正是由于一种资产价格泡沫的破灭所致，所以这有可能将美国拖入另一场资产负债表衰退。

这场次贷危机的起因需要回溯到 2000 年的 IT 泡沫。当时在 IT 泡沫破灭之后，美联储立即意识到美国的总需求正在迅速下降，如果不遏制住这股下降势头，那么美国整体经济就有可能卷入一场全面衰退之中。作为回应，美联储将利率从 6% 大幅调降到 1%。在 IT 泡沫期间，美国的住房市场表现平稳，没有出现过热现象。然而当美联储将利率调降至自 1959 年以来的最低水平时，能够承担住房贷款的人数由于低利率而迅速增加，最终引发了房产泡沫的产生。

尽管房价飙升，但是格林斯潘仍然保持冷静，拒绝用泡沫这个词来形容房地产市场出现的状况，他之所以能够保持冷静，或许是因为他心中已经在酝酿一个计划。当时众多因为 IT 泡沫破灭而受到打击的美国企业正埋头于资产负债表的修复，格林斯潘的意图就是通过支持房地产市场来维持正承受着下降压力的总需求。通过以房地产泡沫代替 IT 泡沫，格林斯潘让美国经济继续保持增长，从而使美国企业能够有足够利润来清理它们的资产负债表。

在那个时候，格林斯潘或许相信，一旦美国企业完成资产负债表的修复，它们就会重振旗鼓，开始为前瞻性的项目贷款投资，在这种情况下，利率就会回升，进而终结房地产泡沫。按照这种方案，健全的企业部门将作为带动经济发展的火车头，最终带领美国走出IT和房地产泡沫。

在头三年中，格林斯潘的这个策略成效显著。当企业仍旧在努力修复资产负债表时，美国经济因为得力于房地产泡沫而保持了强劲势头。到2003年年底，绝大多数美国企业已经完成资产负债表的清理，于是美国联邦储备委员会从2004年6月开始连续17次提高利率，将联邦基准利率提升到5.25%，并且认为企业资金需求的复苏也会提升长期利率。

但是结果却发现，财务状况良好的企业依旧不愿借贷，这就最终导致了问题的发生。格林斯潘甚至在国会听证会上公开表示惊讶，为什么理应借贷的企业却不这样做?[1]就如本书第二章已经指出的，美国遭遇了日本在过去数年间曾经遭受过的“债务抵触综合征”。事实上，美国经济正处于经济阴阳周期的第四个阶段，在此阶段中，那些曾经被迫修补资产负债表的企业在达成目标之后依然缺乏借贷意愿。

由于这种债务抵触综合征，尽管美国的短期利率已经回升到了5.25%，但长期利率依然徘徊在4%~5%的水平。由于房地产市场一般只受到长期利率的影响，而长期利率并没有随着美联储的紧缩政策同步上升，这就导致美国的房地产泡沫又多持续了两年。

另一方面，大多数普通购房者已经于2001~2003年购买了新的住房。在企业没有贷款需求，普通购房者也不再需要资金购房的情况下，华尔街的资金管理者们在2004~2006年开始迫切需要开拓新的借贷者，特别是那些愿意支付高于货币市场利率的借贷者，于是他们开始发掘大批次级借贷者资源的潜力。华尔街的银行家们说服自己，这些次级借贷者支付的高利率将会弥补可能产生的风险，于是他们向这个市场注入了大约10000亿美元的资金。

这些资金的突然涌入彻底改变了次贷市场的原有结构，放贷标准和信用评级被不负责任地全面放宽。这些贷款又进一步被分割并证券化，和其他金融产品打包一起转卖给其他投资者，此外，众多贷款发放者对放贷也采取了重量不重质的马虎态度。

2006 年春，美国的房价终于到达顶点并开始回落。由于众多次级借贷者当初购买房产都是因为相信房价将一路上升，这样他们就可以通过购买房产来累积资产，从而跻身优惠级借贷者之列并享受优惠级固定利率，所以对于他们来说，房价下跌就意味着被次级房贷的高利率套牢。因为许多这样的借贷者只负担得起最初的诱惑利率（Teaser Rate，为了吸引借贷者申请住房贷款，放贷机构将借贷者最初所需支付的放贷利率调低，该利率即为诱惑利率。在诱惑利率期结束之后，借贷者就必须支付正常利率——译者注），在诱惑利率期之后恢复的正常利率就造成了大量贷款拖欠现象的发生，由此导致的次级借贷相关金融产品的价格暴跌进而对全球金融市场造成了巨大冲击。

虽然次级贷款总额只有 10000 亿美元，但是因为这些次级贷款被分割并和其他金融资产打包后证券化，所以与次级贷款有关的金融产品总额也许高达数万亿美元，然而没有人知道这些金融产品的确切金额。此外，优惠级房屋贷款的违约率也在快速攀升，这显示在房地产泡沫期间，许多优惠级借贷者也特意购置了新的房产。尽管优惠级贷款的违约率只有次级贷款的 1/4，但是前者的市场规模要远远大于后者，这就意味着银行和金融系统因此受到的打击也将会异常严重。

导致局势更加危险的是，由于这些证券结构复杂，绝大多数投资者无法确切了解它们的风险程度，所以投资者们只能依靠评级机构来做判断。当评级机构开始同时下调这些证券的等级时，整个市场开始崩溃，在这个过程中，数以千计银行的资产负债表因此受到惨烈的创伤。与此同时，评级机构表现出来的不可靠性又影响了其他许多与次级贷款无关的、结构复杂证券的价值。同时，这些金融产品的复杂结构又阻碍了其他股票投机商的介入，因为除了极少数能够真正理解这些金融产品的投资者，股票投机商们也同样难以找到其他愿意购买这些证券的客户。

次贷危机所导致的资产负债表衰退的特征

此次美国次贷危机存在几点以前的资产负债表衰退所不曾出现的特殊之处。首先，问题出自个人和银行部门，而非一般企业。假如像当年日本的商业不动产泡沫那样，问题主要集中在企业部门，那么局面就会比较容易掌握，因为被宣布技术性破产对于企业来说无异于死刑宣判，所以企业都会尽一切可能迅速清偿债务以修补受损的资产负债表。这种情况在过去 15 年的日本和 IT 泡沫破灭之后的德国和美国都曾经发生过。

但是对于个人，情况则截然不同。如果一个家庭在购买了住房之后，房价出现了大幅暴跌，当房贷金额超过已经缩水的住房现有价值时，这个家庭在技术上就已经破产。但是在现实中，只要这个家庭能够继续偿还贷款，那么就不会成为问题。作为银行，它关心的只是每个月能否及时收到按揭，至于这个家庭的净资产是否为负并不在银行的关心范围之内。因此，只要就业和收入能够保持增长，个人就能够继续拥有他们的房产，不会出现大规模抛售房产和房价暴跌的现象。对于那些能够按时支付固定利率房贷的个人来说，由于房价下跌而产生的财富递减效应也会因此变缓。

但是对于那些因为浮动利率贷款的诱惑利率到期而不能继续支付每月按揭的个人来说，他们别无选择，只能开始拖欠贷款。最终这些借贷者将丧失抵押品赎回权并被收回住房，银行也将因为过多的不良贷款而遭受损失。过多的不良贷款反过来又降低了银行的资本充足率（Capital Adequacy Ratio），于是银行不得不减少放贷以恢复资本充足率，而这又导致了信贷紧缩。此外，当借贷者因为丧失抵押品赎回权而被银行收回的住房重新被拍卖时，随之可能出现的雪球效应将使相同区域的房价受到影响。现在美国大约有 200 万违约借贷者，违约率的急速飙升已经给住房供给和房价造成了灾难性的后果。

作为金融部门，与次级贷款有关的金融产品的价值崩溃已经给它们造成了巨大损失，而这种损失向那些与次级贷款无关的复杂结构金融产品的扩散更让局势如火上浇油。金融机构的困境在欧美已经导致了信贷紧缩现象的出现。

重温 20 世纪 90 年代日本经济泡沫的崩溃

这场次贷危机将会如何发展下去？假如它出现日本平成泡沫破灭之后同样的状况，那么大概就会出现以下现象：

（1）在泡沫刚破灭时，几乎所有人都会将因此出现的经济低迷视为暂时现象，他们相信在某些特定产业经历数个季度的煎熬之后，经济就会恢复正常状态。这种过度自信在经济泡沫刚破灭时一般都会非常普遍，原因在于经济泡沫几乎都是在经济最繁荣的时候破灭，在这个时候，每个人都拒绝承认经济出现颓势。在日本，这个阶段从经济形势依然强劲的 1990 年持续到了 1992 年。

（2）然而，一旦泡沫的破灭开始影响到个人和企业（对于美国来说，尤其是指银行）的资产负债表时，公众就会变得更加谨慎，并采取防御的姿态。如果这种防御姿态促使个人增加储蓄，而银行加强违约房贷住房的回收和拍卖，那么整体经济就会受到合成谬误的影响，国内需求和资产价格因此而发生的恶化就会像滚雪球一样日趋严重。在日本，这个阶段从 1993 年前后开始，当时人们已经在谈论第一章中提及的“资产负债表恐慌综合征”。

（3）与此同时，各个银行都会立即开始缩减放贷以提高自身资本比率，这些银行只是一厢情愿地相信这样的努力将会提高自己的核心资本充足率，却没有意识到整体经济已经因为它们的行为而陷入合成谬误之中。所以，这些银行越是努力，信贷紧缩和整体宏观经济就越是恶化，反而导致银行想要实现的目标更加遥遥无期。

（4）经济低迷造成的伤害最终迫使公众做出妥协，同意向资本不足的银行注入资本，帮助这些放贷方摆脱困境，终结信贷紧缩。在日本，这个时点出现在 1997 年末期，最终促成了日本政府于 1998 年和 1999 年向银行系统的资本注入。

政府也可以通过借入和支出私人部门的过剩储蓄来执行强有力的财政刺激政策。在日本，这种政策从 1993 年就开始实施，只是这些刺激政策从来没能做到先发制人，总是落后于现实形势。

财政支出和资本注入可以终结合成谬误，让经济形势恢复稳定。但是必须指出的是，虽然前述的政府措施可以起到稳定经济的作用，但是在私营部门修复资产负债表，并克服“债务抵触综合征”之前，经济不会自我复苏。日本直到泡沫破灭 17 年后的今天，依然没能摆脱这种综合征。

美国陷入泡沫破灭之后的困境当中

在前面所说的四个阶段之中，第一阶段与美国 2007 年夏秋的局势一致。美联储于 2007 年 10 月宣布降息的决定是在这个阶段中的经典反应。

但是当银行资产负债表问题开始变得严重时，市场的疑惑和恐慌情绪开始蔓延，抛售问题资产的企图导致价格下降，从而进一步恶化了局势。2007 年年底，银行系统的亏损增加显示经济状况已经进入第二个阶段。伯南克在 2008 年 1 月 10 日的演讲中宣布美联储“已经做好准备在需要的时候实施切实可行的行动”，这表明对于美联储来说，“拒绝承认”的阶段终于结束了。

尽管像花旗银行和瑞士联合银行（UBS）这样的大银行已经选择利用诸如阿拉伯和亚洲的主权财富基金（Sovereign Wealth Funds，SWF）来充实资本，但是 8560 家美国银行中的大多数都无法获得这种渠道。那些难以获得外部资本的银行只能被迫相应缩减放贷，数以千计这样的银行采取了这种应对措施，而这又进一步恶化了住宅和商业不动产的颓势，最终累及了整体经济状况（第三阶段）。

此外，花旗银行为这些注入“资本”支付了 11% 的利息，而瑞士联合银行则为 9%。事实上，这两家银行支付的都是高于次级借贷者所支付的利息。为了偿还高额利息，这些顶级银行不得不进行有可能给经济和金融市场带来负面影响的重大结构调整。像花旗和瑞士联银这样的顶级银行只有通过支付高额利息才能获得资本，这说明了当前形势的严峻性，同时也凸显了数以千计非顶级银行获得资本的困难程度。

这样的信贷紧缩是由于银行病态资产负债表所导致的资产负债表衰退的一个独特之处，并且这种现象在银行获得充足资本之前将不会消失。然而，通过收益来补充银行资本的过程将会异常漫长，尤其是当经济处于衰退期时。由中央银行主导的流动性注入也无法结束信贷紧缩，唯有政府主导的资本注入才能实现这个目标，但是在公众对于救助那些“愚蠢、贪婪、收入过高”的银行家的抵触情绪消除之前，政府也难以做出任何实际行动。

2008 年 2 月，在东京举行的 G7 会议上，在一场角色彻底转换的会晤中，日本财务大臣额贺福志郎要求美国财政部长汉克·保尔森（Hank Paulson）动用政府资金充实美国银行资本，额贺所主张的正是 20 世纪 90 年代中期美国政府曾经向日本施压以解决日本银行问题的要求。但是，保尔森却无法公开承诺美国政府的决策，因为他担心因此招致反对政府救助“富得流油”的银行家的不良政治后果，而这也正是日本官方在 20 世纪 90 年代中期曾经面临的政治困境。

保尔森或许知道，日本前首相宫泽喜一在 1992 年也曾建议政府利用公共资金来解决日本银行的问题。但是这项建议引发了以无知媒体为首的公众大规模的反对，使宫泽的提议被完全掩盖。事实上，这些反对的威力如此之大，以至于在此后的整整五年里，没有任何政治家敢于谈论银行的拯救计划，一直到 1997 年年末，当信贷紧缩问题已经变得异常严重（图 2-3），连媒体也不得不承认必须采取行动来应对为止。考虑到这些先例，保尔森或许相信，政府过早的动作实际上有可能引发反对浪潮，最终使计划无法付诸实施。

这就意味着美国经济和公众将不得不继续承受信贷紧缩，直到因此造成的困境迫使公众在政治上容忍资本注入为止。到那个时候，也许就会有人提出，与其让美国银行向亚洲或者中东的主权财富基金支付高额利息，还不如由美国政府来承担这些主权财富基金的角色，如此一来，收入转移就会被限定在美国内部。美国在 1933 年进行的资本注入和日本在 1999 年的资本注入都没有增加纳税人负担，这些历史记录也使这样的提议更容易被公众接受。就如图 2-3 所显示的，日本在 1998 年 3 月的资本注入阻止了信贷紧缩的进一步恶化，1999 年 3 月的资本注入则使日本银行能够继续发挥它们作为金融中介机构的作用。

日本的经验同时表明，在进行资本注入时，许多专家和政治家所坚持的，为了“治理”银行以使它们不再犯相同错误的附带条件应该限制在一个合理的范围之内。这是因为改革银行和终结信贷紧缩这两个目标之间并不存在一致性。事实上，许多银行宁愿缩减放贷也不愿意接受附带过多约束条件的政府资金。但是如果银行不接受这些资金，那么结束信贷紧缩的政策提议也就无从实现，经济将会继续沉沦。

日本的这个教训得来不易：当政府于1998年初开始执行包括美国财政部等众多观察家所坚持的，附带了严格条件的资本注入政策时，没有一家日本银行申请这种资本注入。包括竹中平藏在内的众多海内外银行分析人士和观察家都主张银行不应接受这种资本注入，取而代之的是缩减放贷，精简规模。虽然这些建议适用于单个银行，但是对于已经遭受信贷紧缩的日本来说，却导致了宏观经济上的灾难。最终，日本政府不得不取消资本注入的附带条件以拯救经济。这里的关键在于，试图运用资本注入这个唯一途径来达到方向相反的两个目标的政策本身就显得不负责任。治理银行的工作应该留给银行监管部门，而资本注入政策必须集中在中止信贷紧缩这个对于宏观经济更具紧迫性的问题上。

当前，一些欧洲房产市场，尤其是西班牙和英国市场也同样出现了低迷状况。由于过去数年间的房产热潮加速了西班牙国内生产总值的增长，所以这个泡沫的破灭对于成长中的经济造成了重大打击。当大西洋两岸的金融机构已经呈现颓势之时，泡沫的破灭意味着决策者们需要竭尽所能来防止全世界的经济陷入像20世纪30年代那样的全球合成谬误。

政府金融机构支撑了美国的房产市场

目前，唯一在努力解决这种合成谬误的美国官方机构是联邦住宅贷款银行（FHLB），这个机构仅在2007年下半年就已经向金融机构提供了数百万亿美元以维持美国房产市场的运作。

也就是说，正是联邦住宅贷款银行、房利美（Fannie Mae）和房地美（Freddie Mac）这类公共基金在支撑着美国的房产市场。假如这个市场只依靠私营部门的话，也许早就已经崩溃。令人感到讽刺的是，组建于20世纪30年代大萧条时期的联邦住宅贷款银行在拯救21世纪的房产市场的过程中依然发挥着主要作用。

然而这也同时折射出情况的严峻性。再加上银行需要缩减放贷，提高自身资产比率，局势在短期内不会有所改观。

美国正在重走日本当年清理不良贷款的老路

到数年之前为止，日本的银行系统面临着严重的不良贷款问题，除了少数银行向国际市场出售股份以外，这些问题大部分最终在日本国内找到了解决方案。

当时，美国对日本的谨慎态度进行了激烈的批评，主张日本银行业应该尽快将它们的不良贷款从资产负债表上注销，并且直到市场出清为止听任资产价格的下落，美国的这些主张在日本国内得到了竹中平藏的遥相呼应。然而情况现在出现了逆转，美国在财政部长保尔森的领导下正在执行的恰好就是当年他们所抨击的日本所执行的政策。马丁·沃尔夫（Martin Wolf，英国《金融时报》的资深编辑和首席经济评论员——译者注）在《金融时报》的文章中也已经指出了美国10年前对于日本的指责和当前保尔森部长的所作所为之间的反差。[2]

美国当年对于日本的指责是完全错误的，日本当时的选择和美国现今正在实行的对策对于两国所面临的问题来说都是恰如其分的。当时之所以会产生那种误解的原因在于，那些评论者们没有意识到，按照资金需求是否存在和问题的影响程度涉及局部还是整个银行系统，银行危机实际上有四种不同类型，以及四种相应的解决之道。它们分别是：

- 第一类（I）：存在资金需求的局部危机。
- 第二类（II）：存在资金需求的系统危机。
- 第三类（III）：不存在资金需求的局部危机。
- 第四类（IV）：不存在资金需求的系统危机。

前两类危机发生在经济周期处于“阳”态阶段时，而后两类则发生在经济周期的“阴”态阶段。

这四类危机表示在表 7-1 中。[3]

表 7-1　四种类型的银行危机及其解决之道

		“阳”态阶段 资金需求正常	**“阴”态阶段** 资金需求低迷或者不存在
银行危机	局部	（I）迅速清理不良贷款 奉行问责制	（III）稳步清理不良贷款 奉行问责制
	系统	（II）缓慢清理不良贷款 向银行让利	（IV）缓慢清理不良贷款 资本注入

在此基础上可以判定：

- 1989 年的美国储蓄信贷协会（S&L）危机属于第一类。
- 1982 年的拉丁美洲债务危机，1991～1992 年遍及全美的信贷紧缩，以及 20 世纪 90 年代初期的北欧银行危机属于第二类。
- 日本在 1995 年之前的状况属于第三类。
- 日本自 1996 年、中国台湾自 2000 年、美国 20 世纪 30 年代的大萧条和美英两国自 2007 年开始的次贷危机都属于第四类。

从以上的表7-1中可以看出，只有在面对第一类银行危机时，迅速清理银行不良贷款才是最佳解决之道，而对于其他类型的银行危机，只有谨慎稳步的方式才能产生较好的结果。在面对第二类和第四类系统危机时，在缺乏购买方的情况下，试图销售不良资产的尝试有可能将资产价格进一步压低，使得经济形势更加低迷，最终造成更多的不良贷款发生。因此，借用斯蒂芬·英韦斯（Stefan Ingves，瑞典央行行长——译者注）的话来说，过于匆忙地清理不良贷款只会“破坏价值”[4]，使局势进一步恶化。事实上，美国正是以非常缓慢而谨慎的节奏在处理第二类银行危机中的不良贷款问题。

第三类银行危机虽然不存在雪球效应，但是依然没有立即解决不良贷款的紧迫性，因为在这种情况下，不良贷款并不会对经济成长构成障碍。因此显然也就没有理由在第三类银行危机时动用纳税人的资金来加速对不良贷款的清理。

与此同时，在资金需求依然存在的第二类系统危机发生时，政府当局可以通过让利措施来支持银行系统。所谓的让利就是指中央银行调低向银行系统提供流动性时的利率，同时又允许银行的贷款利率不变。在现实中，美国正是通过这种方式解决了在第一章中已经指出的，于1991~1993年发生的全国性信贷紧缩。虽然这种方式将储蓄者的收入转移给了银行，显得很不公正，但是由于这种方式不需要政府动用公共资金，因此作为权宜之计仍然可以容忍。

然而对于第四类危机，由于私营部门的资金需求不足，从而造成中央银行的让利措施失去效力。在这种类型的银行危机发生时，政府需要在局势进一步恶化之前就采取行动，开始向银行注资，这正是美国在1933年和日本在1998年与1999年所执行的政策。由于美国当前的次贷危机可能将会导致信贷紧缩现象更加严重，因此美国当局必须考虑实行这种补救措施的可能性。

在英国，英国政府最终在2008年2月放弃了寻找愿意接手北岩银行（Northern Rock，英国第五大银行，因为次贷危机的影响陷入经营困难，而不得不向英国当局寻求援助——译者注）的下家的企图，转而将这家银行国有化。没有任何私营部门愿意出来接收这家银行的事实强烈显示出，现在发生的是一场系统危机，所有的金融机构都深受其害，自顾不暇，遑论解救他人。1998年中期，在日本长期信用银行面临破产之际也出现了完全相同的情况，虽然日本政府花费了大量精力来为长期信用银行寻找合并伙伴，但是却没有任何一家国内外投资者愿意出来接手这个烫手山芋，最终，日本政府只得出面将长期信用银行国有化。事实上，在日本政府实行大规模注资和公共工程建设政策，使日本经济和银行系统得到稳定之后，国外的投资者才表示出了购买这家银行的意愿。

尽管众多专家和投资银行出于私营投资者永远存在的推测，强烈主张为银行危机寻找“市场解决方案”，但是事实上，这种解决方案只对第一类和第三类银行危机奏效。当第二类和第四类系统危机发生时，没有私营投资者和投资银行会愿意购买这些资产，所以政府部门必须出面接收那些破产的金融机构，直到银行系统和整体经济重新恢复稳定。

次贷危机的解决方式与拉丁美洲债务危机存在相似之处，但是依然有所不同

10年前，当日本受到来自美国的激烈批评时，像美联储前主席保罗·沃尔克这样，对于系统性银行危机有着深刻认识的人士却不断发出警告，指出当众多日本银行都面临同样问题时，急于清理不良贷款的举措将会是一个错误。这些发出警告的人士显然明白，日本经历的正是第四类银行危机。

2001年6月23日，沃尔克先生在接受《东京经济》杂志的采访时明确指出，日本应该对银行注销不良贷款的进程实施“限速”。这个观点大概是基于这位美联储前主席关于1982年拉丁美洲债务危机的亲身经验，当时的情况就和日本所遇到的一样，整个美国的金融系统都受到了严重威胁。事实上，次贷危机的发展过程在许多方面都与拉丁美洲债务危机有着相似之处。

拉丁美洲债务危机的起因是由于数以百计的美国银行过于贪婪，向拉丁美洲的独裁政府发放了规模巨大的最终变成坏账的贷款。因此而造成的危机将美国许多主要银行的资本席卷一空，情况严重到美国政府都不敢公开讨论这个问题。最终，花费了10年以上的时间才将这场危机导致的混乱清理完毕。

此次的次贷危机也同样是由于众多美国金融机构的草率行径所引发。需要再次指出的是，因为公众强烈反对使用税金来拯救这些放贷方，所以这场危机将需要漫长的时间才能够得到解决。[5]

但是在拉丁美洲债务危机爆发时，由于当时还没有什么主权财富基金，因此银行只能被迫使用它们自身的日常运营利润来补充资本。而在这一次危机中，像花旗和瑞士联银这样的许多银行能够利用亚洲和中东的主权财富基金来补充资本。所以，这些银行这一次或许不再需要像拉丁美洲债务危机时那样，花费很长的时间来重建资本。

由于美国经济放缓，此次危机也许要比拉丁美洲债务危机更难应对

另一方面，当年的拉丁美洲债务危机除了减少美国对于这个地区的出口之外，基本上对美国国内经济没有其他影响。但是这一次，美国的国内经济却遇到了严重阻碍，例如房产市场的复苏就因为大

量无法售出的积压房源而显得遥遥无期。

使得情况继续恶化的是，当前银行对于房地产关联的借贷显示出不断增长的抵触情绪。这样的放贷抵触情绪就将抑制房产购买，使得房地产的低迷期进一步拖长。而这种倾向在欧美都表现出越来越明显的势头。

到最近为止状况还算良好的美国商业不动产市场也已经亮起了红灯。本来一个健康的商业不动产市场能够消化由于住宅市场低迷而剩余的建筑物资和劳动力，但是商业不动产市场最近出现的萎靡给美国的建筑业和国内生产总值造成了沉重的打击。

美国不动产的整体萎靡将会影响到各部门的收益，对于众多美国银行来说，克服次贷危机和当年的拉丁美洲债务危机一样，将会是一个严峻的挑战。

虽然我不认为美国的复苏会像日本那样，需要花上 15 年时间才最终走出大衰退的困境，但是除非欧美政府实施与第四类银行危机相匹配的资本注入政策，否则金融部门的机能弱化显然将会持续一些年头。

住房期货市场预计房价将继续下跌

除了金融机构的资本亏损问题，当前经济所面临的另一个实质性问题就是住房过剩。这种住房过剩的解决依赖于房价的走势。如果房价缓慢下降，那么美国经济就能够平安度过这段险境。但是，如果房价呈现出暴跌趋势，那么美国经济就将陷入严重的资产负债表衰退。自 2006 年以来在芝加哥商品交易所进行的房价期货交易已经表明，市场参与者也预计房价到 2010 年为止至少要下降 20%（图 7-1）。尽管期货市场的预测并不精确，但是这种预测会促使人们延缓购买房屋的决定，从而使房源过剩问题继续恶化。同时这种预测也可能促使那些正为房贷而受煎熬的个人选择放弃他们的住房，因为即使他们现在选择违约，等到三年后再购买住房也要比继续支付现有房贷划算得多。

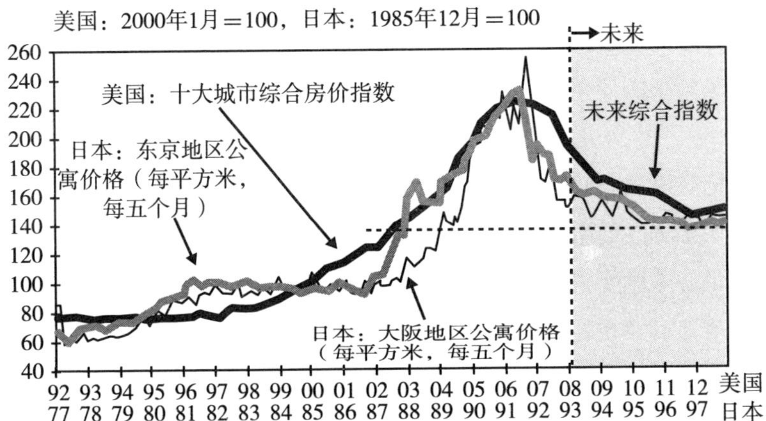

资料来源：彭博社，不动产经济研究所（日本），标准普尔/席勒住房价格指数，截至 2008 年 5 月 25 日。

图 7-1 美国预计房价至 2010 年为止呈现下降趋势

这张图也显示了东京和大阪地区房价在日本经济泡沫时及其破灭之后的实际走势。值得回味的是，东京房价在 1991 年之前的变化与美国房价在 2006 年之前的状况非常吻合。虽然有人会找出理由主张美国的房价与日本相比多少都会下跌，但是如此多的金融机构由于这次的次贷危机而受到打击，以及积压的待售房源居高不下都显示出美国经济有可能硬着陆。万一处理不当，欧洲（甚至中国?）的房产泡沫也一道破灭，那么我们就将陷入一个危机重重的世界。

我们必须记住，制造美国房产泡沫的主要因素就是大量被开发出来的创新金融产品（Innovative Financial Product），包括诸如次级利率和负摊还（Negative Amortization，“neg-am”）贷款这样的，初始按揭较低，但是数年之后按揭额将显著增加的房贷。一些推算认为，在过去几年间，有大约1/3的购房者所依赖的正是这样的金融产品。对于这一点有必要关注，因为在大萧条之前的数年中，也正是新开发的金融产品利用寅吃卯粮的方式扩大了当前需求，最终导致了大萧条的发生。

格林斯潘与伯南克的区别

对于美联储主席伯南克，本书已经对他进行过数次批评，原因在于伯南克过度依赖货币政策的力量。对于货币政策的这种过度自信很可能导致在处理美国经济所面对的威胁时，伯南克会比他的前任进行更大幅度的利率下调。但是日本的经验早已表明，这种措施将不会产生预期的效果。

在一场资产负债表衰退中，利率下调的措施失效正是这种衰退的一个显著特征。在第四章中已经指出，一旦泡沫破灭，资产价格将不再对利率下调产生反应。这是因为那些在泡沫期无视现金流量折现（Discounted Cash-Flow，DCF）推动资产价格飙升，最终却又因此而受损的人们出于对自身草率行为的反思，于是转而严格按照现金流量折现法来衡量资产价值。总之，泡沫之所以会产生完全是因为资产买家们无视现金流问题，人为抬高价格所致，而在泡沫破灭之后，这些买家们会发誓再也不忽视现金流量折现价值，那些遵守誓言的买家们在资产价格回落至未来现金流量折现值之前不会进行资产购买。简而言之，美国房价在下跌至它们的现金流量折现值时，将不会对美联储的利率下调产生任何反应。

以日本的例子来说，在日本央行将短期利率从8%降至零的情况下，包括住宅在内的不动产价格却没有产生任何变化。现在美国所面临的问题是，这一幕是否会在美国重新上演。如果投资者们认定房价依然大幅高于现金流量折现值，那么利率下调将失去作用，美国经济就有可能无法避免硬着陆的命运。

一旦货币政策的失灵得到证实，政府就必须毫不犹豫地立即动用财政政策。2000 年当 IT 泡沫的破灭造成美国经济陷入这种状态时，格林斯潘令人意外地一反他自己的立场，转而支持布什总统的减税方案。一年之后，“9・11”恐怖事件刚一发生，格林斯潘又令人意外地劝说白宫实施相当于美国国内生产总值 1%～1.5% 的财政刺激政策。布什政府听从了这位美联储主席的建议，这项大规模的财政刺激政策，再加上格林斯潘通过调低利率而引发的房产泡沫最终帮助美国经济战胜了 IT 泡沫破灭和“9・11”事件联手造成的恶性循环通货紧缩。

与此相对照的，伯南克出于其货币政策可以解决一切问题的信仰，很可能会动用大规模的货币宽松政策来应付现在的问题（他说不定会如他曾经为了扭转日本经济形势向日本央行所建议的，命令美联储去购买番茄酱）[6]。但是伯南克今天遇到的问题比格林斯潘在 2000 年和 2001 年遇到的还要棘手。格林斯潘当年还能够通过低利率来刺激对于利率变动最敏感的房产市场，而在 2008 年，伯南克已经没有任何对于利率变动敏感的市场可以用来刺激了。事实上，他的处境与 20 世纪 90 年代早期，股市和房产泡沫双双破灭之后的日本央行如出一辙。

尽管经济学家们可能会把他们的鸡蛋都放入货币政策的篮子中，但是令人振奋的是美国的政治家，甚至世界货币基金组织都在推动财政刺激政策。美国国会和白宫于 2008 年 2 月，迅速通过了一项 1680 亿美元的减税法案，这样的刺激政策毫无疑问将会有助于美国经济。

更令人感到鼓舞的是，世界货币基金组织常务董事多米尼克·施特劳斯·卡恩（Dominique Strauss-Kahn）于 2008 年 1 月 27 日在达沃斯发表见解，不仅建议美国实行财政刺激政策，甚至主张全世界都采取这样的措施。一贯坚持财政整顿的世界货币基金组织转而开始推崇财政刺激政策以避免全球经济危机，它的这种立场一百八十度大转变引起了巨大震动，《金融时报》将这种转变称为“大逆转”。世界货币基金组织建议在全球范围内实行财政刺激的主张具有重大意义，因为它是唯一一个有资格向全世界预警全球性合成谬误的机构。[7]

更多的财政措施不可或缺

然而，华盛顿现在关于财政政策的辩论存在着两个令人不安的因素。一个是过于强调减税政策，这在正常情况下尚情有可原，但是在资产负债表衰退时，很大一部分减税额将被用做储蓄，或者用做包括房贷在内的债务偿还。此外，到 2006 年为止的房价上升造成了众多美国人储蓄的下降，现在当房价开始出现下降趋势时，不少美国家庭觉得有必要重新增加储蓄。在这种情况下，政府支出将比减税更有利于刺激总需求的增长。

第二个令人不安的因素就是过于强调财政措施的短期效应，这导致了降低财政刺激对于政府长期财政健全所造成伤害的呼声。但是当资产负债表衰退发生时，在个人和银行的资产负债表得到修复之前，情况将不可能得到改善。考虑到当前问题的规模，显然没有任何理由可以相信，一次性的政府刺激政策就可以解决所有的资产负债表问题。在 1992~1993 年日本政府实施第一次财政刺激政策期间，也出现过像今天华盛顿所进行的这种辩论，但是最终用了长达 15 年的时间，日本才爬出衰退的泥沼。

之所以花费了如此漫长的时间是因为，当年在经济学领域中还不存在资产负债表衰退这个概念，政府的财政刺激政策总是间歇性地执行，而且还多是“马后炮”。也就是说，这些财政刺激都是在前一项刺激政策已经过期，通货紧缩压力重新恶化经济形势之后才得以实施。就如在第四章中指出的，这种时断时续的应对方式最终导致了高达100万亿日元的累积赤字，并导致衰退多持续了完全不必要的五年时间。

现在我们对于资产负债表衰退的原理已经有了全面认识，因此美国就没有任何理由重蹈日本当年的覆辙。所以，希望美国政府在以后数年间能够执行一系列准确无误的财政刺激政策，扩大政府支出，并且做好向银行注资的准备，一旦政治时机成熟时就将其付诸行动。

与此同时，伯南克领导下的美联储很有可能将大幅下调利率，因此导致的美元贬值将有助于美国扩大出口，减少进口。事实上，汇率变动对于出口的帮助也许是货币宽松政策唯一的一个正面效应。尽管由于美国现在巨大的贸易赤字，使得这样的出口增长无法有效消除银行和房产部门的负面影响，但是如第四章提出的，并不能因此就指责华盛顿为了改善贸易平衡而将美元贬值的政策。

如果美国经济停滞，美元贬值，那么日本以及其他贸易顺差国家就应该共同响应世界货币基金组织的建议，动用财政政策，刺激国内需求。这样的行动将会有助于日本和全球的经济，尤其是在日本的税收收入和个人储蓄增长都显著高于私营部门资金需求增长的情况下。

二、中国泡沫

另一个有发生资产负债表衰退的潜在危险的地区就是正泛滥着多种资产泡沫的中国。例如，房地产价格在上海、北京、青岛这些大城市居高不下，股票价格也一路上升。

然而不能忘记的是，同样的（也许稍微低一些）房地产价格上涨速度在日本和其他亚洲国家也曾经出现过。比如日本在1955~1970年的经济高速成长时期，国内生产总值的年间实际增长率为9.8%，名义增长率为15.6%，同期年间房地产价格的上涨速度达到了21.4%。[8]就如同现在的中国一样，日本在布雷顿森林货币体系的框架之下也实行着1美元兑换360日元的固定汇率。随着出口旺盛，经济持续扩张，房地产价格也相应出现高企。这种现象也出现在了中国的台湾以及其他亚洲地区。

中国政府深知经济泡沫会带来的伤害，已经在试图通过不同方式来解决这个问题。比如，以前在不需要支付首付的情况下就可以申请到住房贷款，但是现在买家却必须首先支付大量的首付。中国政府显然打算通过加强微观层面上的调控来实现稳定经济的目标。

在股市方面，中国当局调高股票交易印花税来冷却股市。尽管这种增税无法从根本上解决造成经济泡沫的经济失衡问题，但是只要政府将税率上调到位，就足以达到放缓过热经济的目的。这是因为资产价格泡沫一般都会伴随着交易量的激增，也就是频密交易，这种频密交易将会给市场参与者一种错误的安全感，以为这些资产的流动性充沛，他们可以随时在危险发生之前从中脱身。提高交易税能够加大炒作成本，从而有助于遏制市场频密交易的烈度。

一般说来，当决策者们打算清理经济泡沫时，他们首先会检查货币供应是否已经失控。因为在没有金融机构资金支持的前提下，任何泡沫都不可能发生（或者终将破灭），所以决策者们通常会调查货币供应相对于国内生产总值的增长速度。意味深长的是，美国在大萧条前，以及日本在大衰退前的货币供应量与国内生产总值的比率，也就是货币流通速度表现都非常稳定，这一点在图 7-2 中得到了体现。这就可能给中央银行一种错觉，认为货币状况还没有出现失控的迹象。而在这两次经济危机前的稳定物价更是加深了这种天下太平的错觉。

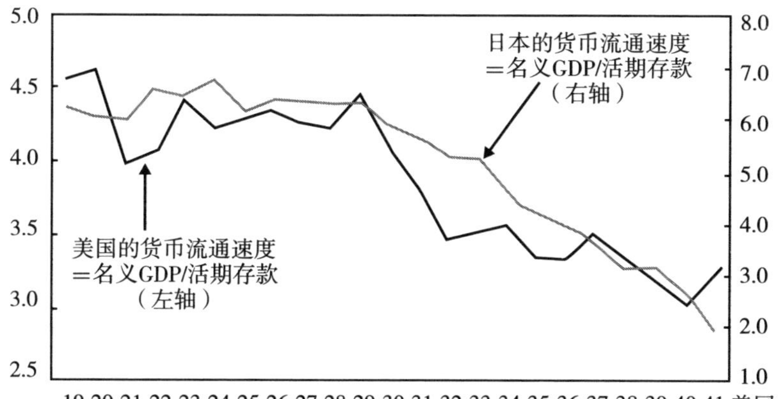

资料来源：美联储理事会（1976），《银行和货币统计》Vol. 1，第 254 页；美国普查局（1975），《美国历史统计》，第 224 页；日本银行；日本内阁办公厅。

图 7-2 货币供应与 GDP 比率在经济泡沫时期依然保持稳定

货币供应规模与国内生产总值的比率也许是衡量一般价格所受压力的有效指标，但是在衡量资产价格时，这个指标就失去了效用，这是因为资产交易不包括在国内生产总值之中。要想了解资产价格所受到的压力，就必须了解货币业务的总量，这是因为资产，尤其是金融资产价格的上升基本上都会伴随着交易量的大幅扩张（频密交易）。

衡量货币业务总量的一个有效指标就是存款周转率，存款周转率就是将银行系统的取款总额除以银行系统内的活期存款平均余额。在美国，这个数据可以直接从美联储得到，在日本，则可以从日本银行的《储蓄者分类储蓄》调查报告中查到活期存款的总支付额和活期存款总额，然后将前者除以后者即可得到。

存款周转率的上升意味着同一笔银行存款的周转速度加快，因此在相同时间内就能够支持更多的交易。如果存款周转率的上升快于国内生产总值或者货币流通速度，那么就意味着资产交易一定出现了增长势头，反之亦然。

通过对 20 世纪 80 年代末期日本和大萧条之前美国的验证，就不难发现存款周转率在各自的经济泡沫到达顶峰的过程中都呈现出迅速上升的趋势，而当泡沫破灭之后又全都开始暴跌，日本的情况在图 7-3，美国的情况在图 7-4 中各自得到了体现。日本在经济泡沫顶峰的 1990 年时，同样的银行存款所支持的交易量相当于“非泡沫”期的 1985 年时的两倍。在美国，这个数据在 1929 年比 1925 年要高 80%。在各自的泡沫破灭之后，日本的存款周转率降至顶峰期的 1/6，美国则是 1/3。

存款周转率如此剧烈的震荡说明仅参考货币供应量和货币流通速度是远远不够的，因为同样规模的货币供应量可以支持不同规模的交易。这一点在衡量资产价格而非一般价格压力时尤其重要。

因此，由于存款周转率与资产价格的这种紧密关联，中国政府于 2007 年 6 月开始提高股票交易印花税（或者称托宾税）税率的决定也许就是缓解股市投机的一种途径。这种税率的提高将降低存款周转率，促使公众在决定投资之前三思而行。

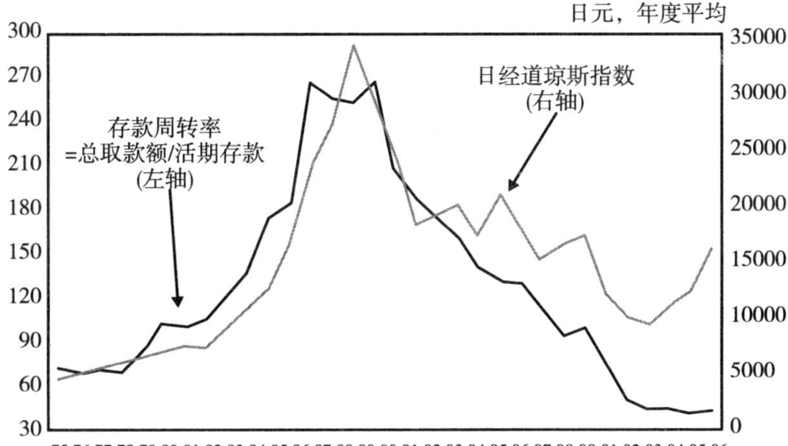

资料来源：日本银行，日本经济新闻。

图 7-3　伴随日本股市泡沫同期出现的存款周转率上升

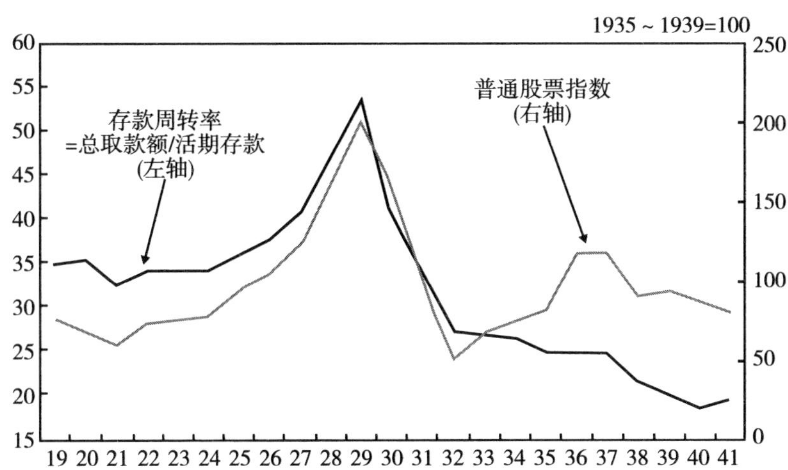

资料来源：美联储理事会（1976）《银行和货币统计》Vol. 1，第 254 页、479 页。

图 7-4　伴随 1929 年美国股市泡沫同期出现的存款周转率上升

中国台湾与日本之间经济泡沫的反差

在与经济泡沫作斗争时，金融管理当局应该尽量将卷入的金融机构和企业数量减少到最低程度。这是因为完全由现金支撑的泡沫一般不会导致严重的资产负债表衰退以及由此产生的信贷紧缩现象。

这一点在中国台湾自1987年至1990年出现的股市泡沫中得到了清楚的体现，当时台湾的股价在仅仅四年的时间里，在攀升了11倍之后又暴跌了80%。但是尽管股市崩溃，台湾的GDP却没有受到太大影响，继续保持了年间6%的增长速度（图7-5）。之所以出现这样的状况，完全是得力于两个因素。

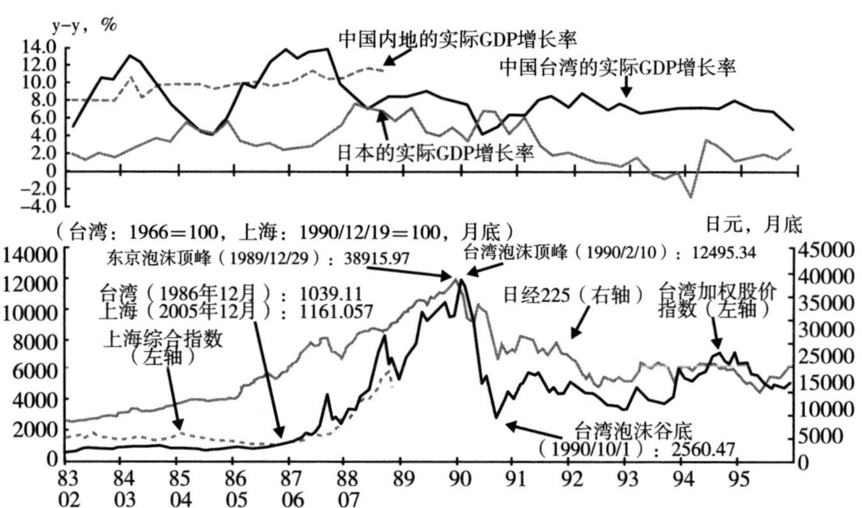

资料来源：彭博社、台湾“行政院”主计处、台湾证券交易所、日本经济新闻、日本内阁办公厅。

图7-5 中国内地和台湾的GDP增长率以及股市泡沫

首先，进入股市的资金大部分都是私人存款，也就是“私房钱”。“私房钱”一词就意味着这些存款都是瞒着配偶或者家人的。

当这些资金在股市的投资落空时，为了保密，它们的投资者们当然也就无法公开自己的损失。

其次，当时中国台湾的所有主要银行都是由政府所有并经营，中国台湾地区政府在银行运作上秉持非常保守的态度。因此，仅有极少数的资金从金融机构流入股市，台湾的企业部门亦然，所以 1990 年的股市泡沫破灭也就没有给银行和企业的资产负债表造成伤害。

这一点和日本在 20 世纪 80 年代末期发生的经济泡沫截然不同，当时大量的日本金融机构和企业卷入了泡沫之中，因此当泡沫破灭时，数以百万计企业的资产负债表受到了严重创伤，将日本带入了长达 15 年的资产负债表衰退的苦痛之中。

中国内地股市泡沫的情况大概将会介于日本和中国台湾的先例之间，因为在中国内地，大量的个人存款和私房钱与企业的秘密基金（企业小金库）结合在一起催生了股票价格的泡沫。

虽然经济泡沫本身难以预防，但是它们造成的破坏却可以通过提高投机交易成本，阻止金融机构和企业卷入泡沫来最大限度地降低。

中国国有企业改革所产生的影响

中国个人储蓄增加的一个重要原因在于国有企业的改革。那些曾经就职于国有企业的员工，他们因为能够享受到一定程度的社会福利，所以不需要进行过多的储蓄。

但是在中国政府对国有企业进行改革的过程当中，这些国有企业的员工很大程度上失去了原有的那些福利。当这些员工经过一段时间终于找到新的工作，生活趋于稳定，又能确保相应的收入之后，由于以前国有企业的养老金和健康保险已经改为个人与单位的双重交付机制，所以他们只能开始依靠存款来未雨绸缪。此类目的的储蓄约占中国国民总收入的 40%，这就拉大了国内需求与国内生产之间的差距，迫使企业更加依赖出口，进一步加大了对外贸易的差额。

为了纠正这种状况，中国政府就需要尽快完善社会保障体系。但是这对于一个拥有 13 亿人口的发展中国家来说，并不是一蹴而就的事。即便能够，对于公众来说，也需要时间来对这种社会保障体系产生信赖，从而改变他们的储蓄习惯。即使如日本和美国这样的发达国家的纳税人也会对他们的社会保障体系的支付能力产生怀疑，这就说明了中国所面对的这个问题的艰巨程度。

三、德国在马斯特里赫特条约下的选择

如第六章所提到的，世界货币基金组织在 2006 年 4 月关于美国贸易失衡的报告中要求贸易顺差国家担负起更多的责任。当前世界最大的贸易顺差国既不是日本也不是中国，而是德国。第三章曾经指出，德国已经完全摆脱了资产负债表衰退。但是德国摆脱资产负债表衰退的方式却并没有引起太多争论，特别是关于其庞大的贸易顺差。

德国企业在 2000 年的电信泡沫时匆忙借入了大量债务，在泡沫破灭之后又开始大规模地进行债务偿还（图 1-10）。由于德国个人部门在增加储蓄，所以从这种意义上来说，德国的处境比日本还要严重。不断增加的个人储蓄再加上企业部门的偿债，从两个方面压缩了德国经济，这就是德国一直到 2006 年年初为止经济表现无力的最主要原因。

我的著作《资产负债表衰退》虽然是以英文写作[9]，但是却在德国引起了更大的关注。德意志银行首席执行官约瑟夫·阿克曼（Josef Ackermann）读完之后，在他们银行的一份报告中提到这本书，

这使我有机会在作为德国中央银行的德国联邦银行和欧洲中央银行举办了讲座。在这两个机构，我们就日本和德国状况的相同点进行了有益的讨论，它们的官员都非常渴望了解日本的经验。

不幸的是，德国的财政支出受到了马斯特里赫特条约的严格管制，这个条约无视个人储蓄和企业偿还债务额的规模，将会员国的财政赤字一律限制在3%以内。这种僵化显示，马斯特里赫特条约完全没有预料到经济状况陷入“阴”态阶段的可能性，因此这项条约存在着重大缺陷。但是更改条约对于各个会员国来说又意味着艰难的政治和外交博弈。

最终，德国企业利用欧元区巨大市场和统一货币的优势，通过扩大向经济繁荣地区的出口来应对经济衰退。受惠于统一货币和无关税壁垒，具有价格竞争优势的企业可以在整个欧元区之内不受限制地扩大出口，这正是德国获得世界最大贸易顺差的根源。当然不光彩地说，这是一种向邻国输出失业的政策。尽管严格来说，因为产品的出口市场也是在使用同样的货币，所以这种政策不能算做以邻为壑，但是德国正是通过抑制本国劳动力成本、增加出口的方式战胜了资产负债表衰退。

但是这最终在欧元区内引发了对于德国过低工资水平的激烈争论[10]，这大概是史上首次，德国由于低工资而受到来自法国和意大利的抱怨。

我曾经对一位欧洲中央银行的官员说过，如果我是意大利或者法国公民的话，我将不会容忍这种状况。德国的资产负债表衰退是由于德国企业卷入经济泡沫所致，因此造成的后果应该由德国人自己来承担。我建议德国政府利用财政刺激政策来解决资产负债表衰退问题，这样它的邻国们就不必为德国的错误而付出代价。换句话说，由于马斯特里赫特条约没有考虑到资产负债表衰退发生的可能性，因此就有必要在这个条约的框架之下给德国开一个特例。

但是这位欧洲中央银行的官员回答道，欧洲中央银行不会允许这种例外出现。因为它的成员国现在使用的都是同一种货币，如果向一个国家开放这种特例，那就和在美国允许向加利福尼亚州开放一个特例没有任何区别。他认为，即便加利福尼亚向内华达和俄勒冈的“出口”给后两个州造成了严重的经济问题，由于使用的是同一种货币，所以对于这些经济问题也只能听之任之。

虽然理论上确实如此，但是美国和欧洲的实际情况完全不同。对于加利福尼亚和俄勒冈的居民来说，在这两个州之间的自由流动不存在任何问题，然而对于法国和德国来说，语言障碍却给这两国人民之间的自由流动造成了很大困难。此外，当美国的许多州陷入资产负债表衰退时，华盛顿的联邦政府将会采取措施，利用财政刺激政策来抵消通货紧缩的压力。而欧洲却没有这样的一个联邦政府。

欧元区需要一个新条约

因此对于欧元区来说，最佳方式就是由一个专家组成的权威部门对被认定发生资产负债表衰退的国家发放许可，允许其不必遵守马斯特里赫特条约的预算限制条款。也就是说，马斯特里赫特条约应该要求这些国家进行必要的财政刺激。这样就可以通过陷入资产负债表衰退国家的政府运用政府支出吸收私营部门过剩储蓄的方式，使得其他国家免受其害。如果每一个遭遇资产负债表衰退的国家都能够动用财政政策将衰退限制在本国范围之内，那么就可以避免在全欧元区发生合成谬误现象。对于不存在一个统一联邦政府来应对问题的欧元区来说，这样的方式尤其重要。马斯特里赫特条约没有考虑到资产负债表衰退问题，也就是“阴”态世界。但是这种罕见的经济衰退一旦爆发，它就必须清楚指明应该如何行动，以阻止危机向其他国家蔓延。

同时，在资产负债表衰退没有发生时，所有会员国都必须被禁止实施不受节制的财政政策。假如容忍统一货币区域内的一部分地区随意扩大财政赤字，那么这个统一货币的信用就将被动摇。

欧洲中央银行事实上就是建立在马斯特里赫特条约的基础之上。也就是说，如果告诉欧洲中央银行的官员，马斯特里赫特条约存在缺陷，需要进行修正，这无异于在质疑欧洲中央银行自身的正统性，因此，这个建议显然会遇到强烈的反对。但是由于这些不当的自尊心和固执而强迫那些正在经历资产负债表衰退的国家和地区平衡预算，这对于任何一方都没有好处。此外，强迫一个正在遭受衰退困境的国家执行与其实际状况不相符的政策，不仅会进一步恶化局势，甚至有可能威胁到这个国家的民主主义体制。

德国在 20 世纪 30 年代的经历为这种可能性提供了证据。如同第五章所提到的，正是由于布吕宁总理固执地维持预算平衡，才造成了德国经济的崩溃，从而为希特勒的掌权铺平了道路。没有什么比一个能够执行正确经济政策，却抱有错误政治理念的国家领导人更糟糕的事情。由于正统经济理念的影响，像欧洲中央银行这样的机构都毫无疑问地偏好预算平衡，所以即使在今天，重犯 20 世纪 30 年代错误的风险依然存在。所以，为了预防这种风险，欧元区就有必要制定一个能够同时应对“阳”态和“阴”态阶段的条约。

四、使世界经济能够应对“阴”态和“阳”态阶段

这种跨越国界的合成谬误不仅限于欧洲，同时也是整个世界经

济所面临的问题。如果资产负债表衰退在全球范围内同时发生，那些强烈希望保持预算平衡的国家就会试图通过将货币贬值、促进出口的方式来实现这一目标。事实上就如克鲁格曼和艾格森都曾在日本陷入资产负债表衰退时建议日本降低日元汇率一样，众多经济学家同样也会向其他陷入相同衰退的国家提供同样的建议。然而，这样最终将造成全球性的合成谬误和恶性循环通货膨胀。

日本政府在过去 15 年间通过主导财政刺激防止了问题扩散到其他国家，但是这并不意味着其他国家也会采取同样的措施。并且在现实中也没有一个能够为全球经济提供财政刺激的世界政府。

因此，为了防止资产负债表衰退的扩散，世界各国就必须同意像日本那样，承担起自己的职责，在它们遭遇相同的经济衰退时，主动采用财政刺激政策来吸收私营部门的过剩储蓄。这样的协议或者体系将使全球经济能够应对经济周期中的“阴”态和“阳”态阶段。在 20 世纪 30 年代，由于没有这样的一个体系，所以在美国发生的资产负债表衰退最终将整个世界拖入了经济萧条和政治混乱之中。而且直到今天，这个体系依然没有建立起来。

基于大萧条的经验，凯恩斯建议成立一个类似于世界货币基金组织的机构来预防全球合成谬误的发生。然而，最终亨利·迪克特·怀特（Harry Dexter White，布雷顿森林会议时的美国代表，当时的美国财政部副部长——译者注）比较温和的提案被采纳。如第五章所显示的，这或许是由于凯恩斯对于资产负债表衰退的产生机制缺乏全面理解的缘故。

但是展望未来，更多的资产价格泡沫，以及紧随其后的资产负债表衰退将会不断发生。事实上，如果处理不当，当前的次贷危机就完全有可能发展成为另一场世界性的经济危机。资本流动的全球自由化意味着，泡沫破灭对其他国家产生影响的速度将远远快于 20

世纪30年代，这就如同我们在1997年亚洲金融危机，以及2007年开始的次贷危机中所见证的一样。

现在我们急需的是当各个国家进入经济周期的“阴”态阶段时能够遵循的行为准则，以避免全球经济陷入合成谬误。日本应该在这个问题上采取积极态度，这不仅因为日本对于处理此类问题拥有最丰富的经验，也因为它经受了15年严峻的考验，成功地将问题控制在了本国范围之内。而世界货币基金组织则应该担负起主导这种体系的职责，以避免20世纪30年代那种合成谬误的发生。对此，世界货币基金组织常务董事多米尼克·施特劳斯·卡恩在2008年1月27日所表露的戏剧性转变，对于实行全球财政刺激来应对次贷危机，阻止其发展成为全球衰退的努力极具正面意义。而现在首先需要解决的问题就是，利用资产负债表衰退概念来区分清楚这种衰退和一般衰退，这样，就能够只在经济周期的“阴”态阶段，而非“阳”态阶段推行财政政策。

注释

1. 彭博社（2004）
2. 沃尔夫（2007），《金融时报》，12月12日
3. 这一部分摘自辜朝明（2003a），第170~171页
4. 英韦斯（2002）
5. 关于拉丁美洲债务危机的详细论述，参阅辜朝明（2003a），第126~136页
6. 参阅《短观》(2006)，第10页
7. 实例，参阅《金融时报》(2008)

8. 野村综合研究所基于日本不动产研究所城市地产指数计算得出

9. 辜朝明（2003a）

10. 易辛等（2006）

第八章

陷入资产负债表衰退的世界

自从本书第一版于 2008 年 4 月公开发行以来，过去的 1 年可谓是世事巨变。尽管其间发生的许多事情在本书第七章中就早已做出了预见，但是实际程度却远超当初所料。众多银行倒闭，经济寒潮席卷全球。完成于 2009 年 3 月的本章就是为了帮助读者进一步认清当前我们所面临的挑战。

正如在第七章中所预估的，世界各国央行下调利率的举措最终无法扭转经济和资产价格的下滑。美国政府于 2008 年夏天推出的退税政策也未能取得任何成效。就像本书所主张的，对于一场资产负债表衰退而言，减税基本上不会起到什么作用。

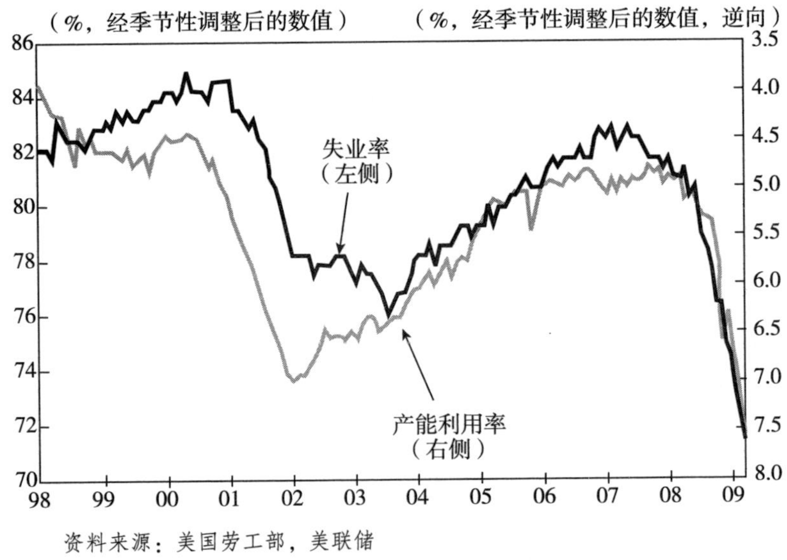

资料来源：美国劳工部，美联储

图 8-1　正在迅速恶化的美国经济

经济学者们如今都在揣测着另一场大萧条发生的可能性。不管是日本还是世界任何地方的书店里都汗牛充栋着关于经济危机的各类著述。如果说 20 世纪 30 年代的大萧条主要集中爆发在美国，那么从某种意义上而言，当前我们所面临的这场危机的情况要更加恶劣得多。欧洲、中国、澳大利亚部分地区，甚至韩国刚刚经历的房地产泡沫都被随之捅破。这也是为何现在会有如此多的国家和地区的经济正在一路下坠。图 8-1、8-2 和 8-3 展示了当前这场世界性经济危机的严重程度和波及范围。

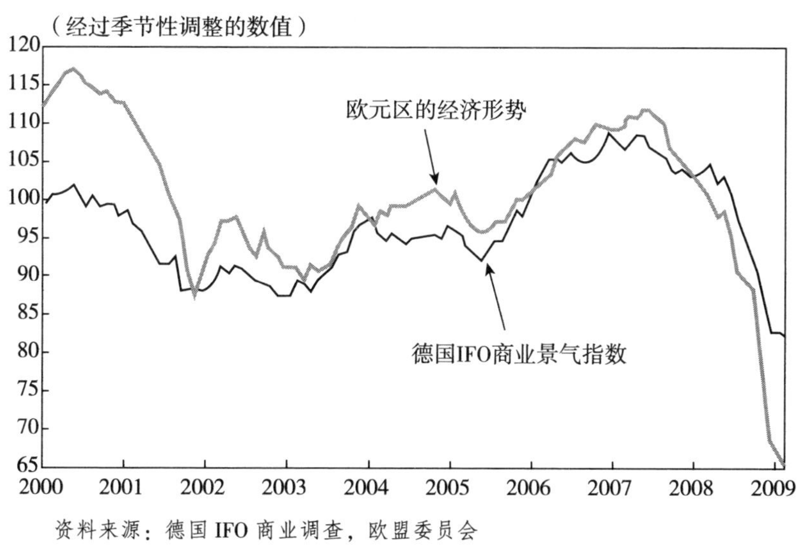

资料来源：德国 IFO 商业调查，欧盟委员会

图 8-2　日趋恶化的欧盟经济形势

日本和德国是仅存两个在最近 10 年间没有出现房地产泡沫的主要经济体。然而由于这两个国家的经济增长都高度依赖出口，因此它们现在也和那些饱受房地产泡沫破灭蹂躏的国家一样，承受着同样，甚至在某些方面要更加严重的打击。

不管是美联储推出的，堪称史上最猛烈的降息措施（将利率从 5.25% 降至为 0），还是同期世界其他国家央行制定的大幅降息政策全都没能实现预期的效果。这恰好与日本于 1990 年至 1995 年期间发生的状况如出一辙，当时日本央行将8%的利率猛降至近乎于0，但是最终依然无法挽救房地产市场和整个国家的经济。

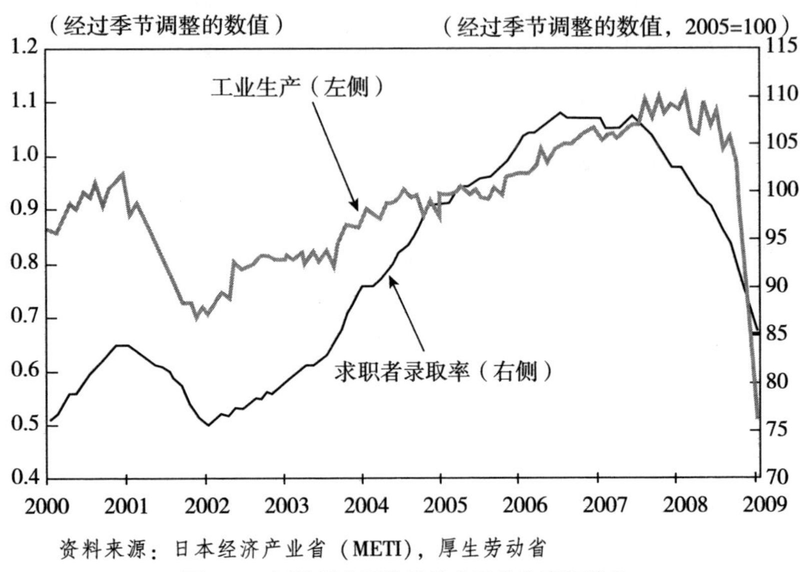

资料来源：日本经济产业省（METI），厚生劳动省

图8-3 同样正在恶化的日本工业生产和就业

图7-2展示了日本当年所发生的同等状况。芝加哥商业交易所的住房期货市场现在预测美国的房价将会跌落至2002年年末的水平。如果这个预测成真的话，美国住房部门和银行机构的困境至少也要持续到2010年年底。

由于期货市场在未来预期方面的可靠性往往不够，因此或许有部分人士会质疑上述观点的准确程度。然而图8-4，也就是美国联邦住房企业监督办公室的数据[1]展示了从1975年起，一直延续到1997年为止，美国住房价格与租金之间的牢固关系。两者之间的密切关联有力体现了住房的现金流折现（discounted cash flow）价值。只是自1997年开始，美国的住房价格和租金之间才开始出现了背离，这也同时象征着美国房地产泡沫的兴起。如果我们能够实际观测到已经创下史上最高租售比的房价正在开始向正常状况回归，假设房价跌回到 2003 年的水平，而租金依然保持 2009 年的水准不变，那么就意味着美国房价还将继续下跌 22%。因此，联邦住房企业监督办公室的历史数据就能充分印证芝加哥期货市场的说法——美国房价最终会回归到其实际现金流折现价值。

自 2003 年以来的美国房价增值的回落将会抹消超过 5 万亿美元的美国家庭财富，再加上美国股市已经损失了的 5 万亿美元，在这样的双重财富负面效应的打击之下，美国家庭之前以房产和股票投资为主的“储蓄”也随之烟消云散，进而迫使美国家庭开始大幅度地增加货币储蓄。这种趋势目前已经导致了美国消费的萎缩，并给日本和其他以出口导向为主的亚洲经济体造成了严重影响。

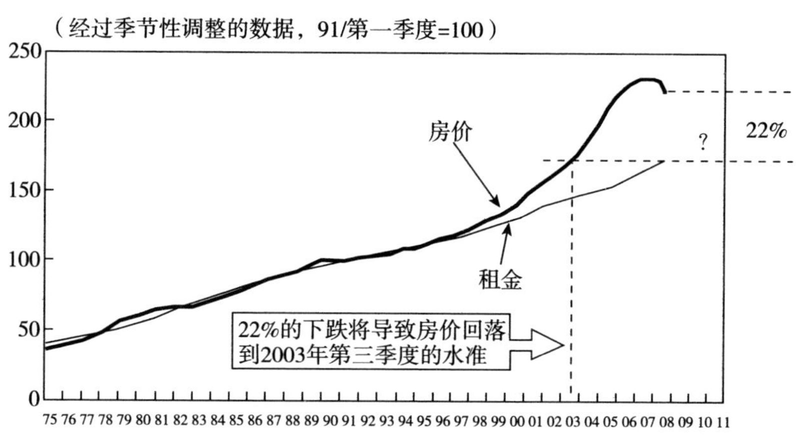

注：由野村研究所作了季节性调整。

资料来源：野村研究所，基于美国联邦住房企业监督办公室（OFHEO）房价指数和美国劳工部消费者指数

图 8-4　在房地产泡沫期间出现显著背离的美国住房价格与租金

相同的状况在房价大幅滑落的中国和欧洲（尤其是西班牙、爱尔兰和英国）也同时上演。在中国，到2008年年底的时候，已经有房地产广告向潜在客户递出了“买一送一”的诱人承诺。中国房产泡沫的破灭已经摧毁了这个国家近年来经济增长的三大支柱之一。与此同时，如图8-5所显示的，作为其第二支柱的出口业已受到削弱。而作为中国经济增长第三大支柱的外商直接投资（FDI）尽管仍呈上升态势，然而其下一步的走势依然有待观察。外商直接投资有力地促进了中国工业的现代化进程，使得这个国家有能力生产如IPod这样的高端电子消费品。但是在本国遭受到的现金流和流动性困扰势必弱化外资企业在中国投资办厂的能力，而资本与技术流入的减少定将严重恶化中国的经济形势和出口竞争力。

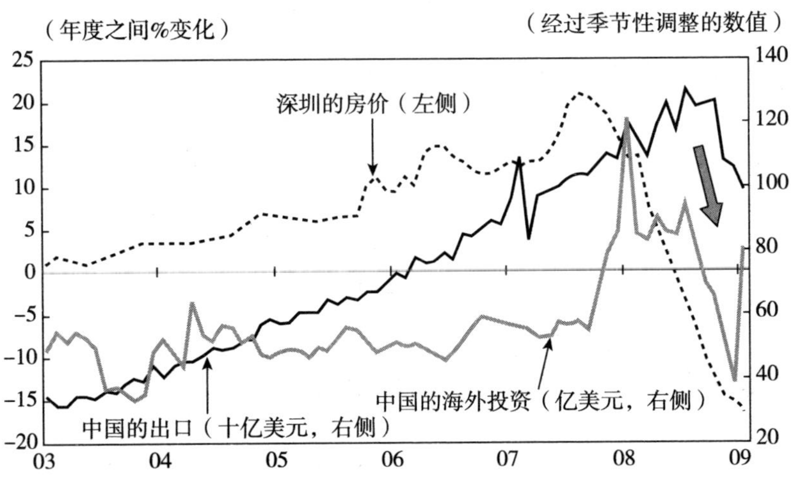

注：由野村研究所作了季节性调整。

资料来源：野村研究所，基于中国国家统计局，中国国家发改委，彭博社

图8-5　中国的出口、房价和海外直接投资均现下滑

一、来自日本的希望之光

总而言之，眼下的整体形势令人深感不安，美国、欧洲和亚洲全都陷入经济泡沫破灭后的泥沼之中，目前的状况甚至较之于20世纪30年代还要糟糕。

但是在黯淡之中仍能找到一线光明：日本早已经历过了当下全世界正面临的困境，并且能够指出一条摆脱之道。对于日本经验的充分理解足以帮助人们改变对于当前危机的认识。

正如前述章节已经指出的，在泡沫经济破灭之后，日本的商业不动产经历了一场高达87%的价格崩盘，直接将日本房价拉回到了1973年的水平（参阅图1-4），因此所导致的国民财富损失达到了日本三年GDP的总和，即15万亿美元，其规模相当于美国损失了43万亿美元（参阅图1-4和1-5）。与此同时日本还完成了一场大规模的去杠杆化历程，其间日本企业按照大约每年30万亿日元的规模持续偿还债务，这相当于日本GDP的6%（参阅图1-3和1-6），使得日本经济甚至出现了资金逆流转的现象。

正如在第一章中所指出的，有人存钱，就一定会有人去借取这笔存款并作为收入加以花销，从而使得这笔钱不断在经济生活中循环流动下去。在日本也是一样，普通家庭储蓄现金，并以贷款的形式被企业借取。然而当日本的泡沫经济破灭之后情况却发生了变化，企业部门不仅不再借取相当于日本GDP 10%规模的贷款，反而开始着手削减相当于6%日本GDP的企业债务。再加上相当于日本GDP 4%的日本家庭储蓄，这就最终导致即便是在零利率的状况下，依然有整整相当于10%日本GDP的资金被窖藏在了日本各银行的金库之中，无人愿意借取。假如日本政府当初不采取措施的话，那么日本经济将会以每年十个百分点的速度衰退，这样一种经济萎缩的规模和当年的大萧条完全相同。

然而尽管如此，在经受了大规模的去杠杆化和资产损失（参阅图 1-7）的情况下，日本在过去 18 年间依然成功地将 GDP 维持在了泡沫经济顶峰期的水准之上。日本的做法成功地证明了，即便是在出现了严重的财富蒸发和经济去杠杆化的状况下，仍旧有可能保持一个国家的 GDP 不会随之下滑。并且只要 GDP 继续撑住，那么不管是个人还是企业就能够确保持续的收入以修补受损的资产负债表。事实上到 2005 年时，大多数日本个人和企业的资产负债表都已经得到了修复。

日本是通过大规模扩张财政支出才得以实现了这项成就。图 8-6 展示了即便是泡沫破灭引发经济萧条，进而导致税收下滑的状

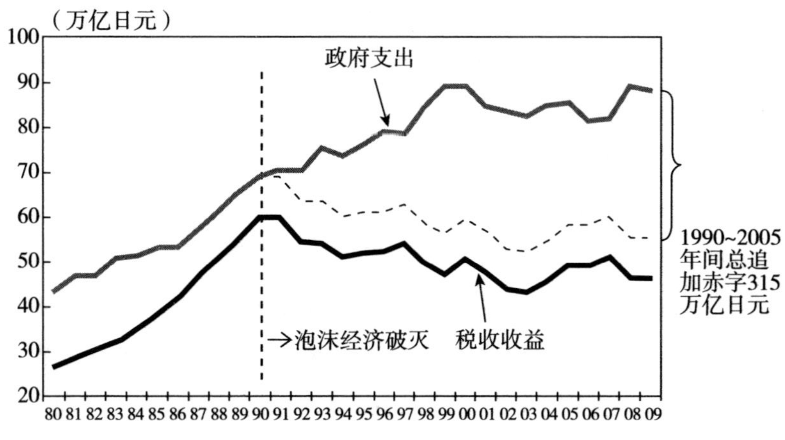

注：2008 财年包括了追加预算；2009 财年只包括了最初预算。

资料来源：日本金融省

图 8-6　日本政府借取并支出私营部门的过剩储蓄以保住 GDP

况下，日本政府依然大幅度地增加财政支出。在本书第一章中已经举例指出了，假设一个人获得了 1000 美元的收入，花掉了其中 900 美元，储蓄了剩下的 100 美元，于是要么有人来借取并花费这 100 美元，要么这 100 美元沉淀在银行账户里，被隔离于经济活动之外。在一场典型的资产负债表衰退中，没有人会愿意来借取这 100 美元，即便借款利率为零也依然如此。存在银行里的这 100 美元存款既无法借出，也不被花费的现象，就如同一个小火花般最终足以引发一场反复循环的通货紧缩，并使得经济活动链上的下家收入向着 900 美元、810 美元、730 美元不断减少。但是如果这时政府能够出手借取并花掉这 100 美元存款，使得最初的 1000 美元收入转化为 1000 美元的支出（900 美元+100 美元），GDP 就不会下落。一言蔽之，这也正是日本为何在承受了一场漫长的经济衰退的同时，却能够成功保住 GDP 没有下滑的根源。

当然，日本政府的财政赤字（也就是政府收入与支出之间的缺口）也随之大幅扩张。但是日本的例子应当被视作正确财政赤字的完美典范。如果没有日本政府扩大财政支出所导致的巨额赤字，日本就要经历一场与大萧条时代的美国同样的 GDP 大滑坡——当时美国的 GDP 在四年时间里缩水了一半。假如日本的 GDP 跌落回 1985 年的规模（约 330 万亿日元），并在这个水准上徘徊 15 年的话，则最终累计经济损失将会超过 2000 万亿日元。从 1990~2005 年，日本政府的“追加”赤字总共达到了 315 万亿日元。总之，315 万亿日元的赤字支出有效规避了 2000 万亿日元的 GDP 潜在损失，不管从任何角度而言，这都是一项成功举措。

而在这 315 万亿日元当中还包括了基本上未起到实际作用的减税份额。在此期间，日本政府蹑手蹑脚的财政刺激政策使得其一见到效果初显便立即停止刺激，待到情况再度趋于恶化时又重新启动，并如此反复不断。摇摆不定的财政政策导致了原本毫无必要的额外赤字。超出1996年时点的22万亿日元以外的财政赤字（到2005年时，这个数额已经累计达到了98万亿日元）本应能够得到避免（参阅图2-6）。桥本龙太郎首相于1997年错误发动的财政改革给日本经济造成了严重损害，使得日本政府不得不额外付出98万亿日元的代价才使得经济恢复到最初状态。

以上这一切都说明了：假如当初（1）日本的政策制定者能够从一开始就认识到他们面对的是一场资产负债表衰退；（2）日本政府能够坚定不移地推动财政刺激政策；（3）财政政策的重心放在扩大政府支出而非减税。那么日本政府为应对经济衰退所支付的账单总额大约就会只有200万亿日元，而非实际的315万亿日元。如果仅仅只依靠一项规模为200万亿日元的财政支出策略便能支撑起超过2000万亿的GDP，这无疑将是一项壮举。

二、日本的经验可安人心

只要当下那些正面对着相同困境的国家领袖们——诸如像是巴拉克·奥巴马总统、戈登·布朗首相、陆克文总理乃至胡锦涛主席等都能够对日本经验的重要意义产生正确的认识，并将之与自己的国民分享，便足以打消笼罩在全球各地民众心中的不安和疑虑。这些国家的领袖们尤其需要着重指出：世界正面临着一场资产负债表衰退，日本早已经历过这种衰退，并承受了比现在各个国家更加严重的资产价格下滑，但是日本通过财政刺激政策成功地走出了困境。得知真相的公众想必会对此做出这样的反应：如果日本能，那么我们也能！

当民众领悟到了日本经验意义，即一个社会能够在不降低生活水平（例如GDP的萎缩）的前提下摆脱资产负债表衰退，则必然会行动起来，为修复自身的资产负债表谋划未来、制定规划。这就足以扭转当下的混乱状况——前所未有的动荡和恐惧已经导致了悲观情绪的蔓延，甚至恐慌的出现。

美国、英国、澳大利亚和中国的政府都正在试图力推财政刺激措施。但是除了不存在政治反对派别的中国，其他国家的执政党都发现难以确保足够的政策支持来推动财政刺激计划的执行。那些持反对意见的政治家无法认识到当前这场衰退远不同于一般的经济萧条，并坚持救市政策应以减税和货币宽松为主轴。如果企业部门仍然在秉持利润最大化策略，这种见解倒也无可厚非。然而由于没有意识到我们的经济目前正处于“阴”态阶段，企业都在专注于债务最小化的这个客观事实，这些政治家们的思想依旧迟滞于“阳”态经济阶段，并顺理成章地反对任何形式的政府扩张，他们指望着通过减税这一招就能够同时起到振兴经济，缩小政府的一石二鸟的作用。并且正如在本书第三章中已经指出的，在过去30多年间，学院派经济学家们也一直都把货币调节措施奉为解决一切问题的至宝。

作为政府当局就必须化解来自这两个群体的反对声浪。然而除非能够让公众认识到世界经济正面临着一场极其罕见的资产负债表衰退，否则政府将难以给出令人信服的说法来解释为何当前需要的是扩大政府支出，而非货币调整或者减税政策。正是这种困境阻碍了政策制定者们迅速赢得共识，从而导致经济创伤进一步恶化，宝贵的时间被不断浪费，并最终给纳税人造成了巨额账单。

当我于2009年初访问堪培拉、伦敦和海牙各地时，各国政策制定者们很欣喜地获知我们面对的是一场资产负债表衰退，并如日本已经实际证明了的，政府支出是唯一的解决之道。由于无法认清这场灾难的本质，对于解决之道的精准性缺乏共识又导致了各种意见的千差万别，结果导致决策者们为了解决当前危机已经用尽了一切可行的政策工具，从减税、扩大政府支出、一直到调整货币政策。可是当一旦确认了当前问题的关键就是一场资产负债表衰退，在这种情况下企业策略以债务最小化取代了利润最大化之后，答案也就不言而喻，扩大政府支出是唯一有效的应对选择。澳大利亚、荷兰和英国的政府官员们或许依然会对此心存疑虑，但是如果没有资产负债表衰退理念和日本的例子，他们将无法为扩大政府支出的决定给出令人信服的回答。

作为一名前商界人士，日本首相麻生太郎要比任何日本政治家都了解资产负债表衰退的机制原理。在 2008 年 11 月于华盛顿召开的 G20 峰会上，他利用一张与图 1-7 相似的图表告诉各国领袖，政府支出才是战胜危机的正确答案。在某种程度上正是由于麻生首相的努力，才使得最终宣言花了一页纸的篇幅来提及政府的财政刺激政策。考虑到小布什政权反对增加政府开支的坚定态度，这不得不说是一个了不起的成就。2009 年 2 月，麻生首相向奥巴马总统介绍了日本是如何在资产价格跌落 87% 的状况下成功阻止了 GDP 的下滑。真心期待奥巴马总统能够充分听取和奉行麻生首相所给予的忠告。

所有这一切随之引发了一个新的问题，为何日本的经验在此之前没能得到外界的关注？假如人们早已知道的话，各国政府本来完全可以即时做出正确反应。然而真实情况却是，在过去 15 年，日本的经验一直受到了外界的误读。针对日本经验的批评主要集中于一点，在实施了大规模财政刺激政策之后，日本却只取得了微小的经济增长。但正如在第一章中所指出的，这些批评人士错误地设定，即便不实行财政刺激，日本经济依然能够维持在零的 GDP 增长线上。也就是说，日本政府 315 万亿日元的赤字支出全都浪费在了毫无效果的项目之上。

这些批评人士的误区就在于他们没有意识到，假如没有政府的财政刺激，那么高达87%的商业资产价值缩水足以让日本，以及任何其他国家的经济陷入一场如同20世纪30年代一样的经济大萧条。事实上日本做出了正确的选择，并取得了傲人的成绩。一旦全世界的人们对于日本的故事有了足够的认识，则自然会为终于找到了当前危机的出路而感到宽慰，并满怀乐观地着手解决眼下的难题。

三、需要确定一项新的社会公约

最理想的是，政府应该将必要的财政刺激政策视作一项社会公约。举例而言，奥巴马总统可以向公众宣告美国遭遇的是一场资产负债表衰退，他的政府将在为期5年的时间里（必要时可以延长）使用一切手段稳住GDP。这项举措将给企业、银行以及个人以足够时间去修复自身的资产负债表。5年之后，再进行反向操作：到那时私营部门已经消除了资产负债表上的种种问题，当市场终于能够着眼未来，重启借贷和投资时，政府再转而开始削减累积的庞大财政赤字。

政府如果在危机的初始阶段就能够公开做出这项承诺，将有助于缓解个人和企业的焦虑，消除惶恐的悲观情绪，防止过早的财政收缩所导致的本可规避的经济滑落。然而不幸的是，日本当年无人能够认识到资产负债表衰退的构造机制，因此这项措施也就没能得到施行（并且绝大多数经济学家依然对此是惘然无知）。现在，我们已经精准地认识到了问题的根源，如果再将与之对应的经济拯救措施作为一项社会公约实行的话，则能够让美国、英国、澳大利亚以及其他任何国家的政府都更加容易地加快推出财政扩张政策，并有效降低纳税人的最终负担。

从这个角度来看，奥巴马总统在2009年2月24日的声明当中提出的，要在未来4年间削减一半联邦赤字的政策只会产生反向作用，有可能会给美国经济带来一场浩劫。因为这透露出美国政府在未来相当长的一段时期里将不会刻意维持美国的GDP水平，因此我们也就不能排除美国经济再度出现崩溃的可能性，就如美国在1937年和日本在1997年曾经经历过的那样。

那些认为只需要通过实施1~2年的财政刺激政策便能够复苏经济，然后政府就应该转而开始清理赤字的观点和我们在20世纪90年代初期的日本所听到的如出一辙。这就意味美国正在步入与当年日本同样的歧途，这场危机最终也将会持续更长的时间。

换而言之，政府赤字减半的计划违背了美国财政部长蒂莫西·盖特纳（Timothy Geithner）在国会听证会上的承诺——奥巴马政权将不会过早退出财政刺激政策，重蹈引发1937和1997年两场经济灾难的覆辙。现美国国家经济委员会（National Economic Council，NEC）主席劳伦斯·萨默斯（Lawrence Summers）当年担任美国财政部长一职时，也曾经于1997年强烈警告过日本政府，在关键节点上推行财政收缩的做法只会摧毁日本经济。我们真切期待在私营部门的资产负债表得到修复之前继续保持财政扩张的主张能够在奥巴马政权内取得胜利。

四、更加恶劣的当前出口环境

美国、欧洲和中国这些经济体当前所处的环境与15年前的日本相比，极其不同的关键一点在于，日本经济当年还能够依赖出口支撑。而眼下各国的出口可以说是遍地哀鸿，世界经济已经无法借助出口这个路径来走出泥潭。

保罗·克鲁格曼在 2009 年 2 月 18 日《纽约时报》的一篇专栏文章[2]中指出，虽然日本为深陷于资产负债表衰退的世界经济提供了如何摆脱危机的最佳路线图之一，但是日本自 2003 年以来的经济复苏主要得益于出口，而这却无法成为当前各国的选项。尽管整体出口环境确实出现了极端恶化的现象，但是他的这个观点仍然存在着两个缺陷。首先，克鲁格曼先生错误地使用了引用的数据。他坚称日本从 2003~2007 年所取得的 9.4% 的 GDP 增长当中，投资仅仅贡献了 1.6 个百分点，而净出口和消费各贡献了 4.0 和 3.2 个百分点。由于消费增长与之前保持着相同趋势，因此他认为必然是超出前期增长趋势的出口导致了日本经济的复苏。然而他的结论是基于将私人投资与政府投资混为一谈的前提之上。事实上，在同期 9.4% 的经济增长值当中，日本的私人投资贡献了 3.5 个百分点，远远高于 1998~2002 年这 5 年间 -0.2% 的规模。与此同时，由于日本的政策制定者们认为私营部门已经显著复苏，因此同期政府投资下降了 1.6 个百分点。

其次，正如我在第四章中已经指出的，尽管经济大环境仍然深陷于通货紧缩的泥沼之中，但是如尼桑和松下电器这样的日本企业在理顺资产负债表之后，在企业改革方面取得了无与伦比的成效。美国东海岸的人们或许没有留意到这些日本企业的雄风再起，然而生活在日本的人们却不可能没有留意到在经过了多年沉寂之后，伴随着新产品推陈上市，日本企业的市场和宣传活动再次蓬勃兴起。事实上，正是这种变化引发了投资浪潮，使得私人投资对于日本 GDP 的贡献从-0.2%一跃攀升到了+3.5%。虽然外国市场的需求对于日本经济的复苏确实助了一臂之力，但是如果不是因为日本企业自身的财务状况得到了显著加强，即便想要扩大出口也只能是枉然。

克鲁格曼在他的文章最后提出一个问题：我们如何才能不依赖出口就走出当前这场困境？我的回答是，所有政府都应该坚定地通过财政刺激政策来维系本国 GDP，只有这样才不至于让本国的经济问题殃及其他贸易伙伴，并且财政刺激政策必须一直坚持到私营部门修复完毕资产负债表为止。从 1994～2002 年，在日本经济最艰难的 8 年期间，日本经济只保持了年均 0.9% 的增速，其中净出口的贡献只有区区 0.04 个百分点。关于这点，可以从（图 6-3）日本在后泡沫经济时期极端稳定的贸易黑字数据得到印证。换句话说，日本在很大程度上将严重的经济问题控制在了本国内部。如果世界所有国家在今天的这场危机之中都能够效法日本，那么不管是 GDP 还是出口就都不可能下降。同时这样的政策也有助于缓解贸易保护主义压力，消除自身“搭便车”的恶名。

五、大规模的财政刺激政策不存在资金障碍

每当我提出大规模的财政刺激势在必行时，都必然会被问及，诸如美国或者英国这样的低储蓄率国家又该如何为大规模的财政扩张政策筹措资金？这些质疑者坚称只有像日本这样的高储蓄率国家才有能力切实推动我所主张的政策，而美国或者英国这样的国家，如果不大幅度提高利率，或者政府官员无法说服外国投资者购买他们的国债的话，则同样的政策将会毫无作为。

表面上这些担忧都不无道理，但一旦我们能够认清资产负债表

衰退的实际构造，就会明白其实根本就无需为这样的政府赤字担心融资问题。让我们重温一下前面提到的 900 美元+100 美元的例子，已经被花销的 900 美元并不会成为一个问题，成为问题的是那些剩下的，即没有转化为支出，又没能转化为贷款的 100 美元存款。由于私营部门都正专注于去杠杆化，没有任何一方有余暇借取并使用最后这 100 美元，于是便只能窖藏在银行体系内部，无法转化为社会收入的源泉。为了阻止经济的萎缩，政府就必须站出来越俎代庖，借取并花费这笔资金，将其转化到社会收入之中。简而言之，在资产负债表衰退期间，执行财政刺激政策所需资金可以通过国民储蓄解决。

这个简洁的理念包含了众多涵义。事实上甚至连那些低储蓄率国家，诸如美国和英国，它们当前的危机都是由于缺少足够资金借贷方致使私营部门存款规模扩大的结果。换而言之，这些国家用来支撑政府赤字支出的储蓄其实在本国内部便能解决。为了阻止 GDP 的下滑，政府只需要借取并支出与新增沉淀私人储蓄等额的存款即可。这些国家没有必要去哀求日本人或者中国人购买他们的政府债券，也无须担心会因此产生任何挤出效应——金融机构将会非常乐意把这 100 美元借给最后站出来的借贷方，也就是政府，因为此时已经不存在任何私营机构借贷方了。

另外还有一个因素使得银行在资产负债表衰退时期更愿意借款给政府。资产价格的暴跌往往导致金融机构损失惨重，资本短缺。在这种情况下，即便有私营机构愿意贷款，身处窘境的银行也不敢贸然答应：银行自身也几乎是弹尽粮绝，无法承受更多的风险。

但是政府贷款却是截然不同。金融机构都极其欢迎来自于公共部门的借贷需求，较之于私营部门，公共部门借贷的资本风险要小得多。如果可能的话，每当这种时候，银行都会一窝蜂地购入政府债券，从而抬升政府债券价格，并压低政府债券收益率。总而言之，这也正是日本在过去18年所发生的事情。

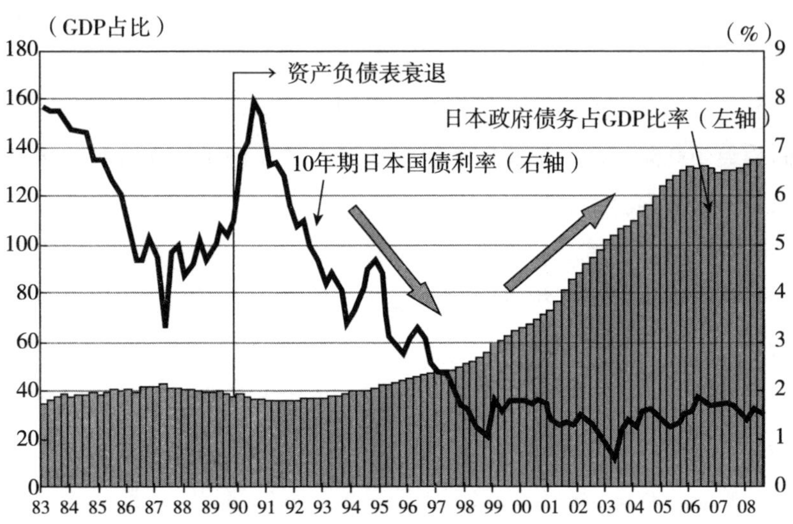

＊私人存款与企业债务偿还总额

资料来源：日本内阁府，日本相互证券株式会社，日本证券业协会

图8-7　尽管政府借取并花费了私营部门存款的增加部门＊，但是大规模的财政赤字并非就意味着高利率

图8-7展示了日本政府债务一路持续攀升到了相当于日本GDP140%的惊人地步，在G7各国当中首屈一指。然而同期日本政府债券的回报率却不断下落，跌到了有史以来的最低水准。尽管各路财政收缩的支持人士都一致强烈警告，日本的利率将会急剧攀升，并给日本经济带来毁灭性的打击，但事实却恰恰相反，他们的末日预言从来没有成为现实，因为日本这一次面对的是一场资产负债表衰退。

问题的关键就在于，在资产负债表衰退期间，政府能够以难以置信的低利率获得贷款。这种现象已经在世界市场上随处可见。例如10年期的美国国债收益率现在已经跌至3%以下，如此低的收益率在不久之前根本还是难以想象。这些事实也表明了，由于无从选择，使得市场参与者们即便在没能充分理解上述原理的状况下也依然能遵循这个原理出牌。无法找到私营机构借贷方的银行不得不转而向政府放贷，从而在推高政府债券价格的同时又压低了政府债券回报率。总而言之，在资产负债表衰退期间推行政府财政刺激政策原则上将不会遇到资金障碍。

事实上，市场也正是通过压低国债回报率的方式向政府释放信号，告诉政府在这个时候应该将资金筹措的渠道从纳税人转向银行。在泡沫经济之前，10年期的日本国债回报率达到了5%，而现在却只有不到1.5%。举例来说，假如日本政府现在打算借取1万亿日元的10年期贷款修建一个机场，那么需要支付的利息成本仅仅只有1500亿日元。但是如果日本政府决定将这个项目延期到经济复苏之后再进行，那同一个项目的利息成本将会高达5000亿日元。事实上，不管是为了经济复苏还是纳税人的利益，市场正是通过这种方式在诱导政府现在就去推动这些项目。

六、为正确决策搅局的信用评级机构

然而，还存在着另外一个潜在症结，那就是信用评级机构。绝大多数信用评级机构到目前为止仍然没有表现出对于资产负债表衰退的足够理解。每当见到哪个国家出现了大规模且持续的财政赤字增幅时，这些评级机构的第一反应就是下调相关国家的债务信用等级。并且这种做法已经有了现成的实例：西班牙、希腊、还有葡萄牙刚遭受到了债务信用评级下调的待遇，看样子还会有更多的国家面临同样的下场。日本对于这种遭遇并不陌生——事实上他要比其他任何国家都深受其害。在漫长的经济低迷时期，日本的政府债务信用评级被下调到极低程度，以至于信用评级机构认为博茨瓦纳（这个国家的经济在很大程度上要得益于日本的海外援助）的信用风险要好于日本。

也正是由于这个因素作梗，财政改革的鼓吹者们（其中甚至包括了日本金融省的官僚）坚称持续为财政赤字融资将会推升日本利率，引发经济大崩溃。可是显然这一切并没有发生（参照图8-7）。之所以这些人对日本利率走势的判断会出现失误，是因为他们根本就没有搞清楚资产负债表衰退时期政府筹措资金的基本机制和原理。

如果信用评级机构能够发现自身误区，认识到财政赤字在资产负债表衰退期间对于稳定经济所能起到的积极作用，想必这些信用评级机构必然会重新审视下调那些大搞赤字支出政府信用等级的做法。在我以前撰写的著作《资产负债表衰退：日本与未知经济困局的苦斗及其对于世界的启示》（2003，约翰·威利父子出版公司）正式出版之后，在书中被我抨击过的一家信用评级机构——英国惠誉国际（Fitch）专门从伦敦派了两位专业人士来与我沟通。在我解释了日本政府的财政刺激政策是如何支撑了日本经济，让日本避免了一场经济萧条之后，惠誉国际这才醒悟了过来，终止了对于日本政府债务信用等级的继续下调。与之相反，另外两家首屈一指的美国信用评级机构却依然在继续调低日本政府债务信用等级，最后是一直等到日本经济终于显现复苏，它们才总算转变态度，转而上调日本政府债务的信用等级。

万幸的是，日本政府债券市场的投资者们发现穆迪和标准普尔的评级报告完全不具备说服力，于是对其做出的下调日本国债信用等级的做法决定采取无视态度，继续购入日本国债。这些债券市场投资者的抉择帮助日本政府在维系了较低融资成本的同时得以继续推进财政刺激进程，并最终将日本经济引上了复苏的道路。

我们寄希望于欧洲和美国政府，以及债券市场上的投资者们都最终能够达成与日本同样的共识。但是如果信用评级机构无法实行双重评级标准（具体而言就是它们依然坚持复制针对日本所采用的标准)，那么这些国家的政府债务信用评级都必然会被下调。如此一来，则将会吓阻投资者购买相关政府债券的信心，阻碍相关政府扩大实施财政刺激政策，为当前经济低迷局势的恶化推波助澜，并进一步拉低相关政府的债务信用评级，削弱政府支出，形成一个难以摆脱的恶性循环。也就是说，信用评级机构能够通过妨碍政府有效推行拯救经济所必需的财政刺激政策的做法来破坏经济自身的合理运行。

有鉴于此，市场参与者是否能够正确认识和理解日本为什么在债务信用评级被下调的情况下依然能够战胜经济衰退就显得尤为重要。如果信用评级机构这次又要杀气腾腾地挥舞起手中的“杀威棒”，各国政府和债券市场投资者们就必须对其视若无睹，因为这些评级机构根本就没有认清资产负债表衰退的本质。最佳状态是信用评级机构能够主动承认对日本所犯下的错误，并对于当前那些出于切实需要而发行债券的国家慎用降级措施。这是因为阻止其他国家摆脱经济困境，或者妨碍各国政府与资产负债表衰退进行斗争根本就不是信用评级机构本职。

同时不要忘了，我们是不是还应该要求信用评级机构为它们当初替那些次贷市场上的有毒证券所做的靓丽评级担负责任呢。有鉴于此，我认为有必要也效仿香烟盒那样做一个如下的警示标签：

警告：次贷危机业已证明，这家评级机构所做评级有时会毫无价值。建议投资者在进行市场决策时切勿完全依赖这家评级机构的评级。

假如所有评级机构在未来 15 年间，在其发布的所有公告和报告中都必须附上这个标签的话，想必它们多少会更加谦虚和谨慎地担负起自身的职责。

七、救助银行也不存在资金障碍

现在再让我们将视角从针对财政刺激政策的融资问题转向针对银行救助的融资问题。为了救助金融机构而产生的政府赤字将不会给资本市场带来任何附加压力。不会有任何救助方案——不管规模有多大，会导致利率总体水平攀升。

这种现象最早发生于 1989 年的美国储贷危机期间，处理那场危机最终耗费了纳税人 1600 亿美元的资金。尽管当时有人担心如此大一笔额外资金需求将会导致美国利率激增，然而这种担心最终落空。原因就在于被用来进行救助银行的资金根本就没有真正离开过金融市场。政府债务的增加或许会适度抬升政府的借贷成本，但是却找不到总体利率也将会随之上升的任何理由。其核心机理如下所述：

设定某家银行破产，存款人都要得到补偿。假设政府借取了 100 美元并赔付给了存款人，于是这些存款人在收到这 100 美元之后又会将其存入另一家银行，而这家银行则必须将这 100 美元作为投资释放出去。事实上，经济生活中的有效投资资金总规模既没有增加也没有减少。尽管所有者有所变动，但是那 100 美元仍然被用做了投资。

注资也是同样的道理。假设某个政府借取资金——就如同美国政府为了应对次贷危机，通过不良资产处置计划（TARP）筹措的 7000 亿美元——以资助一家银行进行资产重组。这家银行得到 100 美元注资进入其资产账户，并再将其作为投资用出，最终使得经济运行中的可用投资资金总体规模没有发生任何改变。由于这笔资金是作为资本获得，因此银行更愿意将其以流动资产的形式用于投资，以便于套现。当银行决定用这笔注资购买政府债券（在所有资产中流动性最高)，于是一个内生循环就最终形成。有必要再次强调的是，不管怎样，经济当中的整体可用投资资金总额并没有任何改变(尽管政府预算赤字的增加会导致一定的疑虑)。反过来，如果政府将借取的资金用于修桥铺路，那么这些资金将不会再回到资本市场，这才会导致利率的上升。在非资产负债表衰退当中这个原理尤其适用。

总而言之，政府完全没有必要因为融资的原因而对银行救助方案望而却步。资金规模或许庞大——有推测认为拯救美国的银行业需要耗费 2 万亿美元，但事实上根本无需为救助资金的规模而担忧，因为前述运行机制将足以解决救市所需的任何资金。

当然也可能有一部分人由于对上述机制缺乏认识而陷入恐慌，抛售手中的国债，推升国债收益率。与此同时，那些深谙个中奥妙者则必然会趁机接手，坐等利率下跌时大获其利。在一场资产负债表衰退期间，只要上述的机制原理能够得到充分理解和认识，那么不管是进行银行救助，还是财政刺激都不会存在任何资金问题。

八、使用货币政策应对信贷紧缩的得与失

接下来让我们再转到货币政策。考虑到无论是实体经济还是虚拟经济都面临崩溃的危险，因此应对资产负债表衰退从来都面临着双线作战的状况。根据日本的经验，首先是实体经济出现问题，银行起初依然愿意放贷，一直到 1997 年 10 月信贷紧缩危机爆发。从那时开始，普通大众才切身体会到了银行危机所造成的痛苦。而美国的情况却恰恰相反，首先爆发的是次贷危机，而美国的实体经济一直坚持到 2008 年中期才开始显现萧条。

尽管银行危机和信贷紧缩都率先在美国爆发，但是相较于 15 年前的日本，美国的公共金融机构能够发挥更大的作用。美联储、联邦住宅贷款银行、房利美以及其他公共机构已经在为美国的住房按揭提供融资，并在私营机构退出市场的情况下，承担起了巨额的住房按揭贷款份额。

当私营出贷方由于资本短缺而导致信贷紧缩时，政府金融机构就应该即时接手发挥作用。美国联邦住宅贷款银行（它的历史可以回溯到大萧条时代）现在再次成为主角并非偶然。美联储也于 2008 年下半年出台了被其称为信贷宽松（credit-easing）工具的政策。尽管这项政策工具有时会与数量宽松混淆，但是伯南克先生已经确定，这个措施仅仅只是为了化解信贷紧缩，所以应将其与日本式的数量宽松政策区分开来。根据这个方案，美联储通过购入了商业票据、抵押支持债券（MBS）以及其他种类的证券来“疏通”金融梗阻，以便当需求方有朝一日重新出现时，美国的金融系统能够继续维持功能。

这种做法确实能够带来一些好处。作为这项政策的成果，部分市场重新开始运作——尽管效果依然有限。举例来说，需求者现在只需要支付20%的首付即可获得住房按揭，而在数月之前这还完全不可想象。然而，当一家身负巨额非流动性资产的银行能够将身上的重负转交给美联储后，应该就不会想要再购入同类资产。反之，这家银行在将重负卸给中央银行后，会更倾向购入*低风险*资产。也就是说，那些刚刚经历了可怕煎熬，无法抛售手中非流动性资产的机构绝对不想再重蹈覆辙。除非美联储能够被认为是一个永久买家，愿意一直收购不受欢迎的资产，否则现在的资产卖家们在很大程度上都会转向低风险资产。这也就意味着信贷宽松的时代正式宣告终结。

美联储通过收购资产的做法协助金融机构剥离高风险资产，并将由此获得的收益投资于低风险资产从而实现了去杠杆化。考虑到当前美国银行部门糟糕的资产负债表状况，以及对于去杠杆的急迫性，这一点就显得尤为重要（在日本经济危机期间，问题主要集中在企业的资产负债表上）。然而，美联储的这些措施是否能够缓解信贷紧缩则完全属于另外一个范畴的问题。

除了部分利点之外，美联储的做法也同时埋下了重大隐患。也就是让全球投资者开始担忧美联储自身的资产负债表。今日的法定货币并不是以金银为保证，而完全依赖于公众对于中央银行的信任。如果投资者或者普通大众发觉中央银行背负了沉重的不良贷款——与私营企业相同的道理，必然会意识到央行在技术上已经破产。正如在第四章中已经指出的，一旦这种状况出现，前景则势必一片混乱，难以揣测。逃离美元的现象有可能发生，也有可能不会出现。

美联储前主席艾伦·格林斯潘曾经指出，自从尼克松于1971年决定关闭黄金窗口导致的通胀风暴以来，各国央行在制定政策时都不得不“假设金本位依然存在”。换句话说，各国央行在进行决策时都必须如履薄冰，因为如果得不到公众的信任，就没有任何货币能够具备交换媒介的功能。

在这样一个世界之中，对于一家中央银行资产负债表和终极偿付能力的怀疑足以吓坏投资者。重要的外国机构投资者，其中包括一些来自中东和中国的最大级别的主权财富基金对于美联储资产负债表健康状况的担忧正在与日俱增。一旦达到临界点，投资者将会害怕恶性通货膨胀的爆发，于是有可能会触发资金大规模逃离美元资产。如此一来，又会进一步推升美国利率，导致美元价值缩水。

伯南克先生刚开始时似乎并没有过于担心这种可能性的发生。但是 2009 年 1 月，他在伦敦经济学院的一场演讲中倒是提到了这个问题。然而不幸的是，他的主张，也即“我们无需多虑，因为美联储针对金融机构的贷款还没有出现哪怕 1 美分的损失”缺乏说服力。之所以美联储的这些贷款尚未出现损失，唯一根源是由于这次是美联储和美国财政部同时在向相同的金融机构提供流动性和资本支持，因此才使得受助机构能够继续向美联储偿还本息。如果没有美联储和美国财政部的联手援助，其中不少机构可能会——或者早已破产。

总而言之，美联储正在利用公众的信任下一招险棋。在阐述了一系列学术理论之后，伯南克先生坚称这个问题无足挂齿。他是中央银行的资产负债表能够振兴经济的坚定信奉者，正是这个观点为他赢得了“直升机本”的绰号。当年伯南克先生为了呼应米尔顿·弗里德曼的理论，甚至提出如果有必要的话，应该开上直升飞机向凡间撒钱。但是正如在第四章中已经提及的，“直升机撒钱论”只顾及到了商品购买方，而完全忽视了商品销售方。如果真的钱会从天降，那么商家们的第一反应就是立刻关店歇业，整个经济瞬间陷入死寂。

作为一名货币政策万能论的信徒，伯南克先生曾经告诉日本央行应该去购买番茄酱以振兴日本经济。现在不少日本央行的官员们都正在耐心等待着美联储采购番茄酱或者酱油的消息发布。

关于美联储资产负债表的学术争论其实倒也无关紧要（事实上，在制定货币政策时根本无须在意央行持有的资产质量），问题的关键在于，一直到 1971 年，人类从来没有信任过任何无法得到贵金属直接或者间接保证的货币（虽然很多国家并没有采用金本位，但是这些国家的货币都与美元钩定，而美元本身又直接与黄金钩定）。

当美联储和其他国家的中央银行持续扩张资产负债表时，黄金价格就会保持上涨趋势。尽管有人会否认两者之间的关联，但是几乎所有其他商品——甚至包括像白金这样的贵金属价格都出现了大幅下挫。黄金却依然保值的事实至少证明了部分投资人的忧虑。如果央行资产负债表规模继续膨胀下去，人们就要开始担心他们手中的货币，转而选择拥有黄金。有鉴于此，但愿各国央行对于自身资产负债表的扩张抱以更加审慎的态度。

也许数百年后的人们不再需要为中央银行资产负债表的健康程度操心，但是仅就当下而言，确实存在着投资者们对央行资产负债表提出质疑，并拒绝接受其所发行货币的风险。我们必须认真考虑央行资产负债表无限制扩张最终吓退投资者的风险性。这种状况一旦发生就将万劫不复——整个体系都有可能分崩离析。我们说不定将彻底略过中度通货膨胀的发酵期，直接陷入恶性通货膨胀之中。

动用财政部，而非美联储的资产负债表

为了实现同等目标，最佳的选择是动用财政部（就是政府）的资产负债表。由于购买高风险私有资产属于财政政策的范畴，因此理应使用政府的资产负债表。如有必要，中央银行应为政府提供协

助，但是不应直接介入风险资产的买卖行为之中。

有观点认为中央银行与财政部同属政府机构。然而，这两者之间其实存在着重要区别。中央银行独立性的确立源自于人类在漫长历史中所积累的经验和智慧。保持两者之间的差异有助于形成一种缓冲机制。如果中央银行购买的资产出现贬值（这种情况目前有可能已经正在发生），则央行的信用则必然会受到直接影响。如果换个角度，由财政部来收购这些资产，则是财政部的资产负债表遭受负面影响。不管是哪种情况，纳税人的利益都必然受损，但是后一种状况却不会对央行信用产生直接影响，而这个缓冲至关重要。事实上美国财政部已经在为美联储收购的部分资产进行担保，伯南克先生也经常提及到这些担保本身就证明了甚至连美联储自己都在担忧上述风险。总之，如果这两个机构被认为毫无区别的话，就根本无须进行这种担保。

虽然我不赞成利用央行资产负债表收购风险资产的做法，但是我对伯南克先生和他的同事仍然充满同情。尽管利用财政部的资产负债表更有利于维系美元和美国货币体系的信誉，然而正如围绕不良资产处置计划展开的争论所显示的，要想为财政部购买资产获得授权的尝试至少也要耗费数月时间。而作为中央银行，则无须周折，几乎立即就能将同样的计划付诸实施。在金融机构四下崩溃的当下，我们实在没时间去静候国会为授权财政部购买这些资产慢慢通过法案了。因此中央银行的资产负债表暂时可以作为权宜之计姑且用之——事实上连日本央行也刚刚宣布要购入商业票据和企业债券以缓解信贷紧缩。然而这种做法只能作为临时性手段，一旦政治形势允许，这些资产就应当转移到财政部资产负债表上，以便消除对于央行资产安全性的疑虑。

如在第四章中所提及的，一个独立的中央银行实际上是第四个公权机构，央行必须维系其所发行货币的信用。短期内我们可能有必要动用央行资产负债表，但就长期而言，我们必须依靠政府的资产负债表。如果一旦操作失误，所产生的问题将会导致美元的突然崩溃，并殃及全球经济。

美联储货币化政府债务的危险性

伯南克还主张美联储应该购买长期美国国债以便在调低长期利率的同时为政府赤字提供融资。然而正如前面早已指出的，这种做法毫无必要。因为在一场资产负债表衰退期间，为了向政府财政刺激政策提供资金保障而动用的储蓄应符合两个条件，即（1）来自于本国内部；(2）没有私营部门借取。在事态紧急时美联储或许需要亲自介入以稳定市场（例如像是国外发生突发事件，导致外国投资者出逃，致使美国利率迅速飙升)，否则美联储购买美国国债的做法纯属多此一举。

此外，尽管当前出现了信贷紧缩，但是随着资产负债表衰退的恶化和世界经济的去杠杆化，资本贷方终归会超过借方。随着利差减小，银行将会备感重压，而这个时候逼迫它们去与美联储竞争只会进一步加剧银行方面的压力。美联储购买美国长期国债的做法将会导致收益率曲线的斜度趋平，销蚀那些完全依赖收益曲线斜率生存的金融机构的利润。如果银行业由于美联储的这种做法遭到无妄之灾，那么整体经济最终也将会承受负面影响。

美联储购买美国国债的做法同时还会被视为是货币化政府债务，并导致众多外国投资者产生恐慌，害怕会与历史惯例一样，引发恶性通货膨胀。而这种恐慌将会促使国内外投资者将资金抽逃出美国债务市场，改投黄金或者其他“更加安全”的外国货币，最终造成利率攀升，而非下降。因此，依我之见，必须将轻微下调国债收益率所获得的少许经济利益与外国投资者逃离导致的高国债收益率所带来的巨大风险进行权衡。

九、信贷需求将会成为比信贷供给更令人头疼的问题

最后，政策制定者们必须留意到资金需求的萎缩，而不是把关注重点仅仅聚焦于信贷供给的收缩。毋庸置疑，美国曾经（现在依然）存在着信贷紧缩现象，然而如图 8-8 所展示的，自从 2008 年下半期开始，信贷需求也同样出现了剧烈下滑。私营部门对于资金需

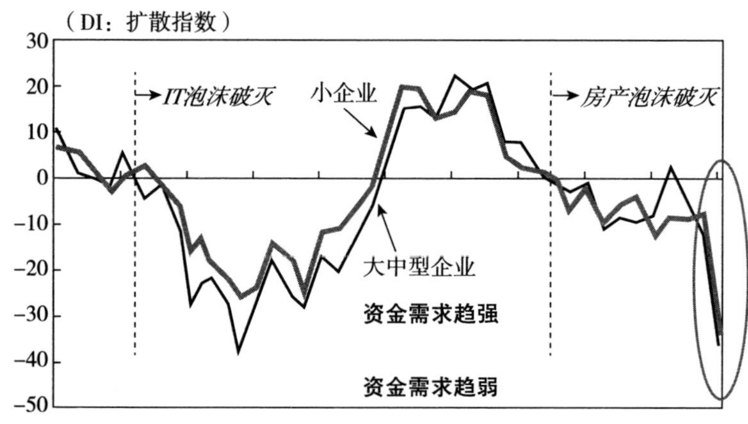

注：扩散指数（DI）是基于“排除季节性正常变动，过去 3 个月间工商业贷款需求变化”调查的回答数据算出。

DI＝（“极强”＋“微强”×0.5）－（“微弱”×0.5＋“极弱”）

资料来源：野村研究所，基于美联储“高级信贷人员对于银行信贷行为的意见调查”报告。

图 8-8　美国的资金需求呈现急速下滑

求的急剧减少确认了我们面对的正是一场资产负债表衰退，并且中央银行对于这种经济颓势可以说是一筹莫展。美联储可以把问题的根源视为资金供给紧缩，并且事实上采取了收购商业票据、资产抵押债券等方式加以应对。然而所有这一切对于资金需求收缩所导致的经济倒退毫无作用，唯一有效做法的只有实施财政刺激。2008 年下半年资金需求崩塌的事实显示，当前的经济困境或许不仅是因为资金供给的不振，同样也可以归咎于资金需求的萎靡。

有鉴于此，还需要留意的一点就是，媒体总是倾向于夸大报道银行对于放贷的消极态度。如同在第三章和第四章中详细介绍过的一样，这种倾向在 20 世纪 30 年代的大萧条和 90 年代日本的经济衰退当中都有所体现。企业停止借贷并不是什么新闻，银行不愿放贷才是，而将关注焦点过度集中在后者将会造成政府政策应对的扭曲。

即便在信贷紧缩结束之后，那些幸存下来的企业依旧会对重启借贷心怀抵触。离我们最近的实例就出现在 20 世纪 90 年代中期，1991~1993 年信贷紧缩之后的美国。在那段岁月里，美国众多企业深受信贷紧缩之苦，第一次海湾战争的英雄老布什后来之所以连任失败，在很大程度上就是由于当时的信贷紧缩和紧随其后的经济萧条所致。在经济困境结束之后，不少美国中小企业干脆拒绝再向银行借贷。日本企业在应对 1997 年的恶性信贷紧缩时，针对借贷也表现出了相同的厌恶情绪。正如在第二章中所指出的，即便到了 2005 年，当日本企业已经基本上修复完资产负债表之后，之前所经历的痛苦经历依然使得它们拒绝借贷。因此，即便美联储最终能够想出办法消除信贷紧缩危机，信贷需求也不会因此而出现复苏。并且随着经济衰退和资产价格低迷促使私营部门去杠杆化进程的加速，这个问题还将会进一步出现恶化。

我本人判断全球去杠杆化进程的惨痛经历将会引发全球性的借

贷抵触情绪，并最终导致即便是在受损资产负债表得到修复之后，利率依然将维持在超低水平。为此，各国政府就不得不继续借取并花费过剩的私人储蓄以维系全社会的收入流。考虑到此点，关于公共财政的争论焦点自然也将从政府是否应该借贷并使用转向政府应该如何去借贷并使用。当前我们正处于资产负债表衰退的“阴”态阶段，这是一片我们完全陌生的水域，并应该以此作为我们思考的原点。而眼下，绝大多数经济体正在陷入衰退，众多棘手的问题正需要去着手应对。与摆脱困境相关的问题可以放到下一步再去解决。

政策失误加速了资本注入进程

我们已经从货币政策的角度探讨了信贷紧缩的问题，现在我们再把目光转向银行业自身。自从本书第 1 版出版以来，银行业的状况出现了显著恶化。在本书手稿刚刚送交出版社后，贝尔斯登（Bear Stearns）就破产倒闭，接下来又轮到了印地麦克（IndyMac）和雷曼兄弟（Lehman Brothers）。在这一刻，似乎整个金融体系都正处于崩溃的边缘。

本书第七章阐述了在“阴”态阶段，资本注入是重塑银行业体质的绝对之选。虽然由于注资会导致银行业部分或者完全的国有化，因此在政治上不受欢迎，但是这项措施本身却是至关重要。在我撰写本书时，并没有期待在 2009 年中期之前能够看到美国政府做出这个抉择——因为共和党总统及其执政团队一向不愿意推动任何形式的国有化，小布什政权尤甚。

美国财政部长亨利·保尔森在处理雷曼兄弟和 AIG 危机时所犯下的政策错误严重损害了美国银行和银行监管机构的声誉。令人感到讽刺的是，正是这种信用度的丧失最终迫使小布什政府对美国银行业启动了资产重组。

保尔森先生在处理雷曼兄弟垮台时的做法与日本相关机构 1998 年夏天应对日本长期信用银行破产时的做法形成了鲜明反差。日本长期信用银行曾经是全球金融市场中的活跃参与者，拥有可观的金融衍生工具。当日本长期信用银行面临破产并不得不被国有化的境遇时，日本央行知会了日本长期信用银行的每一个全球商业伙伴，迅速处理了其遍布世界各地的众多雇员的善后问题，向每一家相关机构表明了日本长期信用银行的国有化流程，以及这些机构涉及资金的返还期限。正是由于这些努力，日本长期信用银行的国有化几乎没有给全球金融市场造成任何负面影响。

1984 年美国伊利诺斯大陆银行（Continental Illinois）的破产是一件令我至今记忆犹新的事情，因为那时我刚好作为一名经济学家服务于纽约联邦储备银行。事件发生后，当时的美联储主席保尔·沃克尔立刻请求 J. P. 摩根牵头相关机构，组建银行“卫队”以防止资金出逃，并在不到 48 小时之内完成了伊利诺斯大陆银行的国有化。尽管伊利诺斯大陆银行当时是美国主要的金融中心银行之一，但是由监管机构主导的正确国有化措施避免了事态的进一步恶化。

然而令人感到难以置信的是，保尔森先生却听任雷曼兄弟破产的做法说明他从一开始就不愿意动用公共资金去拯救这家机构。尽管雷曼兄弟并不属于商业银行，美国财政部和美联储没有义务施加援手，但是保尔森的固执僵化却与美联储和美国财政部竭尽所能阻止贝尔斯登——另外一家证券公司破产的做法形成鲜明对比。雷曼兄弟的规模是日本长期信用银行的 3 倍，其美国国内的部分商业伙伴在情况不妙时尚可以利用两小时窗口期清理手中的相关衍生工具，但是雷曼兄弟是一家全球性金融机构，与有关联的数以千计的海外投资者和投资机构却被完全置于孤立无援的境地。由此催生的愤怒严重损害了美国银行业、美国银行监管机构以及美国政府的信誉。之后发生的事情就已经是众所周知了。

接下来保尔森先生又来了个 180 度大转变，在同一个星期一的下午，决定要出手拯救眼看又要倒闭的 AIG。当然，在当时那种状况下，这无疑是一个正确的选择，但是却也导致美国财政部背上了在实行双重标准的骂名。当在被问及今后他将如何选择施救对象时，保尔森先生的表态更是火上浇油，因为他发表了作为金融主管部门在危机时刻永远都不应该做出的发言。保尔森先生的原话是，他将按照“逐一判断”的原则做出施救决定。然而当整个金融系统都面临着崩溃危险时，任何政府高官必须首先明确表明的就是，政府将会尽一切可能拯救金融体系。

这件事情明白显示出美国财政部长对于拯救金融机构，以及处置金融危机的理解是如何的肤浅。他犯下的错误将美国金融系统置于巨大危机之中，以至于一直反对政府注资的保尔森先生本人最后也不得不提交了 7000 亿美元的方案以拯救美国的银行业。他最初倾向于要利用这些资金去收购非流动性资产，然而很快他就意识到这种做法根本无助于危机的解决。也就是说，如果一家银行当初以 100 美元价格购入的资产跌到了 20 美元，这时政府以 20 美元价格从银行手中接受这些资产的话，银行的实际状况并不会因此恢复如初——得到改变的只不过是银行拥有资产的种类而已。银行依然承担着 80 美元的损失，其资本基础并没有得到任何改善。

而资本注入却不同。假设资本充足率要求是 8% 的话，那么每 1 美元的资本短缺会迫使银行削减 12. 5 美元的放贷。因此，政府对于银行的每 1 美元注资最终能够产生 12. 5 美元的额外放贷。事实上，对银行进行资产重组可以给政府带来期待的杠杆效应，而收购不良债务则不会给纳税人资金带来任何好处。

最终是在欧洲宣布了注资计划之后保尔森先生才同意在美国实施相同的计划，而日本在 2008 年 10 月的 G7 峰会上也要求美国启动注资方案。事实上，正如在第七章中提到的，日本自从 2008 年 2 月以来就一直都在督促这位美国财政部部长向美国银行实施注资，当时的日本金融大臣额贺福志郎在东京召开的 G7 峰会上向保尔森先生提出了这个要求。回顾历史，这项决定最终居然是在共和党执政期间得到实施，实在是令人惊讶。

至于银行的国有化，尽管华盛顿内部依然存在着一部分反对意见，但是对于那些已经完全失去了所有资本，并且也无法通过自身力量获取新资本的银行而言，国有化是让它们得以存续的唯一途径。因此，关键就取决于在政策制定者的应对方案当中需要包含这种选项以尽量缩小由于银行危机所导致的损害。一直到 1998 年为止，日本的银行监管机构从来未被明确授权可以实施银行的国有化，这个缺失以极其不幸的方式阻碍了之前的银行拯救行动。

某种意义上，正是由于保尔森先生犯下的一系列错误，才使得美国最终要比当初所预期的更快地采取了正确的行动。然而问题依旧存在，首先，美国房价仍然在下跌。芝加哥商品交易所住房期货市场预测房价将会一直跌到 2010 年 11 月。由于在美国的 50 个州当中，有 40 个州，并且包括所有大州都将住房按揭规定为无追索权贷款，也就是说住房按揭贷款人完全可以简单地把房产钥匙扔给银行然后一走了之，这就导致了一个可怕的潜在危机。目前美国大概有 3500 万套住房的市面价格低于住房所有者当初购买时的实际价格，假设所有这些住房当初申请的都是零首付按揭的话，那么现在这 3500 万住房拥有者就有着显而易见的理由去将钥匙还给按揭放贷方。如果他们真的这么去做的话，这些住房最终又会回到住房市场中，导致房价进一步的下跌，并鼓动更多住房拥有者如法炮制，并以此类推，形成一个恶性循环。

客观地分析这些数字就会发现，次级贷款仅仅只占了全部住房按揭中的区区200万，而这200万次级贷款中的一部分不良贷款居然摧毁了将近一半规模的美国银行。假如3500万住房拥有者都决定还掉钥匙，一走了之的话，美国将会遭遇一场史无前例的浩劫。

众多就职于美国联邦存款保险公司和其他政府机构的人们都正忙于研究如何阻止这个问题所可能引发的总崩溃。他们给出了各种各样的方案和思路，其中包括政府担保和鼓励住房拥有者将手中的无追索权按揭置换为有追索权按揭。然而在住房价格依然下跌的态势下，很难就此给出一个明确的解决方案。如果公众或多或少能够被说服房市已经触底，按揭的放贷方和借贷方则有可能为置换方案达成双方同意的成交价格。但是只要房价仍旧继续下滑，那么要想实现这个目的无疑是难上加难。

悬在美国银行业头上的另外一把达摩克利斯之剑就是它们账户的不透明性。眼下银行持有的大量资产都没有市场价格，众多投资机构持有的如结构性投资工具管道投资工具、以及其他各类表外工具涉及了巨额资产。虽然有部分银行已经把这些资产转回到了表内，但是由于银行账户的不透明性和欺瞒仍然存在，因此各个金融机构之间依旧是心存芥蒂、相互猜疑。

当95%的银行状态良好，只有5%的银行出现问题时，通过一场简易的手术清除掉病变部位还具有可操作性。然而当这个比例颠倒一下之后，就再也无法指望通过一场快速的手术便能解决问题，因为剩下那5%的健康部分根本无法承受95%病变部分的冲击。如果病人处于后一种状态，那么唯一选择就只能是通过手段温和，但见效缓慢的中医来治愈整个身体了。

汲取日本的教训

然而由于令人感到恐惧的现实，华盛顿更专注于问题的迅速解决。并且，美国政府官员借助日本的例子来为这种焦虑感进行辩护。当美国财政部于 2009 年 3 月公布盖特纳计划（Public-Private Investment Program，通过公私联合投资基金购买美国银行系统的有毒资产，从而剥离金融体系的巨额坏账，以修复美国银行业资产负债表，使银行重启金融中介功能，为经济复苏提供必要的信贷——译者注）时就宣称："正如日本的经验所显示的，仅仅只依靠银行自身力量去剥离遗留的有毒资产将会导致金融危机出现被拖延的风险。"这个声明似乎是基于前日本金融厅主管竹中平藏的一贯观点。竹中平藏认为，正是由于从银行资产负债表上剥离有毒资产的动作过于缓慢，使得银行无法放贷，才导致日本遭受了一场被人为拖延的经济衰退。这个在日本之外得到了广泛传播的观点完全是立足于三个错误设定之上：(1) 日本遭遇的是一场被拖延的信贷紧缩；(2) 除非是受到了政府压力，否则银行将会拖延不良贷款的处置；(3) 担负着沉重不良债权的银行无法继续放贷。

首先让我们来探讨一下第一个设定。如同已在第一和第二章中提及，并在图 2-3 中所展示的一样，根据 10000 家企业借贷方的反馈信息，日本的信贷紧缩仅仅只从 1997 年 10 月持续到了 1999 年 3 月。其他时候，日本银行业都对放贷持积极态度。但是同张图表却又显示日本企业并没有因此便去向银行申请贷款。之所以会出现情况，是因为日本企业当时都正忙于缩小自身债务以修复受损的资产负债表。换而言之，除了上面提到的 18 个月，其他时候，借贷方不愿借贷是一个远远要比银行惜贷更加严重的问题。这并不是说日本银行的困境就不严重，但是银行自身的问题与经济增长下滑没有必然关系，加快银行业资产负债表的修复步伐并无助于日本经济衰退周期的缩短，因为首先需要修复的应该是企业方的资产负债表。

至于第二个设定。亚当·波森[3]（Adam Posen，美国经济学家，曾任职于美联储——译者注）和不少相关人士都认为日本的银行业一直都在拖延不良债权的剥离处置，直到在锐意改革的竹中先生的强压之下，他们才从 2002 年 9 月开始出现了转变。然而事实却是，从 1992~2007 年期间，日本的银行业总共处置掉了 100 万亿日元的不良债权，而竹中先生当政期间仅仅只处置了 11.7 万亿日元的不良债权。也就是如图 8-9 展示的，在他上任之前剥离的不良债权占到了不良债权总数的 83%（83.4 万亿日元）。从 1995~1999 年，日本的银行业平均每年剥离 12 万亿不良债权，而在竹中当政期间，平均每年只剥离了 5.85 万亿日元的不良债权。按照 GDP 比例换算的话，日本的 12 万亿日元相当于美国的 3500 亿美元，不管从任何层面来看，这都是一个不容小觑的数字。问题的核心就在于，虽然日本银

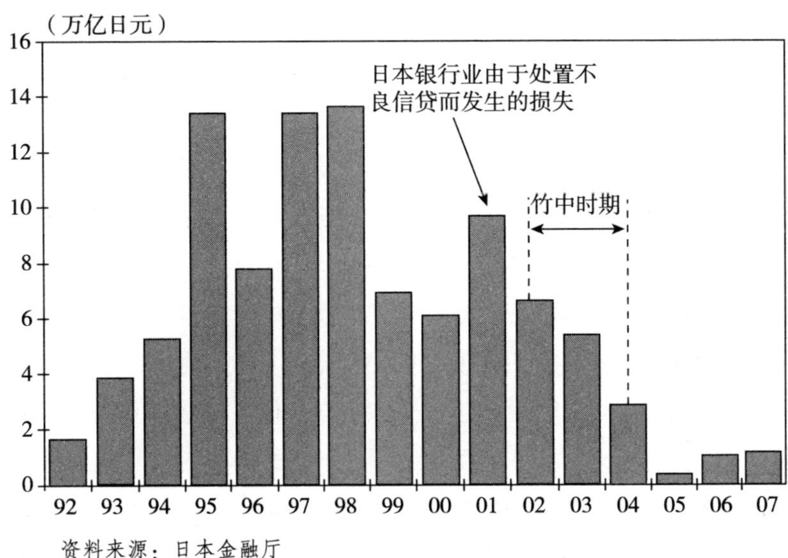

资料来源：日本金融厅

图 8-9 在 2009 年之前处理完毕的日本庞大不良贷款

行业其实一直都在想方设法地努力处置自身的不良债权，可是在华盛顿和其他地方居然有如此多的人却依然相信日本在拖延不良债权剥离的说法，这无疑可以视作是西方财经传媒的失败。

再来看看第三个设定。即便在拥有巨额不良资产的状况下银行依然愿意发放贷款的事实显示了大规模不良债权不足以妨碍银行继续放贷。由于日本政府要求银行业将得到的政府注资用于信贷发放而非坏账处置，因此即便是在1997年和1998年间的银行业危机爆发之后，日本银行业依然能够继续保证信贷发放。作为替代，日本政府指示银行业将获得的当期收益用作不良债权处理。

美国也曾经一样，在1982年爆发的拉美债务危机期间，美国银行业在身负庞大不良债权的情况下依然成功地维持住了信贷功能。在那场危机当中，美国不得不如履薄冰，小心翼翼，因为当时美国绝大多数的金融中心银行在技术上都已经破产，而关闭整个银行系统又是绝对不可能的选项。由于如此多的跨国银行都深陷其中，美联储必须极其谨慎地处理好那场危机以确保银行业的有效运作，并阻止整体经济的崩溃。

正如我在本书前面部分，以及我之前出版的著作《资产负债表衰退：日本与未知经济困局的苦斗及其对于世界的启示》[4]一书中都有所提及的，沃克尔先生以老辣的手腕驾驭住了整个局面。尽管整个过程前后持续了将近12年，但是在此期间既没有出现信贷紧缩，也没有给纳税人造成任何负担——这与后来为了收拾只有拉美债务危机十分之一规模的储贷危机的残局，却最终耗费了纳税人1600亿美元资金的做法形成了鲜明对比。令人感到有趣的是，由于美联储在处置拉美债务危机时的应对方式如此洗练流畅，以至于竟然没有多少人对此有所察觉。尽管大家都知道危机的爆发，但是因为没有出现需要动用纳税人资金救市的状况，因此监管机构在控制局面时的巧妙应对自然也就没有引发公众的关注。此外，在整个事件没有曝光之前，任何相关人员都不被允许公开发表相关言论——尤其是纽约联邦储备银行和在技术上已经破产的金融中心银行的人员更是如此。当最终尘埃落定，残局被收拾干净，一切都回归平静后，就更没人会对此会产生多余的兴趣。于是这也就导致了当年那场波折中的宝贵经验没能出现在当前关于如何应对银行业危机的讨论之中。

现在我们都已经看到了，(1) 日本旷日持久的经济衰退与银行业的困境关联有限；(2) 即便在银行系统身负大规模不良债务的情况下，依然有可能使其继续保持信贷能力。这也就意味着那些督促华盛顿尽快修复银行系统资产负债表的预设观点其实都站不住脚。事实上，不管是美国还是任何其他地区的银行监管机构都完全可以把节奏放缓下来。

例如，金融监管机构可以制定这样一个方案：以 10 年为周期，一方面由政府向银行体系注入资本以维系银行的信贷机能。一方面要求那些得到政府注资的银行利用当期收益冲抵自身不良债务。只要这个为期 10 年的不良债务摊销方案能够受到银行主管机构的严密监管并严格执行（也是这类方案能够确保有效实施的关键之所在），对于银行业的信心就终将恢复。同时由于维系银行信贷所需资本规模只占冲销坏账所需资本的很小一部分，因此这种应对模式还能够极大幅度地减轻资本市场和纳税人的负担。每当国会对拯救银行业提供额外资金的请求持极端抵触情绪时，这个方案对于政策制定者而言往往都是唯一可行的选择。

就如在第七章中所指出的，在一场系统性银行危机当中，救助单个银行与终结信贷紧缩往往属于两个截然相反的政策目标。单个银行实施“缩减放贷，精简规模”的做法一般都会使得银行剥离资产，拒绝债务展期。尽管这种选择对于单个银行而言是天经地义，但是当所有银行都如法炮制时，便足以导致资产价格崩盘和信贷紧缩爆发。反过来，这又不仅会加剧经济危机，同时还将反噬银行业自身。为了避免这种合成谬误危机，那些无法拥有无限公共资金的政策制定者就必须优先阻止信贷紧缩的滋生蔓延，然后在经济形势趋于稳定之后再着手治理单个银行。

当然，当前的问题与拉美债务危机，或者日本的大衰退都有所不同。日本和拉美债务危机时美国银行业的绝大多数不良资产都是贷款，而眼下银行的主要问题是不良证券，而证券的盯市属性限制了不管是政府还是银行的价格调控空间。

然而虽然在技术细节上存在着各种差异，但是在经济本质上，上述危机都并无区别。不管是在哪一场危机当中，银行业都身负不良资产，并损失了大量资本。现在银行业拥有的不良证券由于市场价格的崩溃而无法盯市，所以事实上都成为了非流动性资产，因此我们所看到的上述差异其实更多地仅限于表面形式而已。也就是说，沃尔夫先生处置拉美债务危机或者日本应对银行危机的经验都足以作为今天解决危机的借鉴和参照。

在 1992~2007 年，日本银行业注销了 100 万亿日元的坏账，其中大约 15 万亿日元由日本的纳税人承担，余下的则由银行自身的未实现收益和当前收益冲抵。之所以日本银行业能够依然保证收益，主要在于它们当时采用了稳健的会计原则使得资产价格从来都是受到低估而非高估。如此一来，日本银行业便能够依靠多年之前以成本价购入的资产获取大量的未实现资本收益。

美国实施这个方案的过程则将多费一些周折。这是因为资产一般都实施的是盯市原则，所以美国的银行早已将收益变现并用于支付奖金和分红，没有留下能够冲销坏账的未实现收益。换而言之，美国银行业要比日本银行业收取了高得多的利差，从而为前者提供了可观的现金流。但是只要有稳健的现金流和足够的时间，美国的银行业终将能够恢复健康的财务状况。

考虑到当前危机的严重程度，以及房价下跌给未来造成的潜在风险，草率决定应对之道的做法有可能只会适得其反。虽然现在必须立即采取行动，遏制信贷紧缩，但是在当前这种大环境下，过早督促银行消除不良资产的做法有可能会得不偿失。

即便是在理想情况下，这些问题都不可能会很快得到解决。我不清楚沃克尔先生的理念对于当前的危机处理所能够起到多大的影响力。但是我们需要保尔·沃克尔要么再次出山掌舵，要么至少能够作为一名过来人向那些缺乏全球性银行业危机处置经验的晚辈官员们提供指导。

十、亚洲需要新的增长模式

最后，有必要围绕着亚洲应当如何在当前这场危机中发挥作用及其可行方案说上几句。就如在本书第六章中所指出的，现在业已明朗的一点就是，美国再也无法带动全球的发展。与此同时，整个世界即不缺乏对于美国金融资本主义显现颓势的快意，也到处充斥着对于华尔街终于罪有应得的幸灾乐祸。

然而我们应该进行更深层的思考，认识到美国是一个低储蓄率国家。由于美国民众需要将资金用于有形商品和服务的消费，因此这样的经济体无法完全依靠一己之力来支撑一个规模宏大的金融资产体系。美国之所以能够成为全球金融资本的大本营，仅仅是因为其他国家（也即日本和中国）把钱借给了美国。那些支撑了美国大规模贸易赤字的流入资金是使得美国得以引领全球金融资本的必要条件（尽管不能算是充分条件）。

显而易见，与借给资质欠佳借贷人或者投资有毒证券相比，这些资金还有更加有效的运用方式。亚洲债权人不应该因为华尔街挥霍了他们的资金而遭受指责，但是我们需要认识到，正如一些观点所建议的，为了铲除当前这场危机的祸根，就必须消除全球贸易失衡，尤其是美国的贸易赤字。

亚洲与以美国为核心的金融资本主义其实是一体两面的关系。亚洲的经济发展模式非常简单，这种模式形成于 20 世纪 50 年代的日本，也即保持本地货币的出口竞争力，制造优质产品并出口到美国，由此获利。日本为了实现这个目标甚至将外交和国防等棘手问题的主导权拱手交给美国，转而将本国最优秀和最优质的资源与人才都用于生产高品质的汽车和照相机。这种发展战略最终证明行之有效，很快就助推日本经济实现了腾飞。而中国台湾和韩国也尾随日本之后，很快就融入进了相同的发展潮流。接下来是泰国、马来西亚和印度尼西亚这些国家。最后，中国也加入了进来。然而，正如图 6-3 所展示的，这些国家的成功却最终导致了美国的巨额贸易赤字，并使得资本大规模地从亚洲地区流入美国，为美国的贸易赤字提供融资，从而铸就了金融资本主义的成长与繁荣。

如果我们要想铲除金融资本主义的根基，美国就必须实现贸易账户的平衡，或者至少要实质性地减少贸易赤字。这将迫使亚洲放弃现在的经济发展模式，对于严重依赖美国市场的经济体而言，这将会是一个极其痛苦的过程。但是残酷的事实是，美国再也无法像曾经的那样担负起整个世界经济发展的重担了。

我不确定同时着手处置长期全球贸易失衡和应对当前金融危机这两项挑战的做法是否明智。历史最终或许会证明，作为难度极大的挑战，想要同时达到以上这两个目标并非上策。然而贸易保护主义情绪业已在世界各地开始蔓延。毋庸置疑，当美国纳税人需要为超过 7000 亿美元的经济刺激方案埋单时，美国人更希望是美国企业和工人而非日本和中国的出口商从中获益。基于相同理由，欧洲和中国的纳税人毫无疑问也会产生同样的念头。尽管在任何时候都应该反对贸易保护主义，然而几乎可以确定的是，这股风潮将会在接下来的年头里愈演愈烈。

十一、亚洲面临的当前挑战

就短期而言，亚洲各国绝对不能给美国借口以指责亚洲国家在借助美国实施经济刺激之机揩油。这将助长美国的贸易保护主义风潮并最终两败俱伤。为此，亚洲国家至少也要同步推行足够规模的财政刺激政策以消除美国的指责。

对这一点认识最深刻的国家当属中国，并已经于 2008 年 11 月，在 G20 峰会召开数天之前公布了四万亿人民币的救市方案，以此来回应美国的批评。中国救市方案的规模相当于中国 GDP 的 17%，远远大于奥巴马经济刺激计划规模占美国 GDP 的比率。中国的四万亿救市方案将能够在一段时期内有效改变其所遭受到的抨击。

日本的麻生太郎首相对于资产负债表衰退的理解要比任何其他国家的领袖都更加深刻。然而令人感到讽刺的是，民主制度的政治僵局却使得他无法实施大规模的财政刺激方案。考虑到日本和世界经济正所面临着的严峻局面，希望日本的政治家们能够尽快挺身而出，勇于面对目前的挑战。

然而即便在以上这些努力都能够切实付诸实现，美国依然会要求亚洲国家对于自身货币进行汇率调整。这是因为若要有效且持久地缩小美国贸易赤字，都必然会牵涉到汇率问题。假如这一天来临，亚洲各国就应当实施协调一致的共同汇率调整政策。传统上，亚洲各国的货币都是以各自为政的形式，单一地实现对美元的增值。这就使得那些本国货币对美元汇率出现增值国家的出口商深受其害。究其根源是因为这些国家制造的产品在国际市场上很容易被周边国家所取代，从而使得汇率增值国出口商的利润在美国消费者不需要面对商品涨价的情况下就出现显著缩减，而这对于美国贸易赤字的改善也起不到任何有益作用。

如果亚洲国家能够实施协调一致的汇率政策，那么不仅亚洲各国之间的贸易不会受到任何影响，同时汇率相对小幅度的上调甚至有助于缓解美国过度炽热的进口需求。假如亚洲各国之间能够精诚合作，那么在当前状态下需要达到 30% 才能产生效果的汇率调整或许只需 15% 便已足矣。当所有来自亚洲的进口商品都要涨价 15% 时，美国消费者就将承受更高的物价。

或许有人会质疑，那么在实际操作中，像日本、韩国和中国台湾这些实行自由浮动汇率的国家和地区又该如何实现上述目标呢？事实上，他们需要做的仅仅只是公开承诺当汇率在 15% 的调整区间内时不进行任何干涉。如果美国真心谋求减少自身的贸易赤字，那么这个共同政策将能够满足亚洲和美国的各自利益。

十二、亚洲面临的长期挑战

就长期而言，中国和日本都必须通过刺激内需来结束对于美国的依赖。我可以在此指出日本的两个潜在增长动力。其一就是增加工薪阶层的法定假期。作为一个发达国家，长假在日本却是罕见之物。一个标准的日本雇员平均一年有九天的带薪假期，实际使用的仅仅只有五天。由于可用休闲假期太短，以至于购买游艇或者度假屋完全是无用之举。这是日本内需不振的一个主要肇因。

对于发动国家的民众而言，由于一般生活用品的需求基本上都已得到了满足，因此刺激内需的唯一有效途径就是扩大奢侈品的消费。然而对于消费者而言，要想刺激他们对于这些“非必需”商品的消费欲望，首先就得让他们能够有时间去好好享受这些商品。而日本社会长期以来只注重经济发展和工作至上的社会氛围使得大众对于这类消费都采取了刻意忽视的态度。过度依赖出口的经济发展模式如今已经走进了死胡同，仅仅只须增加假期，让社会大众能有更多时间享受劳动果实，便足以有效提振日本的内需。

法国在夏季设立长假就并非是无意之举。这种无须任何技术创新的政策对于一个发达经济社会助益匪浅。这种做法在帮助一个国家降低经济对外依存度的同时，又能够让社会大众有效享用自身财富。然而不幸的是，日本至今对于这个经济增长点依然熟视无睹。

另外一个重要的潜在增长点就是住房。与其他高收入国家相比，日本的住房标准非常低。这倒不是因为日本没有土地——日本的面积足以放下上百个香港和上千个新加坡。问题的关键在于日本的土地没有得到有效利用。

多年以前，这个问题就作为美日经济结构协商（U. S. -Japan Structural Impediments Initiative）议题的一部分进行过讨论。这一系列讨论是由当时的老布什政府为了消除日本的贸易壁垒，促使日本增加消费，形成以内需为导向的经济增长而率先提起。美日经济结构协商本来从一开始就抱有极大的可能性帮助广大日本民众认识到，日本其实拥有充足的土地资源，问题的关键只是在于这些土地没有得到有效利用。可是最终美国的注意力被第一次海湾战争所分散，这场对话也就无疾而终。但是日本国内的巨大需求空间依然存在，并能够起到推动日本经济继续增长的作用。

另一个与几乎所有其他国家迥然不同的问题是，由于房产增值在过去的 15 年基本上损失殆尽，因此在日本，房产不再被视作是耐用消费品。这就导致以低标准修建的日本住房在 30 年后就必须拆除重建。事实上，日本社会建筑年份不足 15 年的所有住房每年都要贬值 1/15，贬值总额加起来相当于一年的新建住房费用——大约 20 万亿到 30 万亿日元。也就是说，日本每年都有相当于全国 GDP 6% 的财富直接就烟消云散，从而导致当其他国家的民众都在通过房产增值积累财富的时候，日本的住房拥有者却愈加贫穷。这种状况也导致日本人不得不抑制消费，增加储蓄以便能够在 30 年后重筑自己的住房。

图 8-10 展示了过去数十年间日本社会用于修建住房的资金规模，这些住房现在的价值，以及如果这些住房以美国的建筑和市场标准换算的增值幅度。这张图表显示出在过去数十年间，日本丧失了大约 446 万亿日元的社会财富。如果这些住房能够像美国或者任何其他地方一样质量优良、坚固持久、市场价格持续升值的话，日本民众拥有的财富要比现在多出 650 万亿日元，这又将转化为更多的商品和服务消费需求，其中也包括更多的进口需求。

日本大众从来没有意识到这种不利状况所带来的恶果，因为他们既缺乏与其他国家民众做横向比较的能力，同时之前日本经济发展给日本民众带来的收入增长足以抵消住房贬值所造成的财富损耗。然而当日本的经济增长由于老龄化和人口减少的影响开始放缓时，如果日本任由每年 20 万亿日元的社会财富继续经由房产损耗的话，则日本人的生活质量终将恶化。为了扭转这种局面，就必须采取根

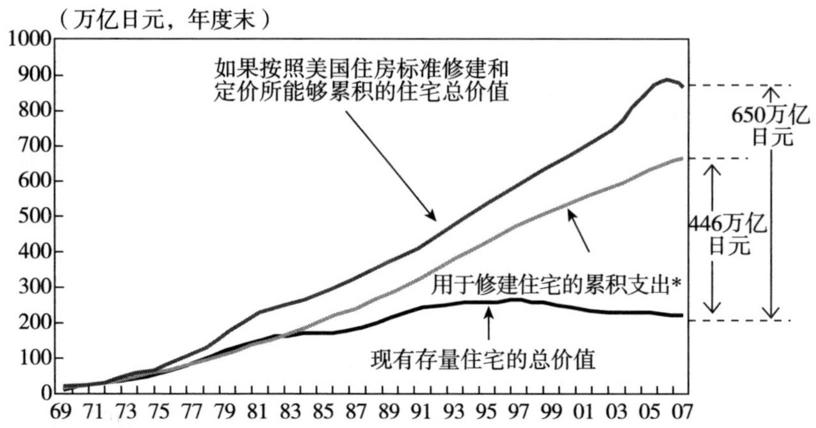

*累积住宅建筑支出是由1969年末的日本存量房价值加上其后历年GDP数据中的住宅投资额算出。

资料来源：野村综合研究所，根据日本内阁府国民账户数据和美联储资金流向数据综合算出。

图8-10　如果采用美国的住房建筑和定价标准日本将会比现在多出650万亿日元的社会财富

本性的应对措施。也就是说，日本人对于房产的观念需要进行彻底转变。而观念的转换最终能够让日本民众通过房产增值过上更加舒适的生活。

中国则需要构建一个社会保障体系以消除民众对于未来的不安全感。如同在第七章中所指出的，在过去的计划经济年代，中国政府承诺为民众的未来提供保障，从而彻底释放了人们的消费意愿，然而当时中国民众的实际消费选择却极其有限。而现在的中国消费者所面对的则是几乎无限的商品和服务选项，但是由于社会保障体系的瓦解，结果迫使中国人反而都成了执着的守财奴。然而构筑有效的社会保障体系对于发达国家尚属不易，对于一个拥有13亿人口的发展中国家而言就更是一项艰巨异常的挑战。同时中国还需要在基础设施建设上进行更多的投资，当然这项工作现在已经展开了帷幕。总之，这两个目标即便不是数十载时间，也至少需要历经多年才能最终实现。

十三、结　语

对于奥巴马总统和世界其他国家的领袖而言，至关重要的一点就是要认识和理解日本的经验，并充分将之运用于一场阻止全球性大萧条的战斗之中。美国现在每个月都要失去 50 多万个就业岗位，政策制定者们对于资产负债表衰退原理机制的认识过程越长，最终的代价也就会越高。此外，如果任由全球经济衰退持续下去，一些民主体制国家就有可能崩溃。反之某些政治体制不合理，但经济政策正确的国家则有可能趁机扩大其影响力，这就正如 20 世纪 30 年发生过的那样。

尤其需要提到的是，英国《金融时报》的马丁 · 沃尔夫先生在 2009 年 1 月 17 日的一篇文章中给出了同样的结论。他指出，日本的相关政策经验堪称“巨大成就”，美国、英国，以及其他负债累累的西方社会现在面临的挑战就是“这些国家是否能够取得如同日本那样的成功”。作为一个长年累月的日本批评家，保罗 · 克鲁格曼先生最终也于 2 月 18 日在他的《纽约时报》专栏中写道“对于日本在‘失去十年’间的资产负债表分析事实上为全世界走出当前困境提供了最佳的路线图之一”。借助日本大衰退，始于 20 世纪 30 年代大萧条时代的宏观经济学研究终于走到了针对经济“阴”“阳”状态展开全面探究的阶段。

就短期而言，政策制定者们应当小心翼翼地不去干扰“雷曼危机”之后，同时也是资产负债表衰退开始后的复苏进程。美国和欧洲自 2007 年房地产泡沫破灭以来就陷入了资产负债表衰退的泥沼，当这些国家的私营部门开始着手修复受损资产负债表时，也进而致使这些国家的经济逐渐萧条。然后到了 2008 年 9 月，由于雷曼兄弟公司的垮台而诱发整个金融体系随之崩溃，并最终导致整体经济一落千丈。而后者属于是可以通过货币政策机构扩大流动性和注资的方式加以矫正的金融危机。美国和欧洲推出的救市政策可能是从 2009 年春开始使得经济出现了复苏迹象，然而根据资产负债表衰退的基本原理，这种复苏最终会触壁，这是因为在雷曼危机爆发之前就存在的资产负债表问题并没有因此得到有效解决。就在我整理这些新资料时①，私营部门依旧还在忙于去杠杆化，美国、英国，还有众多欧元区国家的房价仍然还在下滑。如果政策制定者们误以为自雷曼危机以来的复苏属于是货真价实的经济复苏，并因此在私营部门尚在去杠杆化的当口取消财政刺激，他们就将犯下与日本和美国在 1997 年和 1937 年犯下的同样错误。除非私营部门的去杠杆化进程能够很快完成，否则欧元区、英国和美国于 2010 年过早开始的财政收缩政策将完全无助于经济的复苏。

从长期来看，政府必须学会严控资产价格泡沫，从而在事态尚未失控之前，将本国经济与金融资本主义的湍流隔绝开来。正如本书第六章所指出的，在缺少有效投资机会时，需要政府采取更加积极的行动去吸收和使用私人存款。总而言之，处理泡沫破灭之后的烂摊子所需花费的纳税人资金要远远超过泡沫本身所带来的收益。同时还需要尽量缩小国家之间的贸易失衡。对于亚洲以及其他地区的贸易出超国而言，这就意味着在过去 50 年一直行之有效的“通过

① 本段落和图 8-11 增补于 2011 年 6 月。

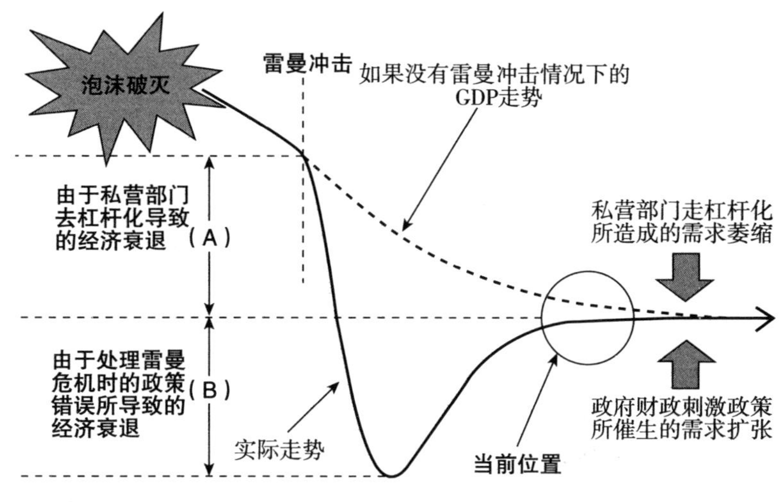

资料来源：野村综合研究所

图 8-11 雷曼危机后的复苏并非资产负债表衰退的复苏

向美国出口商品以发家致富”增长模式的终结。取而代之的是，这些国家需要找到新的经济发展模式，将重点聚焦在如何惠及本国民众而非本国产品的外国购买者，并以此来刺激内需。

尽管任务艰巨，但是世界经济迫切地需要找到新的方向。而现在正是重新启动的最佳时刻。

注 释

1. 这里使用美国联邦住房企业监督办公室的数据的原因是因为芝加哥商业交易所使用的标普房价指数历史数据不够充足

2. 保罗·克鲁格曼 2009,《失去二十年的末世论》，2 月 18 日发表于纽约时报博客，http://Krugman. blogs. nytimes. com/2009/02/

18/the-eschatology-of-lost-decades/

3. 亚当·波森，《奥巴马是否有备份方案?》，2009 年 4 月 24 日发表于《每日野兽》新闻网站，http://www.thedailybeast.com/blogsand-stories/2009-03-29/does-obama-have-a-plan-b/full/

4. 辜朝明，2003，《资产负债表衰退：日本在经济迷局中的挣扎及其全球影响》，约翰·威利父子出版公司（亚洲），第 126 页

附录

关于瓦尔拉斯与宏观经济学的一些思考

一、新古典经济学派轻视了货币存在的理由

为何某些经济学家会主张动用诸如“直升机货币”这样的非正统货币政策？我认为一部分原因在于新古典经济学派对于货币的认知不足，这个学派从来没有能够完全领会货币存在于社会的原因。当瓦尔拉斯（Leon Walras，法国经济学家——译者注）最初完成新古典经济学派体系时，就没有把货币包括进去。事实上，对于这种轻视货币倾向的担忧早已存在，肯尼思·阿罗（美国经济学家，1972 年诺贝尔经济学奖得主——译者注）在 1967 年就已经指出了这个问题的症结。

阿罗曾经提到，新古典经济学派存在着三大“耻辱”：无法将宏观和微观经济学统合到一起；没有将不完全竞争融入体系；没有将交易成本——这个货币理论和资产持有理论的基本前提融入体系。在过去 40 年间，关于这三个问题的著述已经是连篇累牍。本书在前面的章节中也触及了宏观经济学的微观基础。但是我认为在这些探讨中仍然遗漏了一个关键主题。本附录的目的就是为了说明，这三个缺陷都来自于对“劳动分工”意义的重视不足，正是劳动分工才使人类的生产力取得了空前进步。这三大耻辱不仅彼此之间紧密相关，而且也使现代经济学诸多重要领域的正当性受到了动摇。

作为交易媒介的货币

众所周知，新古典经济学派（瓦尔拉斯学派）是认为所有商品都可以作为完美货币（Perfect Money）的物物交换经济学。[1]与此同时，在现实世界中，货币能够减少经济内部摩擦的功能也广为人知。

然而，到目前为止，将能够减少摩擦的货币融入新古典经济学派框架之内的尝试却缺乏足够的说服力，很难说取得了成功。尤其是作为货币使用原因之一的“交易成本”，或者称为“会计成本”的属性并没有得到充分的澄清。本附录就是要阐明交易成本的属性，探讨为何在新古典经济学的基本框架内融入货币使用存在着理论上的困境。

货币具有交换媒介、价值储藏和计算单位等三大功能。前人已经注意到，作为计算单位，货币在一个存在 n 种商品的经济中，将价格种类从 n（n−1）/2 减少为 n−1。举例来说，有一个存在五种商品的经济，那么在商品 A 到 E 之间就可能存在 10 类价格：AB、AC、AD、AE、BC、BD、BE、CD、CE 和 DE。但是只要人们一致同意使用 A 作为计算单位，那么就只剩下四类价格：AB、AC、AD 和 AE。因为四类价格显然要比 10 种更容易记住，所以货币的使用使人们的生活变得更加轻松，关于这一点在所有经济学教科书中都是如此讲述的。

但是即便如此，人们依然需要记住 n−1 类价格。在一个存在着数以百万计不同商品和半成品的高度发达经济中，要记住 n−1 类价格无异于一项极端繁重的负担。这一点也正是货币在计算单位之外，作为交易媒介功能的根本原因。货币作为交易媒介的功能，使人们在经济生活中只要记住 n−1 类价格中的一小部分就足以进行正常运作。

所有商品都有两种价格

为了更好地理解货币作为交易媒介的功能，就有必要对物物交换成本的属性进行分析。在所有商品都具有成为货币的潜在性这个前提之下，我们就可以认定所有商品必然有两种价格。第一种，我

们可将其称为 V_r（r 表示零售），这就是我们熟悉的市场价，或者零售价。而另一种价格，我们可将其称为 V_{ex}（ex 表示交易），这就是当商品作为交易媒介时的价值。下面的例子将具体阐明 V_{ex} 是怎样决定的。

假设某人 A，因为凑巧没有了现金，所以就打算用一台伊卡莱克斯（Icarex）[2]换取某人 B 的一套旧家具。假如 B 恰好也正想要一台伊卡莱克斯，那么这项交易就不会存在任何问题，因为这种情形刚好符合经济学家所谓的“双重需求耦合（Double Coincidence of Wants）”。

然而，在 B 并不需要这台伊卡莱克斯的情况下，假如 B 相信她能够将这台伊卡莱克斯转手卖给正在求购它的人 C，并且获得高于她那套旧家具的价钱，那么这项交易依然可以顺利完成。也就是说，假如 B 确信为了这台伊卡莱克斯所支付（一套旧家具）的价格适当，那么这项易货交易在不存在双重需求耦合的情况下照样可以完成。

在这个例子中，B 要么自己需要那台伊卡莱克斯，要么虽然自己不需要，但是知道 C 想要这台伊卡莱克斯。总之，在这两项易货交易中，B 对于伊卡莱克斯 V_r 的了解起到了关键作用。

但是假如 B 对于伊卡莱克斯的价值一无所知，这时就会产生问题。在这种情况下，作为这件稀有商品贩卖人的 A，就只能要么接受一个非常低的 V_{ex}，要么试图向信息不足的 B 进行说明，让她能够认识到这台伊卡莱克斯的 V_r。这个教育过程存在一定的成本，因为它将耗费买卖双方的时间。因此买家会预期在试图转卖这台伊卡莱克斯时也将遇到同样的困难，所以这台伊卡莱克斯的 V_{ex} 不会那么容易上升。因此，我们就可以得出结论：一种商品的 V_r 只是对这种商品的信息充分了解的厂家、买家和卖家之间的适当价格，而 V_{ex} 则由一般公众对这件商品的认知程度所决定。

货币存在的理由

在一个存在着数以百万计不同种类商品的现代经济中，众多商品的 V_r 和 V_{ex} 之间存在巨大的差距，如果只能以它们的 V_{ex} 销售，那么因此造成的损失将是一个天文数字，这就是为何必须将货币作为交易媒介引入的根本原因。使用交易媒介其实就是用一种价值广为人知的商品取代另一种并非广为人知的商品。通过引入一种具有 $V_r=V_{ex}$ 特性的第三方商品，所有稀有商品（例如伊卡莱克斯）的拥有者都能够避免由于易货交易而发生的损失（V_r-V_{ex}）。[3]

更准确地说，在现实世界中，绝大多数商品的 V_r 和 V_{ex} 之间都存在很大差距，因此卖家首先要找到愿意为自己的商品支付 V_r 的懂行买家，并且这个买家持有满足 $V_r=V_{ex}$ 条件的货币，最终通过货币完成交易。这一点在所有关于交易媒介的教科书中都有详尽论述。

但是交易媒介最重要的作用却与此相反：它使得人们在经济生活中只需要了解 n-1 类价格的一小部分就足以进行运作。在一种具有 $V_r=V_{ex}$ 特性的商品被引入之后，不管是物物交换的频率，还是在物物交换中出现像伊卡莱克斯这类稀有商品的概率都会大幅降低。那些对伊卡莱克斯不感兴趣的人因此也就不再需要知道什么是伊卡莱克斯，价值多少。交易媒介将人们从必须随时牢记 n-1 类价格的桎梏中解放了出来，使他们只需要了解自己感兴趣的商品的价格。事实上，人们在任何时候对于商品价格的了解都局限于诸如他们的专业领域、房租、工资、交通费和喜好的午餐等等。

此外，这种负担的减轻又使人们可以将原本需要用来了解 n-1 类商品价格的资源用于更具有生产效率的活动。这里所谓的“资源”是指人的时间和脑细胞，而“更具有生产效率的活动”则是指显著提升了人类生产力的专业化和劳动分工。

专业化和货币

人类在很久以前就已经知道专业化和劳动分工能够显著提高个人的生产效率。但是一旦他们开始从自给自足的生存模式向专业化和劳动分工进行转换，那么就不可避免地造成不同商品之间交易的大规模增加。也就是说，专业化和劳动分工通过降低自给自足程度，迫使人们在更大的范围内进行更多的商品交易，从而催生了对于交易媒介的需求。

这就意味着在一个存在货币的经济中，一定存在一支实行劳动分工的专业化劳动队伍，并且这个经济中的所有公众在任何时候都只需要知道 n−1 类商品价格中极其微小的一部分。

作为交易媒介的条件

在我们开始探讨包含货币的经济生活的两个特征及其理论意义之前，有必要先回顾一下新古典经济学派在不包含货币前提下的机制。当每一个商品都具有“完美货币”功能时，每一个商品就必须首先满足 $V_r = V_{ex}$ 这个条件。但是为了满足这个条件，在这个经济中的每一个人又必须在任何时候都了解每一个商品的保证市场供求平衡的价格（Market Clearing Price）。因此，对于消费者来说，仅仅知道他们感兴趣的少数商品的价格是远远不够的。为了使所有商品都能够具有完美货币功能，每一个人都必须时刻记住 n−1 类商品的 V_r。

当然，这并没有什么新奇，在一个新古典经济学的世界中，已经设定瓦尔拉斯所谓的某个拍卖人每时每刻都会将所有商品的市场供求平衡价格告知所有的经济活动参与者。同时，经济活动参与者也不断向拍卖人反馈他们对于被告知的，与最新价格一致的商品和服务的需求状况。此外，这个拍卖人也将使每一个市场参与者确信，其他所有经济活动参与者也会随时了解所有商品的市场供求平衡价格。

当这些条件都满足之后，任何商品的 V_r 和 V_{ex} 之间的差异都将在一切交易中彻底消除。在得到拍卖人的通知后，交易双方将会立即了解伊卡莱克斯的 V_r。由于这台伊卡莱克斯的接收方在不久的将来再次转卖它时，已经能够确保下一个买家完全了解这台伊卡莱克斯的价值，所以她就没有任何理由拒绝接受这台伊卡莱克斯作为那套旧家具的交易代价。因此，作为零成本的瓦尔拉斯信息系统的逻辑性结果，新古典经济学派认为每一种商品都具有货币功能，然而瓦尔拉斯信息系统却排除了交易者之间对于价值评估产生分歧的可能性。

在一个可以自由获得完全信息（Perfect Information）的新古典经济学框架中，显然并不需要在效用函数或者其他任何地方引入货币作为交易媒介。在这个框架里面，货币只有在作为没有实体的计算单位时才有出现的必要，比如，瓦尔拉斯就没有在他的分析中引入过货币，而仅将其作为计算单位使用。

毋庸置疑，所有商品的 $V_r=V_{ex}$ 这个假设过于极端。只有在一个非常原始的社会，交易商品为数极少的情况下，我们才能够指望所有的交易者对于所有商品的当前价格都了如指掌。在一个拥有数以百万计半成品和专门化商品的高度发达经济里面，要想使所有商品的 $V_r=V_{ex}$，因此所耗费的成本将是一个难以计量的天文数字。为了实现这个目的，就需要每一个经济参与者分分秒秒都将自己所有对于商品的需求和供给（数以百万计）通知拍卖人。然而不管是个人，还是作为一个整体的社会，其拥有的时间和脑细胞终归有限，所以任何迫使每个人在任何时刻都了解所有价格的企图最终只会导致经济活动本身停止运转。

反过来看，在一个存在货币和劳动高度分工的经济中，人们只知道一小部分商品的价格，并且没有新古典经济学所谓的“完全信息”。在这样一个经济中，使 $V_r - V_{ex}$ 最小化的商品，其效用毫无疑问明显得到了增加。换句话说，人们之所以持有货币是因为它维系了这些人所拥有的其他商品和服务的 V_r，假如这些人手中缺少货币，不得不以易货交易的方式来出卖他们的物品和时间，在这个过程中就不可避免会产生 $V_r - V_{ex}$ 的损失。所以，对于一个希望保持其专业化身份，而非彻底自给自足生活方式的人来说，在他的效用函数中引入货币显然是理所应当的。

在一个非完全信息（Imperfect Information）的世界中，在货币的边际效用（也就是对于避免 $V_r - V_{ex}$ 损失的期望）等同于持有货币的边际成本（由于没有利用所持货币购买商品而发生的损失）之前，人们都会选择继续持有货币。

通货膨胀、通货紧缩和货币政策

货币持有的边际效用取决于货币的 $V_r = V_{ex}$ 特性对于其他商品的吸引力（效用）程度。比如，在一个没有人知道美元和日元的偏远地区，伊卡莱克斯的 $V_r - V_{ex}$ 损失或许要比美元纸钞更小，所以在这个地区，相对于美元，人们更愿意接受伊卡莱克斯或者其他类似物品。

此外，当出现通货膨胀或者通货紧缩，价格无法保持稳定时，货币的 $V_r = V_{ex}$ 特性就不再是理所当然的事情。例如在通货膨胀发生时，人们会倾向于持有尽量少的货币，尽量多的其他商品，在通货紧缩发生时，这种倾向又会倒转过来。在这两种现象发生时，人们被迫进行相应的调整，这减少了他们致力于自己的专业领域的时间。由于是劳动分工和专业化推动了人类生产力的进步，所以通货膨胀和通货紧缩将人们的注意力从他们各自的专业领域中转移开来，从而降低了整体经济的生产效率，最终导致了经济萎靡。举例来说，通货膨胀迫使一个本来专注于研发工作的工程师不得不开始琢磨通过购买房产或者其他资产来自我保护，这样，他本来用在工作上的精力（和脑细胞）只能相应减少。这就是为什么价格稳定是最迫切的需求。

更精确地说就是，时间和脑细胞都属于有限商品，被用于专业化和劳动分工的时间与脑细胞的数量，与必须了解跟踪专业领域以外商品价格的时间和脑细胞数量之间存在着此消彼长的矛盾，这一点不管对个人还是对社会都是一样的。

从这个角度来看，最好的货币政策就是使人们对于他们专业领域之外的价格了解最少的政策。对于这个目标的任何背离都将降低人们的专业化程度，从而降低他们的生产效率。

货币的使用与信息不完全密不可分

需要指出的是，交易媒介的使用只能缓解，而非彻底解决信息不完全的问题。正如使用货币而非伊卡莱克斯来购买家具的交易并不能促进家具卖家对于伊卡莱克斯的了解，而家具买家使用货币代替伊卡莱克斯的原因正是因为他不能期待家具卖家了解伊卡莱克斯的市场最新 V_r。

更重要的是，对于那些专注于自身专业领域，只了解远少于 n−1 类价格的人们来说，他们也许因此错过了众多与他们自身利益攸关的其他市场的动向。也就是说，这些人是在一个不完全信息世界的局部均衡中行动，当用于最初局部均衡分析的有限信息出现错误或者失效时，就有可能造成诸如失业或者破产的风险。假如某个人利用一种新发明的人工智能或者水晶球可以完全预测经济动态，那么众多经济学家就会失业。但是现在的经济学家们在研究经济问题时都事先预设，这种水晶球永远都不会出现。然而这种预设一旦失误，那么他们最终就都会失去工作。因此，这些经济学家们总是在收看新闻，试图了解他们自身专业以外的趋势，为意料之外的动向做好准备。但是就算这样也不足以消除这种风险，因为现实世界实在是太过复杂，没有一个人能够把握实现一般均衡所需要的所有信息。

另外，人们在局部均衡中行动意味着个人间信息流动的速度缓慢、内容不全，并且时常出错。因此，伊卡莱克斯市场的参与者对于家具市场变化的反应（收入效应或者替代效应）会异常迟钝。他们的迟钝和经常性的混乱反应又通过改变伊卡莱克斯的价格反馈到整体经济中，使失衡的交易状态一直持续下去。最终，货币的使用并没有使经济向着瓦尔拉斯的完全信息世界靠近哪怕一步。

在这一点上，对于瓦尔拉斯的“一般”均衡分析，公式中的数字，也就是模型中商品的数量对于模型的结果不会产生任何质的影响。也就是说，在瓦尔拉斯的世界中，不管是包含了两个未知数的两个公式的模型，还是包含 2000 个未知数的 2000 个公式的模型，在本质上都没有任何区别。然而，在现实世界中，交易商品是两个还是 2000 个却大有不同，因为两种商品和 2000 种商品之间的信息成本存在着巨大的差距。这就使得瓦尔拉斯法则和瓦尔拉斯均衡对于存在货币的经济分析的适用性打上了一个问号。

比如绝大多数宏观经济学模型都只包含了极少数种类的商品（基本上只包含一种），因此就应该慎重验证，这样的模型在进行宏观经济分析时是否具有实质性的作用。因为宏观经济学是在大萧条之后，作为与微观经济学所教授的瓦尔拉斯一般均衡模型不同的学科而出现的，其得以确立的原因就在于人们希望探明由于不完全信息而造成的失业与破产。然而不完全信息并不能与单种商品模型进行匹配。

不完全信息下的一般均衡与完全信息下的部分均衡

这就将我们带到阿罗曾经指出的，瓦尔拉斯微观经济学和凯恩斯宏观经济学之间思维差异的著名论题上来。在前面的论述中已经清楚地指明，存在货币的经济与瓦尔拉斯的经济之间的差别就在于信息成本/专业化。研究失业和货币所使用的宏观经济学实际上研究的就是对于自身专业领域以外动态了解甚少的种类众多、数量庞大人群的整体行动。而与之对应的微观经济学则在将所有其他外部因素作为既定条件的前提下，研究一个市场内拥有完全信息参与者的行动。阿克瑟尔·莱荣霍夫德（Axel Leijonhufvud）曾经指出，在凯恩斯宏观经济学和瓦尔拉斯微观经济学之间存在着统合分裂症的缺口，这个缺口的本质就是：微观经济学基本上属于完全信息下的部分均衡分析，而与之相反，宏观经济学则是部分信息下的一般均衡分析。当然，微观经济学也能够在一般均衡的框架下进行研究，宏观经济学在实际中也可以在拥有完全信息的前提下对失业和货币使用进行分析。

当经济中的所有参与者在任何时候都知道全部商品的价格时，这两者就将成为一体。因此，要想实现期待已久的微观和宏观经济理论的统合，就必须重视由于专业化和因此导致的信息不完全所造成的，经济参与者们之间行为的本质差异。

二、货币使用的福利含义

与易货交易的对比

按照上述分析，或许有人会推导出，在完全货币化的经济中伴随交易产生的损失，与易货交易经济中伴随交易所丧失的 V_r-V_{ex} 的总净值之间的差额，即为由于货币使用而产生的福利所得。但是，问题却并非如此简单。为了对这个问题进行探讨，我们可以用经济学家关于易货交易经济中的“受冻的面包师和挨饿的裁缝”的例子来举证。

首先必须指出的是，正是由于经济生活中存在着货币，所以裁缝才能够专心剪裁，而面包师才能专心烤面包。在这个例子中，面包师之所以受冻是因为他错误地认为他只需要知道如何烤面包就足以谋生，这一点对于挨饿的裁缝来说也是同样的道理。假如他们事先能够知道自己身处一个实行易货交易的世界之中，那么他们断然不会如此专一化自己的专业。每项易货交易的繁重成本将诱导他们选择更加自给自足的生活方式，从而减少进行交易的必要。

自给自足模式大范围的扩张就意味着去专业化（De-specialization），从而导致生产效率的下降。在经济生活中，个人生产效率的全面降低最终将造成经济的滑坡。由于去专业化将使许多商品从市场上销声匿迹，因此还会影响到剩余商品的需求和供应。也就是说，货币再也无法保持中立。约翰·斯图亚特·穆勒（John Stuart Mill）所谓的“在易货交易中用来交换的商品，在改由货币进行交易时，也会以同样比率得以交换”一说并不正确，因为在一个完全去专业化的易货交易世界中，众多商品将既得不到生产，也不会进行买卖。同样，由于易货交易体制严重破坏了生产力，所以人口也应该要比现实世界为少。所以，在经济生活中，不仅商品的数量和构成，而且参与者的数量和构成也同样会发生变化。

因此，要推算由于使用货币而带来的福利所得，就需要首先确定货币使用所支持的专业化程度。但是这并非易事，因为当标准货币不存在时，像香烟这类商品即使不是十分有效，也依然将会起到代替货币的作用。假如所有的交易媒介都被禁止，那么经济（还有人口）就会由于两种成本而出现急剧下滑。第一，高昂的交易成本将迫使人们转回到自给自足的生活模式；第二，为了阻止人们使用香烟或者其他货币替代物作为交易媒介，由此产生的执法成本将会规模巨大。

劳动分工是价格和工资粘性以及刚性的根源

劳动分工和专业化与凯恩斯及凯恩斯主义者所强调的价格和工资粘性有着紧密的联系。专业化意味着在劳动力市场上并非只有工人 L 这样的单一劳动者，而是有从 L_1 到 L_n 数百种专业的工人。在一个劳动分工发达的先进经济中，不仅是商品市场，就连劳动力市场也被细分。企业募集具有不同专长和技能的劳动力，然后安排他们以最适合的方式生产产品和服务。

这就意味着一条典型的生产线将在一个相互依存的环境中包括众多不同的 L。由于这是一种相互依存的关系，因此每个工人经手的产品（或者服务）的最终价值将远远超过他们的收入。

比如在一个生产汽车发动机的工厂，对于一个工人的劳动所支付的工资是每小时 20 美元，而这个工人花费一小时参与制造的这台发动机的最终价值却是这个工人小时工资的数百倍。但是，如果由于这个工人的工作失误，他所参与制造的汽车最终因为质量问题而被迫召回，那么这家企业就将遭受巨大的财务和名誉损失。同样，在一个服务性行业中，一名员工对客户简单粗暴的回应同样能够给这家企业造成高于这名员工工资许多倍的损失。

在这样的一个环境中，每一个劳动者都具有特殊专长，劳动者之间在一个相互协作的过程中，让产品和服务得以完成。在这个过程当中，新古典经济学派的“边际劳动生产率”这个概念将不再适用。企业必须将它的员工视为一个团队，尽一切可能去排除那些可能危害团队凝聚力，降低产品或服务质量的行为。

这就是许多企业禁止员工之间互相公开工资，以及不接纳外部低工资劳动力的理由。也是工资谈判和解雇员工会影响到企业全体员工或者生产线上每一个人的原因所在。

这里的关键就在于相互依存。那些高度专业化的、生产效率不依赖于同一个团队同僚的劳动者，例如律师、会计或者教师，他们就需要承受比那些作为团队一员的劳动者更大的市场竞争压力。因为即使是对于那些签署个人协议的员工，雇主也不能随心所欲地调整工资，因为这样就有可能打击整个团队的士气。正是这种顾虑导致了工资调节过程的放缓。

与此相对的，瓦尔拉斯新古典经济学派模型认为，在由于劳动力过剩引发失业的情况下，劳动力市场的就业条件就会松动，工资开始下降，失业者最终将重新被雇用。这种模型设定企业外部的失业劳动者将接受比企业现有劳动者更低的工资，这种内外工资的竞争将会推动工资水平的下调，从而消除失业。然而，这种调节在员工之间相互依存度较低的职场或许适用，但是在一个劳动分工细致，相互依存度较高的现代职场中，这种调节将难以想象。在后一种场合，只有当全体团队成员意见一致，或者有老员工退休，其空出的位置必须得到填补的情况下，才有可能出现工资的大幅下调。但是不管是哪种情况，这个过程都是渐进展开的。而这种存在于生产现场的现实，正是凯恩斯学派和新凯恩斯学派所谓的工资刚性的源头。

在数学公式与生产现场现实之间的选择

为什么人们会使用货币，为什么会有失业，以及为什么产生了失业，工资水平却不会立即开始调整等等这类问题，最终都能够在高度劳动分工、高度相互依存的现代生产体制中找到答案。

新古典经济学派的经济学家们为了追求完全信息和数学上的可操作性，在他们的模型中省略了劳动分工和相互依存，这类经济学家以外的人们，为了追求更高的生产效率，放弃了完全信息，采用了劳动分工。因此，在经济学领域之内，数学的泛滥程度已经到了连物理学家都感到吃惊的程度。尽管经济学因此笼罩上了科学的光环，但是却陷入了连诸如货币使用和失业这类简单现象都无法解释的境地。

另一方面，生产力通过专业化进程取得的巨大进步使人类社会从中受益匪浅，虽然时而也会由于信息不完全而发生失业和破产，但是最终还是建立了现在这样一个繁荣的经济。事实上，这些财富中的一部分作为工资支付给了经济学家们。然而，为了让经济学真正能够为社会服务，经济学家们就必须有勇气面对现实，即使这意味着需要放弃那些他们深爱的数学游戏。假设在完全信息下，以商品和劳动力都只有一种作为前提的经济学，从一开始就把人们期待经济学解决的所有问题都排除在了大门之外。

三、结　论

只要许多商品的 $V_r \neq V_{ex}$，人们就不会停止寻找能够将交易损失最小化的交易媒介。货币作为沟通两方或者更多方之间交易的功能，对于烙着信息不完全、专业化和劳动分工印记的现代经济来说必不可少。

在一个纯粹的瓦尔拉斯无货币社会中，所有商品的 $V_{ex} = V_r$，没有一个人需要通过某种媒介来完成交易。但是在存在着数以百万计专门化商品和半成品的现实世界中，为了认识某种特定的商品，也就是为了弄清这种商品的价值，就需要充分的专业知识。例如，为了判断一台伊卡莱克斯是否性能良好，就要求首先积累丰富的使用经验。而为了判断一台已经损坏的伊卡莱克斯的价值，以及到哪家照相机店可以得到维修服务，就需要更加丰富的经验。总之，在经济生活中所有的人在任何时候都了解所有商品价格的这种假设无异于在说，使人类生产力得到如此空前进步的专业化成本是零。

毫无疑问，将货币融入新古典主义经济学派框架之中是一项难以完成的任务。原因在于，新古典主义经济学派对于货币最重要的功能，也就是作为交易媒介，将人类从必须在任何时候记住 n-1 类商品的 V_r 的桎梏中解放出来这一点从一开始就排除在外。正是因为现实世界并非新古典主义经济学派所试图诠释的，所以货币才会存在。货币与瓦尔拉斯也无法融合在一起。

注　释

1. 参阅尼汉斯（Niehans）(1978)，第 3 页
2. 一种照相机
3. 交易媒介的 $V_r = V_{ex}$ 属性也使其成为一种优秀的价值储藏手段

参考文献

Arrow, Kenneth J. (1967). "Samuelson Collected." *Journal of Political Economy*, 75(5).

Asahi Shimbun. (2004). "Kataru Seisaku, Hashiru Omowaku: Kouho-sha Uttaeru (Rankiryu 04 Sanin-Sen) (Candidates Appeal Policies and Their Objectives: 2004 Upper House Election in 'Turbulence')." June 25 Morning, printed in Osaka: 35.

Bank of Japan. *Average Contracted Interest Rates on Loans and Discounts*.

________. *Flow of Funds of Accounts*.

________. *Loans and Discounts Outstanding by Sector*.

________. *Loans to Individuals*.

________. *Monetary Base*.

________. *Monetary Supply*.

________. *Monetary Survey*.

________. *Monthly Report of Recent Economic and Financial Developments*.

________. *Principal Assets and Liabilities of Foreign Banks in Japan*.

________. *Tankan*.

Bayoumi, Tamim. (1999). "The Morning After: Explaining the Slowdown in Japanese Growth in 1990s." *IMF Working Paper* 99/13.

Berg, Claes and Lars Jonung. (1998). "Pioneering Price Level Targeting:

The Swedish Experience 1931-1937." *SSE/EFI Working Paper Series in Economics and Finance* 290.

Bernanke, Ben S. (1983). "Non-Monetary Effects of the Financial Crisis in the Propagation of the Great Depression." *American Economic Review*, 73:257-76.

________. (1995). "The Economics of the Great Depression: A Comparative Approach." *Journal of Money, Credit, and Banking*, 27(1).

________. (2000). *Essays on the Great Depression*. Princeton, N.J.: Princeton University Press.

________. (2002a). "Deflation: Making Sure 'It' Doesn't Happen Here." Remarks by the governor of the Federal Reserve Board before the National Economists Club, Washington, D.C.: November 21. <www.federalreserve.gov/BOARDDOCS/SPEECHES/2002/20021121/>.

________. (2002b). "On Milton Friedman's Ninetieth Birthday." At the Conference to Honor Milton Friedman, University of Chicago, Chicago, Illinois: November 8.

________. (2003). "Some Thoughts on Monetary Policy in Japan." Remarks before the Japan Society of Monetary Economics, Tokyo, Japan. May 31. <www.federalreserve.gov/boarddocs/speeches/2003/20030531/default.htm>.

________. (2004). *Refure to Kinyu Seisaku* (*Reflation and Monetary Policy*). Tokyo: *Nihon Keizai Shimbun*.

Bernanke, Ben S. and I. Mihov. (2000). "Deflation and Monetary Contraction in Gteat Depression." In Ben S. Bernanke (ed.), *Essays on the Great Depression*: 108-60. Princeton: Princeton University Press.

Bernanke, Ben S., Vincent R. Reinhart, and Brian P. Sack. (2004). "Monetary Policy Alternatives at the Zero Bound: An Empirical Assessment." *Federal Reserve Board Finance and Economic Discussion Series* 2004-48.

Bloomberg. (2003). " Greenspan Testimony to Joint Economic Committee: Q&A," May 22.

________. (2004). " Fed's Greenspan Testimony Before the Senate (Q&A) (Transcript)." July 20.

________. (2005). "Transcript: Greenspan Testimony before House committee," February 17.

________. (2007). "Fukui Nichigin Sosai: Hyojun Shinario Jitsugen niha Aru-Teido no Kinri Chosei ga Hitsuyo (6) (BOJ Governor Fukui: Appropriate Interest-rate Raises Are Needed to Make the Main Scenario into a Reality)." May 10.

Board of Governors of the Federal Reserve System. (1976). *Banking* & Monetary Statistics, 1914-1970.2 *vols. Washington, D.C.*

________.Flow of Funds Accounts of the United States.

________.Foreign Exchange Rates (daily).

________.Selected Interest Rates (daily).

Boyer, Paul S. et al. (2004). Enduring Vision: A History of The American People, 5th. *Ed*, *Boston: Houghton Mifflin Company.*

Brownlee, w. Eliot. (1974) Dynamics of Ascent: A History of the American Economy, *New York: Knopf.*

Central Council for Financial Services Information. (2006). " *Public Opinion Survey on the Financial Assets of the Households.*"

Cooper, Richard N. (1997). "*Should Capital-Account Convertibility Be a World Objective?*" *In Peter B. Kenen et al.* (*ed.*), "*Should the IMF pursue capital-*

account convertibility?" Essays in Intelnatinal Finance 207, *Princeton N.J.: Princeton University International Finance Section, May* 1998:11-19.

Deutsche Bundesbank. (1976). Deutsches Geld-und Bankwesen in Zahlen. 1876-1975. *Frankfurt am Main: Deutsche Bundesbank.*

________. (2007). Financial Accounts for Germany 1991 to 2006.

E-AURORA Super Focus, Nomura Research Institute, on July 4, 2005 *and October* 23, 2007.

<http://e-aurora.jp/eaurora/EALGIServlet>.

Eggertsson, Gaudi B. (2003). "*How to Fight Deflation in a Liquidity Trap: Committing to Being Irresponsible.*" IMF Working Paper 03/64.

Eichengreen, Barry. (1992). "*The Origin and Nature of the Great Slump Revisited.*" The Economic History review, 45(2):213-39.

________. (2002). "*Still Fettered after All These Years,*" NBER Working Paper 9276.

________. (2004). "*Viewpoint: Understanding the Great Depression.*" Canadian Journal of Economics, 37(1):1-27.

Eichengreen, Barry and Jeffrey Sachs. (1985). "*Exchange Rates and Economic Recovery in the* 1930*s.*" Journal of Economic History, 45(4):925-46.

Eichengreen, Barry and Peter Temin. (2000) "*The Gold Standard and the Great Depression.*" Contemporary European History, 9(2):183-207.

Erceg, Christopher J., Luca Guerrieri, and Christopher Gust. (2005). "*Expansionary Fiscal Shocks and the Trade Deficit.*" Board of Governors of the Federal Reserve System International Finance Discussion Papers, 825.

Federal Statistical Office of Germany. National Accounts.

Figgie, Harry E. Jr., with Gerald J. Swanson. (1992). Bankruptcy 1995: The

Coming Collapse of America and How to Stop it. *Boston: Little Brown* & Co.

Financial Times.(2008). "IMF Head in Shock Fiscal Appeal." January 28. Asia:1.

Fischer, Stanley.(1997). "Capital Account Liberalization and the Role of the IME" Paper presented at the IMF Seminar *Asia and the IMF*: Hong Kong. September 19. <https://www.imf.org/external/np/speeches/1997/091997.htm>.

Fisher, Irving.(1933). "The Debt-Deflation Theory of Great Depressions." *Econometrica*, 1(4):337-57.

Flora, Peter, Franz Kraus, and Winfield Pfenning.(1987). *State, Economy and Society in Western Europe* 1875-1975 *Volume* 2. Frankfurt: Campus Verlag GmbH.

Friedman, Milton and Anna J. Schwartz.(1963). *A Monetary History of the United States* 1867-1960. Princeton N.J.: Princeton University Press.

Frydl, Edward J.(1992). "Overhangs and Hangovers: Coping with the Imbalances of the 1980s." *Federal Reserve Bank of New York Annual Report* 1991:5-30.

Galbraith, John Kenneth.(1954). *The Great Crash* 1929. Repr., New York: Mariner Books. 1997.

Genberg, H., R. McCauley, Y. C. Park, and A. Persaud.(2005). "Official Reserves and Currency Management in Asia: Myth, Reality and the Future." *Gevena Reports on the World Economy* 7.

Goldsmith, Raymond W.(1962). *The National Wealth of the United States in the Postwar Period*. Princeton, N.J.: Princeton University Press.

Government of Japan, Cabinet Office.(2007). *Opinion Survey on Living*

Standards:July 2007.

________.*Annual Report on National Accounts.*

<http://www.esri.cao.go.jp/en/sna/menu.html>.

________.*National Accounts.*

________.*Referential series of Quarterly Estimates of former GDP on SNA*68. 1990 *Basis.*

Greenspan, Alan. (2003). "The Economic Outlook," Testimony of the chairman of the Federal Reserve Board before the Joint Economic Committee of the U.S.Congress, Washington D.C., May 21.

<www.federalreserve.gov/boarddocs/testimony/2003/20030521/default.htm>.

Hori, Masahiro and Daiju Aoki. (2003). "Tanki Nihon Keizai Makuro Keiryou Moderu(2003 Nen-Ban) no Kouzou to Jousuu Bunseki(The CAO Short-Run Macroeconometric Model of the Japanese Economy (2003 Version), Basic Structure, Multipliers, and Economic Policy Analyses)." *ESRI Discussion Paper Series* 75.

Ingves, Stefan. (2002). "The Nordic Banking Crisis from an International Perspective." At the Seminar on Financial Crises, Kredittilsynet, The Banking, Insurance and Securities Commission of Norway. Oslo: September 11.

<www.imf.org/external/np/speeches/2002/091102.htm>.

International Monetary Fund. (2006) *World Economic Outlook. April* 2006: *Globalization and Inflation.* Washington, D.C.

Issing, Otmar, Samuel Brittan, Gustav Horn, Helmut Schlesinger, Bernard Connolly, Otto Graf Lambsdorff, and Norbert Walter *et al.*(2006). "A Symposium of Views: Are German Workers Killing Europe?" *Interna-*

tional Economy 20(3):36-45.

Iwata, Kikuo. (2001). *Defure no Keizai-Gaku* (*The Economics of Deflation*). Tokyo: Toyo Keizai.

________. (2004). "Showa Kyoko no Kyokun (Lessons from the Showa Depression)." In Kikuo Iwata ed., *Showa Kyoko no Kenkyu* (*The Studies on the Showa Depression*). Tokyo: Toyo Keizai: 277-302.

Japan Center for Economic Research. (2007). *Kaifuku kara Kakushin he: Ginko to Seiho no Yukue* (*From Recovery to Reform: The Future Direction for Banks and Life Insurance Companies*). Japan Financial Report 17. October.

Japan Real Estate Institute. *Urban Land Price Index.*

Japan Securities Dealers Association. *Issuance, Redemption, and Outstanding Amounts of Bonds.*

Jeffers, H. Paul. (2002). The Great Depression. Indianapolis: Alpha Books.

Jiji Press. (2005). "Q&A Summary of BOJ Governor Fukui's Speech hosted by the Naigai Josei Chosakai," February 28.

Jiji Press English News Service. (2007). "Weakness of Yen, Swiss Franc Reflects Low Rate: BOJ Fukui." Tokyo: May 10.

Kennedy, David M. (1999). *Freedom from Fear: the American People in Depression and War*, 1929-1945. New York: Oxford University Press.

Keynes, John Maynard. (1936). *The General Theory of Employment, Interest, and Money*. Repr., New York: Harcourt, Brace & World, 1964.

Kinoshita, Eizo. (2004). *Keizai wo Shihai suru Futatsu no Housoku* (*The Two Laws that Rule Economics*). Tokyo: Denkishoin.

Kohn, Donald L. (2006). "Economic Outlook," Remarks at the Money Marketeers of New York University, New York, October 4. <www.

federalreserve. gov/boarddocs/speeches/2006/200610042/default. htm>.

Koo, Richard C. (1998). "The Land Factor: An Economic Disaster." in Frank Gibney ed., *Unlocking the Bureaucrat's Kingdom*. Washington, D. C.: Brookings Institution Press: 171-7.

________. (1999a). "Foreign Menace." *The International Economy* 59, 24-7.

________. (1999b). *Nihon Keizai, Kaifuku e-no Ao-Jashin* (*The Blueprint for lapan's Economic Recovery*). Tokyo: PHP Institute.

________. (2001a). *Yoi Zaisei Akaji, Warui Zaisei Akaji* (*Good Budget Deficits vs. Bad Budget Deficits*). Tokyo: PHP Institute.

________. (2001b). "The Japanese Economy in Balance Sheet Recession: The Real Culprit Is Fallacy of Composition, not Complacency." *Business Economics* April: 15-23.

________. (2002). "The Iapanese Economy in Balance Sheet Recession." *The International Commereial Bank of China Economic Review* 327.1-16.

________. (2003a). *Balance Sheet Recession: Japan's Struggle with Uncharted Economics and Its Global Implications*. Singapore: John Wiley & Sons.

________. (2003b). "Balance Sheet Recession: Japan's Struggle with Uncharted Economics and Its Global Implications." In *Asian Voices: Prompting Dialogue Between the U. S. and Asia*. Washington, D. C.: Sasakawa Peace Foundation USA, June 4.

________. (2003c). *Defure to Baransu-shito Fukyou no Keizai-gaku* (*The Economics of Deflation and Balance Sheet Recession*). Tokyo: Tokuma.

________. (2003d). "Japan's Lesson for America." In The International Economy Fall: 62-5.

________. (2005). "Similarities Between the Japanese and German Economic Predicaments and Their Solutions," mimeo.

________.(2007a)."In" to "You" no Keizai-gaku(*The Economics of Yin and Yang: Bubbles and Balance Sheet Recessions*).Tokyo: Toyo Keizai.

________.(2007b). "Corporate Debt Minimization and Balance Sheet Recessions: The Recent Japanese Encounter with the 'Other Half' of Macroeconomics." mimeo.

Koo, Richard C. and Koichi Iwai. (1998). "En-yasu ga Maneku Kuzen Zetsugo no Kashishiburi (The Weakening Yen and Japan's Credit Crunch Problem)." In *Shukan Toyo Keizai*, September 12: 36-43.

Koo. Richard C. and Paul Krugman. (1999). "Gekitotsu Taidan: Endaka wa Akumaka(The Head-On Debate: Is Strong Yen an Evil?)." In *Bungei Shunju*, November: 130-43.

Krugman, Paul. (1998). "It's Baaack: Japan's Slump and the Return of the Liquidity Trap." *Brookings Papers on Economic Activities* 2: 137-205.

Leijonhufvud, Axel. (1968). *On Keynesian Economics and the Economic of Keynes: A Study in Monetary Theory*, New York: Oxford University Press.

Mainichi Shimbun. (2003). "NichiGin. Kabu Konyu de FukumiZon 658 Okuen(BOJ Has 65.8 Billion Hidden Losses by Buying Stocks from Banks)." May 23 Morning: 9.

Mankiw, N. Gregory. (2003). *Macroeconomics*, Fifth Edition. New York: Worth Publishers.

Mankiw, N. Gregory and David Romer. (1991). *New Keynesian Economics*, Vol. I. Cambridge, MA: The MIT Press.

McCallum, Bennett T. (2003). "Japanese Monetary Policy, 1991-2001." *Federal Reserve Bank of Richmond Economic Quarterly* 89/1: 1-31.

McCauley, Robert N. and Rama Seth. (1992). "Foreign Bank Credit to U.S. Corporations: The Implications of Offshore Loans." *FRBNY Quarterly Review*, Spring: 52-65.

Meltzer, Tom and Jean Hofheimer Bennett. (2002). *Cracking the Ap U.S. History Exam*, 2002-2003, New York. N.Y.: Princeton Review Publishing.

Mill, John S. (1857). *Principles of Political Economy*. 4th, ed. 2vols. London: Parker.

Ministry of Finance, Japan. (2003). *Heisei* 15 *Nendo Yosan no Ko-Nendo Saishutsu Sainyu he no Eikyo Shisan* (*Estimation of Revenues and Expenditures in Coming Years Based on FY* 2003 *Budget*).

________. *Zaisei Kankei Sho-Shiryo* (*Statistics of the Japanese Budget*) <www.mof.go.jp/jouhou/syukei/siryou/sy_ new.htm>.

________. *Trade Statistics of Japan*.

________. *Financial Statement Statistics of Corporations by Industry*.

Mishkin, Frederic S. (1978). "The Household Balance Sheet and the Great Depression." *The Journal of Economic History*, 38(4): 918-37.

Mitchell, Brian R. (1975). *European Historical Statistics* 1750-1970. New York: The Macmillan Press.

________. (1984). *Internationol Historical Statistics: The Americas and Australasia*. UK: The Macmillan Press.

________. (1988). *British Historical Statistics*. Cambridge. Eng.: Cambridge University Press.

Nakatani, Iwao. (2000). *Nyumon Makuro Keizai-Gaku Dai* 4-*han* (*An Introduction to Macroeconomics* 4*th ed.*). Tokyo: Nippon Hyoronsha.

National Association of Realtors®. *Existing-home Sales*.

National Industrial Conference Board, Inc. (1932). *The Availability of Bank Credit*.New York.

NBER Macro History Database.
<www.nber.org/databases/macrohistory/contents/>

Negishi, Takashi. (1979). *Microeconomic Foundations of Keynesian Macroeconomics*.Amsterdam; New York: North-Holland Pub.Co.

Niehans, Jürg. (1978). *The Theory of Money*, Baltimore: Johns Hopkins University Press.

Nihon Keizai Shimbun. (2003). Zen 3 Gatsu-Kimatsu. Nichigin no Ginko Hoyu-Kabu Kaitori, Fukumi-Zon 658 Okuen ni (At the end of FY 2002, BOJ Has 65.8 Billion Hidden Losses by Buying Stocks from Banks).May 23 Morning: 5.

________. (2007). "Shinginko Tokyo, 9gatsu Chukan, Ruison Kakudai 936 Okuen, Furyo-Saiken Hiritsu 10% Cho (The Cumulative Loss of Shinginko Tokyo Has Upsized to 93.6 Billion Yen and the Ratio of Nonperforming Loans is More than 10 percent for the half-year ending September)." December 1: 4.

Nikkei Sangyo Shimbun.Nikkei Golf Kaiin-Ken Shisu (Golf Course Membership Price Index).

Nikkei Kinyu Shimbun. (2006). "Kashidashi-Zo ha Misekake?: CP kara no Shifutoga Enshutsu (Is Increase of Loans from Banks Apparent?: Caused by Shifting Fiscal Demands from CP)." July 27: 2.

Noda, Takeshi. (2004). *Shohi-Zeiga Nihon wo Sukuu (Consumption Tax will save Japan)*, Tokyo: PHP Institute.

Noguchi, Asahi. (2006). *Ekonomisuto-tachi no Yuganda Suisho-Dama: Keizai-Gaku ha Yaku-Tatazu ka (Warped Views of Economists: Is Economics of No

Use?).Tokyo:Toyo Keizai.

OECD.(2006).*OECD Economic Outlook No*.79.Paris.

Persons.Charles E.(1930). "Credit Expansion,1920 to 1929 and Its Lessons." *The Quarterly Journal of Economics* 45(1):94-130.

Posen,Adam S.(1998).*Restoring Japan's Economic Growth*.Washington.D.C.:Institute for International Economics.

Robinson,Joan.(1972). "The Second Crisis of Economic Theory." American Economic Review 62(1/2):1-10.

Romer,Christina D.(1991). "What Ended the Great Depression." NBER Working Paper 3829.

Sankei Shimbun.(2003).Ginko Hoyu Kabu de 658 Oku no Fukumi-Zon (BOJ Has 65.8 Billion Hidden Losses by Buying Stocks from Banks). May 23 Morning:9.

Shibuya,Hiroshi.(2005).20 *Seiki Amerika Zaisei-Shi I:Pakusu Amerika-na to Kijiku-Koku no Zeisei* (*U.S.Fiscal History in the Twentieth Century Vol.*1: *Pax Americana and Tax System in the Cornerstone Country*).Tokyo:University of Tokyo Press.

Shukan Toyo Keizai.(2006). "Nihon Shinko Ginko ga Kokyaku Joho wo Yokonagashi?Machikin Kaomake no Gametsui Shoho (Did Nihan Shinko Bank Leak Customer Information Illegally?: Greedier than Predatory Loan Companies)." March 18:23.

Standard & Poor's.*S&P/Case-Shiller® Home Price Indices*.

Stiglitz,Joseph E. and Carl E. Walsh.(2002).*Principles of Macroeconomics*, Third Edition.New York:W.W.Norton & Company.

Svensson,Lars E.O.(2001). "The Zero Bound in an Open Economy:A Foolproof Way of Escaping from a Liquidity Trap," *Monetary and Eco-*

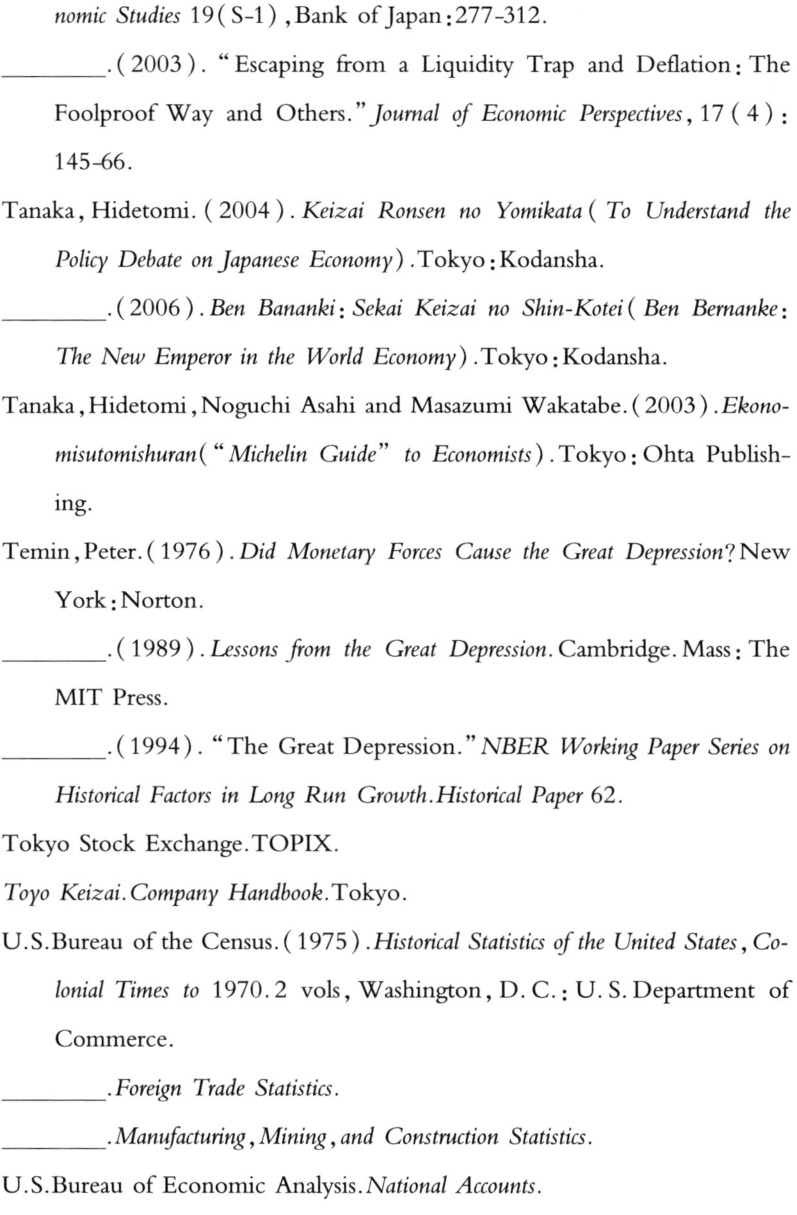

nomic Studies 19(S-1), Bank of Japan: 277-312.

________. (2003). "Escaping from a Liquidity Trap and Deflation: The Foolproof Way and Others." *Journal of Economic Perspectives*, 17(4): 145-66.

Tanaka, Hidetomi. (2004). *Keizai Ronsen no Yomikata* (*To Understand the Policy Debate on Japanese Economy*). Tokyo: Kodansha.

________. (2006). *Ben Bananki: Sekai Keizai no Shin-Kotei* (*Ben Bernanke: The New Emperor in the World Economy*). Tokyo: Kodansha.

Tanaka, Hidetomi, Noguchi Asahi and Masazumi Wakatabe. (2003). *Ekonomisutomishuran* ("*Michelin Guide*" *to Economists*). Tokyo: Ohta Publishing.

Temin, Peter. (1976). *Did Monetary Forces Cause the Great Depression?* New York: Norton.

________. (1989). *Lessons from the Great Depression*. Cambridge. Mass: The MIT Press.

________. (1994). "The Great Depression." *NBER Working Paper Series on Historical Factors in Long Run Growth. Historical Paper* 62.

Tokyo Stock Exchange. TOPIX.

Toyo Keizai. Company Handbook. Tokyo.

U.S. Bureau of the Census. (1975). *Historical Statistics of the United States, Colonial Times to* 1970. 2 vols, Washington, D. C.: U. S. Department of Commerce.

________. *Foreign Trade Statistics*.

________. *Manufacturing, Mining, and Construction Statistics*.

U.S. Bureau of Economic Analysis. *National Accounts*.

U.S. Bureau of Labor Statistics. *Consumer Price Index*.

U.S.Department of Commerce. *Quarterly Financial Report*: *U.S.Manufacturing, Mining, and Trade Corporations*.

U.S.House Committee on Financial Services. (2005). *Hearing to receive the testimony of the Chairman of fhe Federal Reserve Board of Governors on monetary policy and the state of the economy*, Washington D.C.: U.S. Government Printing Office, July 20.

U.S.Senate Committee on Banking, Housing and Urban Affairs. (2007). "Dodd, Shelby Laud Committee Approval of Legislation to Protect U. S.Jobs, Combat China Currency Manipulation." August 1. <http://banking. senate. gov/index. cfm? FuseAction = PressRele ases. Detail&PressRelease_ id=247&Month=8&Year=2007>.

U.S. Senate Finance Committee. (2007). "Finance Panel Passes Bipartisan Currency Legislation." July 26. <www.senate.gov/~finance/sitepages/baucus2007.htm>.

Wakatabe. Masazumi. (2005). *Kaikaku no Keizai-gaku*: *Kaifuku wo Motarasu Keizai-Seisaku no Joken*(*The Economics of Reforms*: *The Conditions of Economic Policies Necessary for Recovery*). Tokyo: Diamond.

Warnock, Francis E. and Veronica Cacdac Wornock. (2005). "International Capital Flows and U.S.Interest Rates." *Board of Governors of the Federal Reserve System International Finance Discussion Papers* 840.

Wolf. Martin. (2007). "Why the Credit Squeeze Is a Turning Point for the World." In the *Financial Times*, December 12.

Yamada, Shinji. (1996). *Dai-Kyoko ni Manabe*(*Learn from the Great Depression*). *Tokyo*: Tokyo Shuppan.

Yoshizawa, Masayasu. (2004). "Manetarisuto to Keinjian 1 (Monetarists and Keynesians 1)." *Hiroshima University of Economics Keizai Kenkyu*

Ronshu 27(3):61-86.

________. (2005). "Manetarisuto to Keinjian 2 (Monetarists and Keynesians 2)." *Hiroshima University of Economics Keizai Kenkyu Ronshu* 27(4):57-77.